中国绿色贫困问题及治理研究

——以全国集中连片特困区为例

邹 波 著

中国财经出版传媒集团

经济科学出版社

Economic Science Press

图书在版编目（CIP）数据

中国绿色贫困问题及治理研究：以全国集中连片特困区
为例/邹波著．—北京：经济科学出版社，2016.7
ISBN 978 - 7 - 5141 - 7136 - 5

Ⅰ．①中…　Ⅱ．①邹…　Ⅲ．①农村经济－生态经济－
研究－中国②贫困问题－研究－中国　Ⅳ．①F323②F124.7

中国版本图书馆 CIP 数据核字（2016）第 173781 号

责任编辑：刘　莎
责任校对：王肖楠
责任印制：邱　天

中国绿色贫困问题及治理研究
——以全国集中连片特困区为例
邹　波　著
经济科学出版社出版、发行　新华书店经销
社址：北京市海淀区阜成路甲 28 号　邮编：100142
总编部电话：010 - 88191217　发行部电话：010 - 88191522
网址：www. esp. com. cn
电子邮件：esp@ esp. com. cn
天猫网店：经济科学出版社旗舰店
网址：http://jjkxcbs. tmall. com
北京汉德鼎印刷有限公司印刷
三河市华玉装订厂装订
710×1000　16 开　16.25 印张　230000 字
2016 年 7 月第 1 版　2016 年 7 月第 1 次印刷
ISBN 978 - 7 - 5141 - 7136 - 5　定价：59.00 元
（图书出现印装问题，本社负责调换。电话：010 - 88191502）
（版权所有　侵权必究　举报电话：010 - 88191586
电子邮箱：dbts@ esp. com. cn）

前　　言

　　中国正处于人口和经济发展转型的关键期，也是人口与自然资源、生态环境之间矛盾最为尖锐的时期。中国的地势西高东低，呈三级阶梯分布，大部分国土都地处第一、二阶梯上，这两级阶梯上的高原、山地是中国大江大河的发源地，是国家重要生态屏障区，为全国乃至邻近国家提供重要的生态产品。自然地理环境与经济发展具有较强的相关性，特殊的自然生态环境决定了这些地区必然成为中国农村贫困人口最为集中的区域。为进一步提高农村居民的生活水平，加速全面建设小康社会的进程，2012 年起国家将 2 300 元作为新的农村贫困线标准。以此为依据，国务院扶贫办推算全国大约有 1.28 亿农村人口生活在贫困线以下。随即，国务院扶贫办公布了新一轮全国扶贫开发工作重点县名单，并划定了 14 个集中连片特殊困难地区作为未来 10 年中国扶贫开发的主战场。

　　一直以来对自然生态环境与经济发展关系的研究，比较注重将研究视角集中在生态植被缺乏的地区的贫困问题，即传统"生态贫困"问题。但是，还存在一类贫困的地区，它的自然生态保存较好、拥有丰富的绿色资源，是重要的生态功能屏障区、大江大河发源地和分水岭，相当一部分的自然保护区位于这些地区，例如，秦巴山区、武陵山区、大别山区、罗霄山区和滇西边境山区等集中连片特殊困难地区。尽管这些贫困地区自然生态也比较脆弱、容易受到自然灾害影响，但保存了大量完好的自然生态植被，在天然的生态屏障保护下蕴藏着丰富的生物、植物、水能、气候等绿色资源，在大资源观的视角下这些贫困地区绿色植被具有巨大的开发潜力。由于受到地理区位、交通、基础设施、科技、社会发展和政策等条件限制，这些地区却面临捧着绿色资源"金饭碗"而还要吃饭的困难局面。

本书以农村经济贫困与自然生态环境之间的关系为研究出发点，以2012年新公布的国家扶贫开发工作重点县和14个集中连片特殊困难地区为研究对象，从正向和逆向两种思维考虑绿色资源缺乏和绿色资源丰富两类地区农村贫困问题。首次界定"绿色贫困"概念、研究对象、形成机理；对绿色贫困进行了分类，总结其表现特征；从自然生态、科技、教育、财政、固定资产投资、城镇化水平等因素与贫困地区经济、贫困发生率作了定量分析；在此基础上结合三个案例分析中国绿色贫困主要问题和成因，最后提出中国绿色贫困治理途径。

本书的主要研究结论有：

（1）绿色贫困问题既是自然生态与经济发展关系的一种现象，也是一种结果。绿色贫困是用正向和逆向两种思维来考虑农村经济贫困与自然资源、生态环境之间的关系；正向思维就是贫困是缺乏绿色资源所导致，或者贫困发生根源在于缺乏绿色资源；逆向思维就是还有一类贫困问题不是因自然生态缺乏而导致，但是可以通过对当地绿色资源开发来实现治理。

（2）中国绿色贫困具有线与带状分布特征，同一类型的绿色贫困地区具有相似的经济、产业特征，绿色贫困地区主要集中在少数民族地区和革命老区，并且分布呈现出大集中与大分散并存状态。

（3）从绿色贫困影响因素回归分析来看，绿色资源缺乏型地区和绿色资源丰富型地区的贫困发生率高低与固定资产投资、科技水平、文化教育之间存在线性关系，森林覆盖率在绿色缺乏型地区与贫困发生率存在较强相关性，而在绿色丰富型地区却没有。两种类型绿色贫困地区的城镇化水平与贫困发生率之间存在非线性回归指数关系，贫困发生率随着城镇化水平提高不断降低；森林覆盖率与贫困发生率之间存在非线性回归三次方形式，贫困发生率随森林覆盖率提高呈现出先下降后上升而又下降的 S 曲线趋势。

（4）中国绿色贫困成因在于地理区位、基础设施限制，资源优势未能转化为经济实力；人口增长对生态环境压力较大，技术、人才、资金等缺乏使得绿色资源利用效率低下；县域经济落后、产业层次低；生产生活成本上升，农民发展能力有限；经济发展的政策和制度性障碍较多。

目　　录

第 1 章

绪　论

1.1　研究背景及意义

从原始社会的刀耕火种、食不果腹、衣不蔽体的绝对贫困，到现代工业文明掩盖下的贫富差距、两极分化的相对贫困，人类一直没有放弃过同贫困作斗争。当前，人口（Population）、贫困（Poverty）与污染（Pollution），即人们常说的"3P"问题备受关注。随着科学技术的进步与社会的发展，人们还发现另外一个问题，即环境（Environment）、经济（Economy）与能源（Energy）等组成的"3E"问题。"3P"问题和"3E"问题长期以来困扰着全世界的发展，贫困问题作为世界著名的"3P"和"3E"问题的重要内容之一，也是这三个问题的集合体，近半个多世纪以来受到越来越多学者的关注。因此，人类社会的历史也是一部同贫困作斗争的历史，摆脱贫困走向共同富裕是人类梦想的大同世界。在追求这个目标的漫长历史中，人们对生态环境与贫困关系的研究卷帙浩繁，著作汗牛充栋。但在新的制度与政策背景下，农村贫困地区面临着新的资源生态与环境问题，资源、生态、环境与贫困的关系研究涉及的学科领域在不断扩展，研究视角、研究思维与研究方法都需要作调整和更新。

1.1.1　研究背景

1. 中国反贫困历程

20 世纪 80 年代中期开始，中国政府就开始有组织、有计划、大规模地开展农村扶贫开发。中国政府始终将扶贫减贫作为经济建设和社会发展中一项关系国计民生的大事，先后组织开展了大规模的区域开发式扶贫（1986～1993 年），制定实施《国家八七扶贫攻坚计划（1994～2000 年）》、《中国农村扶贫开发纲要（2001～2010 年）》、《中国农村扶贫开发纲要（2011～2020 年）》。

20 世纪 80 年代以来，中国政府先后 4 次确定和调整国家扶贫开发县级单位。1986 年，首次确定了 331 个国家级贫困县和 18 个集中连片贫困地区；1994 年，为了配合《国家八七扶贫攻坚计划》的组织实施，国家级贫困县的数量首次增加到 592 个；2001 年，《中国农村扶贫开发纲要（2001～2010 年）》正式发布，为配合该纲要的实施，国家取消了沿海发达地区的所有国家级贫困县，同时在中西部地区增加了国家级贫困县的数量，但国家级贫困县总数仍然不变，为 592 个；同时将国家级贫困县改名为国家扶贫开发工作重点县，西藏全境享受扶贫开发重点县的待遇。经过 20 多年的扶贫开发建设，中国农村贫困人口从 1978 年的 2.5 亿下降到 2010 年的 2 688 万，贫困发生率从 30.7% 下降到 2.8%[①]。

2. 中国反贫困任务的艰巨性

国家统计局 2010 年对全国 31 个省（自治区、直辖市）6.8 万个农

[①] 《中国农村扶贫开发的新进展》白皮书，2011 - 11 - 16，新华网 http：//www. xinhua-net. com.

村住户的抽样调查结果显示,2010 年全国农村贫困人口还有 2 688 万①。为了实现到 2020 年全面建成小康社会的目标,适应中国扶贫开发转入新阶段的形势,2010 年国家将农村贫困线标准上调到农民人均纯收入 1 500 元,在 2008 年、2009 年的 1 196 元基础上提高了 25%。2010 年 12 月 21 日召开的全国扶贫工作会议指出,由于受到自然灾害、发展不平衡等因素影响,未来十年中国的扶贫开发任务依然很艰巨,返贫压力仍然较大。

2011 年底国家决定再次提高农村贫困线标准,又将农民人均纯收入 2 300 元(2010 年不变价)作为新的国家贫困线,对应的扶贫对象规模预计达到 1.28 亿人,占农村户籍人口比例约为 12.7%②。按照当前的汇率,2 300 元人民币的贫困线标准接近国际上确定的日均 1 美元贫困标准,但 2008 年世界银行又将国际贫困标准提升到 1.25 美元,而中国新确定的 2 300 元人民币相当于 1.25 美元的 79%。尽管近几年,中国贫困线标准提升速度史上最快、贫困线标准也史上最高,但这一标准与国际相比仍有一定的差距。按照这一标准全国还存在 21% 的"被脱贫"人群,即 1~1.25 美元之间的人群。

由于贫困线标准的提升,一些刚刚脱贫的人口将被重新拉回到贫困行列,而一些还在贫困线上挣扎的人口,脱贫的道路会更加漫长,当地政府和贫困人口自身的脱贫压力进一步加剧。尤其是一些中西部省份,原本贫困人口和低收入人口绝对数较多,所占农村总人口比重较大,按照这一新贫困线标准,农村贫困人口总数将大幅增加,同时贫困发生率也将大幅度提升。

中国的贫困线从 1985 年人均年纯收入 200 元为标准上升到 2012 年的 2 300 元,26 年来提高了约 11.5 倍,而 GDP 在这一期间增长了近 56

---

① 中华人民共和国国家统计局. 2011 年中国统计年鉴 [M]. 北京:中国统计局出版社, 2011:51 - 52.

② 国务院扶贫办网站,http://www.cpad.gov.cn.

倍；1985 年，农民人均收入为 397.6 元，到了 2010 年，农民人均收入超过 5 500 元，在 25 年间增长了近 14 倍。因此，提高贫困线标准是大势所趋，同时贫困线标准的提升给扶贫开发也带来了较大的挑战。

3. 国家实施新的扶贫开发战略

2011 年 12 月 1 日，中共中央、国务院印发了《中国农村扶贫开发纲要（2011～2020 年)》，2012 年 1 月 18 日，国务院扶贫办公布了新一轮国家扶贫开发工作重点县名单，名单中总县数目不变，仍为 592 个，其中有 38 个经济发展较快和资源丰富的县被调出，38 个县新进入国家扶贫开发重点县行列。新确定的 592 个贫困县大部分分布在中西部地区，其中中部省份占 217 个，西部省份 375 个，民族 8 省区 232 个；在所有省份中，云南省的贫困县最多，达到 73 个；其次是陕西省和贵州省，分别有 50 个。

1986 年，党中央、国务院开始实施大规模扶贫开发，并且将沂蒙山区（山东）等 18 个贫困人口相对集中的区域确定为实施农村扶贫开发的主战场。经历了近 30 年的扶贫开发，随着贫困人口数量减少和分布范围的逐渐缩小，中国贫困人口的空间分布呈现出逐步向中西部自然环境脆弱、基础设施薄弱和社会发展落后的区域收缩特征。绝对贫困人口分布区域具有共同的自然地理和生态环境特征，贫困的发生、发展与所在区域的地理位置、自然状况、科技教育、基础设施配套完善程度以及特殊政策的相关性不断增强，其分布已呈现出极强的地域指向性和地缘性特征，便于制定既有特色又有共性的扶贫开发规划和政策，便于资源集中开发和利用，从而实现区域针对性扶贫。为此，中央决定在国家扶贫开发工作重点县基础上以集中连片特殊困难地区为单位，开展集中扶贫开发。

在继续坚持"整村推进、一体两翼"①的扶贫战略基础上,《中国农村扶贫开发纲要(2011～2020年)》中确定将大兴安岭南麓山区、燕山—太行山区、吕梁山区、秦巴山区、六盘山区、大别山区、武陵山区、罗霄山区、乌蒙山区、滇桂黔石漠化区、滇西边境山区11个连片区②和西藏、四省藏族聚居区③、新疆南疆三地州3个已明确实施特殊政策的地区确定为集中连片特殊困难地区(以下简称"连片区")也被称为"11＋3"连片区,作为未来十年中国农村扶贫的重点④。除西藏、四省藏区和新疆南疆三地州外,被纳入连片区的县(区),按2007～2009年三年平均计算,县域人均国内生产总值、县域人均财政一般预算收入和县域农民人均纯收入分别为6 650元、262元和2 667元,分别相当于西部平均水平的49.1%、43.7%和73.2%。新划分出的11个连片区包括505个县,其中原国家扶贫开发工作重点县382个、革命老区县170个、少数民族县196个、边境县28个,国土面积$139 \times 10^4 km^2$,总人口2.20亿,其中乡村人口约1.90亿,覆盖了全国70%以上的贫困人口。2007～2009年,11个连片区的农民人均纯收入为2 667元,仅相当于全国平均水平的一半;在全国综合排名最低的600个县中,有521个被纳入,占86.8%⑤。而这些连片区都是全国重要生态功能区、自然保护区所在地,承担着重要的水源涵养、土壤保持、生物多样性保护等功能,这些连片区既有自然资源缺乏、生态环境条件较差的地区,也有自然资

---

① "整村推进、一体两翼"是指:以实施"整村扶贫规划"为切入点,"一体"是指将绝对贫困人口生产生活的聚居地,作为扶贫攻坚的主体;"两翼"则通过产业带动和输出贫困人口剩余劳动力两种途径来引导脱贫。

② 11个特困连片区中包含的县(市、区)确定依据:以2007～2009年县域农民人均纯收入、县域人均财政一般预算收入和县域人均国内生产总值三项指标的三年平均值。以西部三项指标的平均值作为基本标准,三项指标均低于西部地区平均值的县进入连片区初选县名单,再排除不集中连片的县,最终确定进入连片区县的名单。

③ 四省藏区是指除西藏自治区外,青海、四川、云南、甘肃四省藏族与其他民族共同聚居的民族自治地方。

④ 本书提到连片区数量时,11＋3连片区与14个连片区为同一概念,11个连片区就是除西藏、四省藏区、新疆南疆三地州以外新划分的11个连片区,13个连片区是只除开西藏。

⑤ 《人民日报》,2011年12月7日。

源丰富、生态环境较好的区域。国家实施新的扶贫开发战略，与原来简单地以省、地（州、市）和县为扶贫单位实施的全面开花的扶贫政策相比，更加强调了贫困地区其所在自然地理区域的相似性、特征的典型性，考虑了这些地区未来在反贫困过程中资源和生态环境的特征，便于从资源开发、产业发展、生态建设和环境保护过程中顾及当地的实际特殊性。

4. 生态环境与贫困问题的关系长期并存

中国的自然地理特点、长期存在的二元经济，加上相关政策和制度的不健全，使一些地区"贫困"、"生态环境特殊"、"具有重要功能价值"三位一体，生态环境与贫困问题之间的关系长期共存（邹波等，2011）。总体来看，国家在各个阶段实施的重点扶贫开发区域中除了具有革命老区、少数民族地区、边疆地区等共同特征以外，还具有一个共同的特点，这就是贫困问题始终与生态环境保持着密切的联系。从理论上来看，按照贫困地区生态植被状况可以将贫困地区分为两种类型：一是生态植被缺乏型贫困即书中的绿色缺乏型贫困；二是生态植被完好型贫困，即本书所说的绿色丰富型贫困。

一是绿色缺乏型贫困地区。例如，干旱半干旱荒漠化、沙漠地区、石漠化山区等生态植被匮乏地区。这些地区受到缺水的威胁，森林覆盖率和植被覆盖率低，缺乏经济发展的生态基础和绿色条件，因此导致贫困的发生。这类贫困问题的产生很容易被人理解和接受，而采用一般的扶贫方式根本不能带动区域发展，常规扶贫举措也难以实现脱贫致富，扶贫难度大、投入成本高，返贫几率大。例如，六盘山区、滇桂黔石漠化区、四省藏区、新疆南疆三地州、西藏等属于这一类绿色贫困。

二是绿色丰富型贫困地区，例如一些植物、生物、气候、淡水等

"绿色资源"① 较为丰富的边远山区、高山峡谷地区和群山深山地区，以及自然保护区或重要生态功能区当中的贫困地区。这类地区由于地理区位偏僻，交通、水利等基础设施建设不完善，科技水平和文化教育水平低，以及受到限制开发区的政策约束，无法将现有的绿色资源转化为经济价值，因而陷入贫困。14 个连片区中的秦巴山区、大别山区、罗霄山区、武陵山区、滇西边境山区植被覆盖率和森林覆盖率较高，自然资源丰富，动植物、森林、畜牧、草原、气候、土地和水等绿色资源丰富。

根据生物丰度指数、植被覆盖指数、水网密度指数、土地退化指数和污染负荷指数五个指标，甘肃省将全省 86 个市县（区）生态环境质量进行综合评价，评价结果分为优、良、一般、较差、差五个等级。从评价结果来看（见表 1 - 1），甘肃省 43 个国家扶贫开发工作重点县有 35 个分布在生态环境优秀、良好和一般的地区，生态环境质量优秀的 6 个县中有 4 个县是国家扶贫开发工作重点县，生态环境质量良好的 20 个县中有 15 个县是国家扶贫开发工作重点县，生态环境质量一般的 41 个县当中，国家扶贫开发工作重点县有 16 个，占 39%，而生态环境较差、差的县当中没有国家扶贫开发工作重点县。说明甘肃省的大部分国家扶贫开发工作重点县的自然环境仍处于全省中上水平。

表 1 - 1　　　　甘肃省 2004 年各市、县（区）生态环境质量分级

级别	优	良	一般	较差	差
指数	≥75	55 ~ 75	35 ~ 55	20 ~ 35	< 20
总县数量（个）	6	20	41	17	1
各等级县比重（%）	7	23.2	48.8	19.8	1.2

---

① 联合国粮农组织把绿色资源定义为土地、水、生物，包括动植物、森林、草原、渔业、畜牧等资源，我国学者朱丕荣认为，绿色资源除了以上这些资源以外，还有重要的气候资源，例如光、热、雨量、风等发展绿色产业可利用的资源。

续表

级别	优	良	一般	较差	差
指数	≥75	55 ~ 75	35 ~ 55	20 ~ 35	< 20
贫困县数量（个）	4	15	16	0	0
贫困县比重（％）	67	75	39	0	0

注：生态质量优秀的4个贫困县分别是：文县、卓尼县、舟曲县、两当县，生态质量良好的15个贫困县分别是：夏河县、宕昌县、临潭县、康县、麦积区、临夏县、永靖县、岷县、天祝藏族自治县、和政县、漳县、康乐县、礼县、合水县、武都区，生态质量一般的16个县分别是：西和县、武山县、东乡族自治县、积石山保安族自治县、广河县、渭源县、张家川回族自治县、宁县、静宁县、清水县、临洮县、庄浪县、甘谷县、榆中县、华池县、陇西县。
资料来源：根据《2004年甘肃省环境状况公报》数据计算。

　　大别山区是皖、鄂、豫三省国家扶贫开发工作重点县的集中地，在《中国农村扶贫开发纲要（2011 ~ 2020 年）》中大别山区被确定为全国11 个集中连片特殊困难地区之一，这些地区同时也是国家重要生态功能区和各省重要生态功能区。大别山区所包括的县级行政单位大多数都为国家扶贫开发工作重点县，同时也是中部地区自然生态保存较为完好，绿色资源较为丰富的地区。总体来看，大别山区的国家扶贫开发工作重点县主要特征是自然植被覆盖良好（部分县森林覆盖率在70％以上），气候温暖湿润，野生动植物、旅游、水能、农特产品等绿色资源丰富（见表1 – 2）。作为淮河和长江流域的重要干支流发源地，大别山区生态功能及地理区位非常重要，同时也是中国重要革命根据地，历史和人文积淀深厚。

表1 – 2　　大别山区部分国家扶贫开发工作重点县资源生态状况

省份	县名称	自然资源条件
安徽省	岳西县	国家生态示范区建设县，森林覆盖率达73％，被专家称为"是一座生态保存发育完好的天然花园"。
	太湖县	属皖西南丘陵低山区，年均气温16.4℃，气候资源、林业资源、水利资源、野生动植物、中药资源、旅游资源丰富，首批全国绿色小康县。

续表

省份	县名称	自然资源条件
安徽省	宿松县	森林覆盖率达到53%，是全国传统农业大县，安徽省水产重点县，一级国家优质棉生产基地县。
	霍山县	森林覆盖率达71.5%，生物物种多达6 500余种，有丰富的药材、茶叶、蚕桑、毛竹、水电、板栗、森林等自然资源，素有"金山药岭名茶地，竹海桑园水电乡"的美誉。
	霍邱县	地处大别山北麓，淮河中游南岸，是淮河中游的重点蓄洪区。1983年被国务院列为全国第一批商品粮生产试点县，是安徽省九大水产基地之一。
	舒城县	自然格局呈现为"五山一水二分田，二分道路和庄园"，被称为鱼米之乡、板栗之乡、绿茶之乡、油茶之乡、羽绒之乡、泉水之乡，森林覆盖率48%。
	金寨县	森林覆盖率为70.35%，境内有大别山三大主峰之一的天堂寨为华东最后一片原始森林，被列为国家级森林公园、国家级自然保护区和省级风景名胜区。
河南省	新县	盛产林果、茶叶、中药材等，其中，茶叶、银杏、油茶、板栗、野生猕猴桃品质产量均居河南之冠，被国家林业局誉为全国名特优经济林"银杏之乡"和"板栗之乡"，森林覆盖率72%。
	淮滨县	盛产小麦、水稻、玉米、红薯、油菜、花生、芝麻、棉花、烟叶、猫爪草等，是全国商品粮基地县、商品油基地县、弱筋小麦基地县、杨木基地县和国家粮食安全核心县。
	光山县	地处亚热带向暖温带过渡地区，属亚热带季风型湿润、半湿润气候，素有"北国江南"、"鱼米之乡"的美称。
湖北省	罗田县	森林覆盖率70%，是闻名全国的桑蚕之乡、板栗之乡、茯苓之乡、甜柿之乡，其中板栗产量全国第一。
	蕲春县	境内山地、丘陵、平原兼有。整个地势东北高、西南低，由东北向西南渐次倾斜，水系有蕲河、赤东湖、赤西湖等。
	红安县	"天台云雾茶"为湖北省名茶之一；丘陵区为湖北省花生集中产区之一；平原区主产稻、麦。
	大悟县	森林覆盖率74%。先后被授予"全国乌桕之乡"、"中国板栗之乡"、"国家绿色食品花生标准化示范区"和"全省花生板块大县"，列入全省优势农产品板栗、花生、蜂产品基地建设县。

大别山区是绿色丰富型贫困地区的代表，但地形复杂，山地较多、自然灾害频发、人口较多、农业现代化程度低、交通和水利等基础设施建设滞后。由于长期以来传统农业发展受到制约，农产品和工业产品不对等的市场价格差仍未改变，加上国家生态补偿政策不完善、绿色资源开发利用技术条件不成熟、绿色资源发展的基础不牢以及绿色资源开发意识的落后，使得这些地区捧着绿色资源的"金饭碗"却忍受着贫困的煎熬。

1.1.2 研究意义

一是本书摒弃传统生态脆弱就是发展弊端的看法，树立大资源观，发掘贫困地区可以开发的绿色资源，树立"即使生态脆弱的地区，也可以发掘出促进经济可持续发展的再生资源"的观念。本书的研究能够为绿色缺乏型地区实现生态建设和经济发展的双赢、走出贫困，提供一定的指导和借鉴。

二是绿色资源具有较高的经济、生态和社会价值，保护绿色资源和发展绿色产业是实现经济可持续发展的必要基础和最终途径。近年来，随着可持续发展战略的深入推进，在国家和地方层面开展了一系列的生态建设和生态补偿实践，将生态补偿、生态建设与绿色产业发展相结合，初步探索出了一条走出贫困的可持续发展之路。本书对生态补偿、生态系统服务价值的重视，对绿色资源富足的贫困地区将绿色资源价值应用与转化，实现生态保护和经济发展，对《国家重点生态功能区转移支付办法》（财预〔2011〕428 号）、《关于建立完善生态补偿机制的若干意见》等政策的完善、实施效果评价、实施路径的研究具有重要的意义，为更多绿色贫困地区实现经济发展与生态保护双赢打下基础。

三是贫困地区大多位于中国重要的大江大河源头和生态屏障功能区，承担着水源涵养、水土保持、生物多样性维护等功能，其生态环境质量的优劣，不仅影响西部地区和中东部地区的生态安全，也将严重影响社会经济的可持续发展。长期以来，人们对生态较好地区的贫困问题重视不够，导致生态破坏和环境恶化，本书将主要研究视角集中在这类绿色资源富足地区的贫困问题。这些地区实现经济发展与绿色资源保护，对于中国生态安全维护、重要生态屏障的建设、促进人口和经济增长与资源环境协调发展、统筹城乡发展和东、中、西部协调发展，以及促进欠发达地区绿色经济、绿色产业发展有重要意义。

四是历来在实施扶贫开发战略过程中一直都面临当地自然生态保护与经济发展两难困境，因而当地大量绿色资源未转化为经济价值。绿色资源富集地区的贫困问题很早就有学者开展研究，但一直未得到重视。新时期扶贫过程中，国家将这些绿色资源丰富的贫困地区纳入连片区实行集中扶贫开发，本书在新一轮扶贫开发政策实施之初，又将这个问题提出来，希望得到重视。顺应了《中共中央关于制定国民经济与社会发展第十二个五年规划的建议（2010 年）》和《中国农村扶贫开发纲要（2011 ~ 2020 年）》中提出"加快解决集中连片特殊困难地区的贫困问题，在集中连片特殊困难地区开展生态环境保护与培育一批特色优势产业"的要求。本书在绿色资源观指导下研究集中连片特殊困难地区，开展定量分析、实证研究、经验研究，总结出中国绿色贫困的特征、问题所在，为集中连片特困地区实现生态环境保护和绿色资源开发利用提供理论指导、政策分析和途径、模式指导。

1.2　国内外研究进展

1.2.1　国外研究

1. 关于贫困与反贫困的研究

国外关于贫困和反贫困问题的研究主要源于发展经济学。发展经济学理论认为，经济发展缓慢或停滞不前、人均收入水平低下、资本形成不足是发展中国家贫困的原因，这个问题的根源又在于缺乏资本和投资。美国哥伦比亚大学教授纳克斯（Narkse，1953）在《不发达国家的资本形成问题》中提出，发展中国家之所以存在着长期的贫困，是因为经济中存在着若干互相联系、互相作用的"恶性循环系列"，其中，最主要的一个恶性循环是"贫困的恶性循环"。美国经济学家纳尔逊（Nelson，1956）发表了《不发达国家的一种低水平均衡陷阱理论》一文，用数学模型分别考察了不发达国家人均资本增长与人均收入增长、人口增长与人均收入增长、产出的增长与人均收入增长的关系，研究了在人均收入和人口按不同速率增长的情况下，人均资本的增长与资本形成问题，提出发展中国家的经济表现为人均收入处于维持生命或接近于维持生命的低水平均衡状态，即所谓的"低水平均衡陷阱"。冈纳·缪尔达尔（Myrdal，1957）提出"循环积累因果关系"的理论，在他看来，发展中国家的贫困绝非纯粹的经济现象，而是政治、经济与文化等因素综合作用的结果，因而必须采用制度的、整体的、动态的方法来研究经济发展问题。美国经济学家哈维·莱宾斯坦（Leeibenstein，1957）提出了经济发展的"临界最小努力"理论，认为，发展中国家之所以贫穷落后，是因为人均收入过低，资本形成不足，形成了一个"低水平均衡陷阱"或"贫困的恶性循环"。1601年，英国伊丽莎白女王颁布了《济贫法》，在《济贫法》中对国家在消除贫困上的责任和作用作了清晰的认定，反贫困从个人和家庭成员的责任上升到政府高度。

森·汤（Town，1979）认为："所有居民中那些缺乏获得各种食物、参与社会活动最起码的生活和社交条件的资源的个人、家庭和群体就是所谓贫困的。"

世界银行（1990）在以贫困为主题的《1990年世界发展报告》中，就曾将贫困界定为"缺少达到最低生活水准的能力"。瑞典经济学家冈纳·缪尔达尔（Myrdal，1991）通过考察亚洲一些发展中国家经济贫困、制度落后的问题，又验证了他1957年提出的"贫困循环积累因果关系"理论，解释了不发达国家国民收入低下而导致的越来越穷的困境。阿玛蒂亚·森（Sen，1993）以可行能力视角系统来研究了贫困问题，他认为，贫困的真正含义是贫困人口缺乏创造收入的能力，缺乏获取和享有正常生活的能力，其根本原因是他们的能力受到剥夺或机会的丧失。阿玛蒂亚·森（Sen，2001）在他的《贫困与饥荒》一书中指出：贫困的度量可以分为两个步骤，即贫困的识别和把贫困人口的特征加总为一个总度量。

中国学者王永红（2011）对美国贫困状况、贫富差距、扶贫机制以及扶贫政策这一系列问题进行综合分析和论述，介绍了美国贫困人口现状及衡量标准，论述美国公共财政预算制度、税收制度、福利制度在财富分配中的影响，分析了帮助建立家庭资产对扶贫的重要意义。

2. 生态贫困和生态型反贫困的研究

目前，国际上对生态贫困（Ecological Poverty）进行明确定义的研究不多，长期以来，生态只是作为贫困的一个主要影响因素来分析，而并没有大量专门针对生态与贫困之间关系的研究。1994 年在哥斯达黎加召开的国际生态经济学学会上相关学者给出了生态贫困的定义，认为：生态贫困是自然资产不断恶化，导致了与之相联系的生态系统功能受损，并且给当地居民带来负面影响，而且指出大部分农村贫困的根源都是由于他们所依靠的自然资产不断地丧失了生产能力或者被破坏，因此要消除生态贫困需要重建自然资产（Folke，et al.，1994）。随着生态贫困问题的提出，生态型反贫困也作为一种反贫困方法被提出。

美国经济学家迈克尔·P·托达罗（Todaro，1992）在《经济发展与第三世界》中指出贫困与生态环境退化的恶性循环是造成贫困落后地区经济社会非持续发展的重要原因。戴维·皮尔逊和杰姆尼·沃福德（Pearce & Woffrd，1996）对非洲撒哈拉地区的贫困现象进行了极具说服力的论述，他们认为，没有比任何一个地区承受着这种"贫困—环境退化—进一步贫困"的恶性循环的痛苦更悲惨的了。

阿洛克（Luko，2004）提出生态环境与人类发展是共生的关系，由于工业化、产业化引起了环境的污染、生态的退化，使得贫困问题油然而生，他提出进行污染控制、环境修复是解决贫困问题的有利途径。

克里斯托弗·巴雷特（Barrett，2008）认为在热带地区农村贫困陷阱和资源退化的原因是市场不完善、不完善的学习、有限理性、协调失灵和经济功能失调等。

速水佑次郎和神门善久（2009）将发展经济学的主要任务锁定在探索发展中国家摆脱贫困的可能性，尤其是贫困特别严重的低收入国家，分析人口爆炸性增长对发展中国家自然资源的影响，论述了一些发展中国家面临的不平等扩大和环境恶化问题，最后提出发展中国家促进经济发展的适宜性制度安排是必须开发出与他们独特文化和社会传统相适应的有效经济体制以及发展战略。

曼弗雷德·泽勒和蒂娜·波特（Zeller & Beuchat，2010）等认为大部分东南亚旱地贫困地区具有基础设施不足、生产率低下、农作物和牲畜的饲养不足等问题，认为对土地利用变化是促进当地经济发展的强劲动力。斯里塔兰和蒂娜·玛塔（Sreedharan & Matta，2010）认为增加森林覆盖率，维护生物多样性和提高农业生产力，是减轻贫困的主要手段，以实现可持续森林管理，它可以改善生态森林边缘的村庄社会经济条件。

1.2.2　国内研究进展

1. 关于贫困与反贫困的理论、政策与制度

姜德华等（1988）从区域的角度，将中国贫困地区划分为6大类21个区，并对各类地区的特点、问题和发展方向进行了分析，为中国贫困地区的经济开发规划提供了依据。孙继凤和刘爱荣（1998）分析了贫困区的发生机制，认为贫困不仅是一个经济问题，也是一个融社会、经

济、生态等于一体的可持续发展问题，经济、社会和生态环境三者相互制约，陷入非持续的困境，区域经济难以发展，导致区域性贫困。

尚玥佟（2001）剖析贫困理论和反贫困战略，通过对一些发展中国家的反贫困实践研究，从发展中国家贫困影响因素的角度进行分析，重构了一个较为完善的贫困理论构架。曹芳等（2004）通过对农村贫困地区可持续发展的制度分析，提出农村土地产权制度改革，农村基层民主政治制度、组织制度的建设，发展农村基础教育与职业科学技术教育，完善农村社会保障制度是农村贫困地区可持续发展的保障。叶普万（2005）从发达国家与发展中国家反贫困理论和实践入手，探讨贫困的国别理论，重点分析了中国贫困特征、致贫原因、反贫困对策设计。李小云等（2005）对森林资源管理、生物多样性保护、农业与野生动植物保护、水资源管理等自然资源管理与贫困关系进行研究，分析自然保护区制度、退耕还林（草）政策对贫困的影响。

韩劲（2006）根据中国农村贫困山区面临的现实问题和可持续发展需求，对农村山区贫困循环进行了分析，提出"以城乡分开管理为前提，对广大农村贫困山区实行自然功能区域整合管理的对策"。徐勇和马定国等（2006）采用农户问卷调查方法，分析了延安宝塔区和安塞县近年来的退耕政策对农民生计的影响，研究结果表明退耕补贴对贫困农户的影响程度较大，停止退耕补贴后存在反垦可能性。

张楚晗（2008）在访问胡鞍钢时，胡鞍钢对于 21 世纪的贫困的看法是能力、权利和福利的被剥夺，他将之定义了四种类型贫困，即收入贫困、人类贫困、知识贫困、生态贫困，提出消除生态贫困成为 21 世纪初期中国减贫的最大挑战和重大任务。

2. 针对某一历史阶段的反贫困研究

邹德秀（2000）分析了从 20 世纪 80 年代开始，尤其是"八七扶贫攻坚计划"实施以来中国贫困地区的分布和类型，分析了不同贫困地区主要特征和原因，探讨在新历史条件下治理贫困的人口、教育、旅游、保护生态等战略。王大超（2003）对 70 年代至 20 世纪末以来的改革转型期中国城乡贫困问题进行深层次研讨，构建了转型期中国城乡反贫困理论，对转型期中国贫困状况进行宏观与微观考察。张磊（2007）将中国农村扶贫开发历程划分为六个阶段，针对不同阶段国家扶贫政策制定和出台的社会经济背景、所发挥的历史性作用和贡献作了评价和分析，收集了大量中国成功的扶贫模式资料。陈建生（2009）借助于慢性贫困理论，分析中国农村慢性贫困的空间分布、动态，在收集 600 个扶贫开发工作重点县 5 年数据基础上，对中国生态脆弱区农村慢性贫困的现实状况做出理论研究与实证分析。达古拉等（2010）研究了 2000 年国家生态移民政策实施以来的影响，认为这些政策的实施标志着反贫困政策从单独实施转变为与环境政策结合为一体，并分析生态移民政策对移民和环境的影响，探究生态移民政策在实施过程中所存在的问题。

3. 某一特定区域的反贫困问题研究

李含琳（1993）研究了甘肃省中部干旱地区返贫现象，认为当地自然资源因素、经济政策、资金约束等引起贫困，是经济增长速度慢导致经济扩张能力差、人口挤压、经济等条件不良引起的社会保障系统返贫。

江波（2000）以山西省 50 个贫困县为例，分析了当地贫困现状、成因、贫困以及自然、人文、产业等特点，筛选多项指标，对 50 个贫困县贫困程度进行分类分析，并根据各种类型产业特点、资源优势，提出脱贫的思路与对策。

杨国涛（2006）利用 1984～2004 年宁夏西海固农村经济调查数据，准确度量了西海固农村贫困演进趋势，评估经济增长和收入分配以及各种扶贫政策对农村扶贫开发的作用。赵大利（2007）运用 Lorenz 曲线对湖北省 1985～2005 年间的贫困状况进行贫困测算，重点模拟三个贫困指标的变动以及经济增长与收入分配对贫困变动的影响程度，认为扶贫工作优先考虑了穷人利益，在减贫过程中的经济增长使得农民收入增加，但随着农村居民收入差距的拉大，收入不平等部分减弱了减贫效果。

王科（2008）构建了评价指标体系对甘肃省43个国家重点贫困县的自我发展能力进行了评价，结果证明贫困地区自我发展能力的高低与地区经济发展的要素集聚程度、发展潜力、发展支撑条件、灾害条件、初始条件等因素有很大的相关性。

杨国涛（2009）对宁夏农村贫困演进、扶贫政策进行分析，研究西海固贫困分布、类型及特征，提出整村推进扶贫、产业化扶贫、移民搬迁、教育扶贫为内容的扶贫战略。胡鞍钢（2009）以青海的减贫成效和经验为基础，构建了贫困的多维分析框架，确定了由17个指标组成的贫困综合定量测算体系，对青海减贫工作进行了历史的和全面的定量测算。

王洛林等（2010）在对云南、青海和甘肃农牧藏区展开实地调查基础上重点讨论了当地少数民族贫困农牧民最迫切的生存和发展需求，以及现有的扶贫政策对当地贫困人口产生的影响。张大维（2011）运用生计资本视角对渝鄂湘黔边界武陵山区149个集中连片特殊困难社区进行案例研究，发现这一地区的贫困表现为自然资本贫瘠、物质资本不足、金融资本短缺、人力资本匮乏、社会资本薄弱。

4. 自然生态环境与贫困之间的关系

陈浩等（2001）认为贫困是经济、社会、生态均有待提高的综合体，如果只注重单一方面的脱贫，忽视其他两个方面，扶贫的效益仍然是不经济的，反贫困必须从经济、社会、生态三方面进行综合治理，才能走上可持续发展的道路。

王建武（2005）论证土地退化与贫困之间的相关性，提出中国土地退化防治的可能性以及通过土地治理缓解贫困的重大意义。屈明（2005）从土地资源可持续利用的角度对重庆老库区贫困问题进行了深入分析，认为恶劣的自然地理环境和贫乏的自然资源是导致老库区贫困的重要原因。

王碧玉（2006）深入讨论了贫困与生态环境现状的相互关系，明确指出贫困问题是一个生态环境问题，贫困状况的发生和贫困程度的大小与生态环境状况有着极为密切的联系，而农村贫困地区的环境问题主要是资源生态问题，中国农村生态环境问题实质上是经济问题。

李周等（2007）相关专家研究认为，经济增长、减缓贫困和环境保护三者之间的关系是，减缓贫困需要环境保护，只有环境的可持续性才能使减缓贫困的工作长期化，保护环境又需要经济增长和贫困减缓。潘乃谷等（2007）采取社会学与人类学相结合的方法，对多民族贫困地区与资源有关的生态问题进行研究，其中重点对内蒙古贫困牧区生态环境资源利用与经济发展因素进行分析，认为中国多民族地区在资源开发时因边区相对富有的资源而陶醉，应当对与资源有关的生态问题给予更多注意，多一些忧患意识。谢飙等（2007）通过对三江源水土流失与贫困的问题的研究，认为草场退化与沙化加剧、"黑土滩"面积的不断扩大、草原鼠害猖獗、源头水量逐年减少和生物多样性急剧萎缩等造成了三江源地区水土流失，由此产生了贫困问题；同时贫困又会进一步加剧水土流失，因此在实施生态移民中要避免因大规模退牧还草、生态移民而出现"一方水土养不了一方人"的矛盾。汪中华（2007）通过研究农村贫困地区生态、经济系统的现状得出，原因与结果之间的作用是相互的，农村贫困地区处于生态建设与经济发展的不良耦合之中，形成贫困和生态脆弱互为因果的局面。

曲玮（2008）讨论贫困与地理环境的相互作用，并确立地理环境贫困效应的分析框架，对甘肃省近年来通过改善地理环境条件缓解贫困的成功经验进行总结。丁文广等（2008）以甘肃省43个国家级贫困县和44个非国家扶贫开发重点县为研究对象，对地区自然环境与贫困之间的相关性开展研究，认为经济贫困是自然—社会环境与贫困危机的外部驱动力，环境退化是经济贫困的外部表现和结果。

罗娅等（2009）对贵州喀斯特地区环境退化与农村经济贫困互动关

系进行了研究，认为喀斯特地区特有的地形地貌、水土资源特征、燃料能源条件引发的自然灾害、资源低承载能力、低劳动生产率和健康隐患与当地农村的经济贫困之间存在着多方面相互联系。党小虎等（2009）从基尼系数、恩格尔系数和贫困指数等方面分析了黄土丘陵区纸坊沟流域实施生态恢复试验示范建设以来经济特征的变化，研究表明生态恢复极大地促进了当地经济的发展，改善了当地农民的生活水平，经济发展又反哺了生态系统，使生态系统得以休养生息。黄海燕等（2010）分析贵州新阶段农村贫困的特点，提出实施"三位一体"扶贫机制，即将扶贫开发与新农村建设相结合，扶贫开发与生态建设相结合，扶贫开发与农村低保制度相结合。

5. 绿色资源缺乏型地区的贫困研究

郭来喜等（1995）按照环境特点将中国贫困地区分为中部山地高原环境脆弱贫困带、西部沙漠高寒平原环境恶劣贫困带、东部平原山丘环境危急及革命根据地孤岛型贫困带，论述了环境与贫困度的关系。樊怀玉等（2002）对生态贫困进行了定义，认为生态贫困是贫困的一种主要类型，主要是从经济地理和人口的角度考察贫困，此种类型的贫困被定义为生存空间不足。

麻朝晖（2003）在《中国的贫困分布与生态环境脆弱相关度之分析》中认为，中国广大贫困的地区，其深层原因往往是环境贫困。董锁成等（2003）以甘肃省定西地区为例对黄土高原生态脆弱贫困区生态经济发展模式进行了研究，认为定西地区"脆弱—贫困"恶性循环是自然与人文要素长期作用的结果。尤飞等（2003）以定西为例分析，认为干旱缺水、垦殖砍伐、人口增长、经济结构单一、现代化水平低是制约黄土高原贫困区难以摆脱社会贫困、经济贫困与生态贫困的关键因素。陈南岳（2003）认为，生态贫困最根本的形成机理则是生态环境脆弱致使生存条件差、土地生产力低下和疾病增加。周毅（2003）分析指出西部生态脆弱地带与贫困地区之间存在高相关性，因此缓解经济贫困与生态脆弱之间矛盾的主要途径是发挥贫困地区劳动力比较优势、振兴教育、调整扶贫政策、平衡贫困人口数量与提高资源供给能力。

蒋亚娟（2004）分析了中国生态贫民保护与环境政策的困境，认为中国在环境法领域和社会保障领域很少把生态贫民作为一个关键词诉诸专门的法律政策，这使生态贫民弱势群体在环境保护法律政策中被忽视。于存海（2004）分析认为中国西部农村贫困主要是生态贫困，需要采取生态移民的反贫困策略，并需要解决生态移民过程的社区冲突，采取多种手段促进生态移民过程中的社区整合。于法稳（2004）从生态景观、自然资源、解决饮水问题、自然灾害、水土侵蚀等方面分析了西北地区生态贫困的特征。

严江（2005）将四川贫困地区的扶贫开发与生态脆弱区的生态重建结合起来，探索构建了可持续的扶贫开发模式。杨蓉等（2005）认为，宁夏南部贫困最重要的根源是脆弱的生态环境，为此实施反贫困应与生态环境治理同步进行，农林牧复合生产经营、发展设施农业和无公害农业等方式实现生态治理与脱贫的双赢。

汪希成等（2007）分析认为西部地区立地条件的天然弱质性，是西部农村生态贫困的根源。张佰瑞（2007）认为环京津贫困带具有典型的生态贫困特征，是生态恶化型抑制和保护压力型抑制双重效应的结果。杜哲（2007）以定西地区为例通过经济效益分析方法，论证了水土流失、水资源短缺、土壤侵蚀等生态环境指标对经济发展的制约。

麻建学（2008）分析认为，甘肃省的生态贫困人口主要分布在陇中黄土高原，自然因素是生态贫困发生、发展的潜在条件。朱丹果（2008）认为，中国贫困县绝大多数分布在 6 大贫困区：内蒙古高原东南边缘风沙化贫困区、黄土高原沟壑水土严重流失贫困区、秦巴山地生态恶化贫困区、喀斯特高原丘陵环境危急贫困区、横断山脉高山峡谷封闭型贫困区、西部沙漠高寒山区环境恶劣贫困区，西部地区的生态贫困导致地区贫困，地区贫困反过来又加剧了生态环境的恶化。

杨一斐（2009）分析了民勤县贫困与生态环境的关系，认为资源的极度匮乏导致了地区贫困，自然环境脆弱是生态型贫困发生、发展的潜在条件。刘颖琦（2010）分析认为，中国西部生态脆弱贫困区具有贫困人口数量较多、生态环境脆弱、产业规模小且优势产业主要依赖天然资源等特点。孙燕红等（2010）以兰州市榆中县为例，研究当地生态贫困的形成原因和在环境方面的主要表现，运用情景分析的方法，核算榆中县的生态系统服务综合价值。

6. 绿色资源丰富地区的贫困问题

李万（1987）认为武陵山贫困山区生物资源丰富、地方品种繁多，水能资源、旅游资源丰富，通过大力发展旱粮与木本粮油，大力发展林产业、开发药材资源实现当地经济发展。吴登茹（1987）研究认为秦巴山区发展生态农业的优势是丰富的土地、气候等农业自然条件存在着明显的垂直差异，适合于多种经营；因此，秦巴山区应当根据自然条件的垂直差异，充分发挥资源优势，发展农业立体经营；发展林土特产加工为主，采集—加工—运销配套的农村工副业；种养加良性循环，改善农村环境。刘胤汉（1989）研究认为陕西秦巴山区是一个富饶而较为贫困的暖温带山区，资源丰富，最大的自然优势是水热资源充足及其派生出的一系列农业资源，应实行"开发资源、以特取胜、立足国内、择优向外"的方针，实施农田水利建设、发展经济林特产品、抓好农业商品基地建设。

刘鹏（1991）认为大别山区是中国植物资源较丰富的地区，特有植物和经济植物较多，但由于长期以来交通闭塞、生产力发展水平低，导致生活贫困，所以应当最大限度地合理利用当地资源，重视具有较高经济价值植物的引种、栽培、科学试验，建立引种繁殖试验基地，变野生为家植，建立科学示范户，进一步开发利用，使其始终处于良性循环的轨道。李锦秀（1991）研究认为秦巴山区土地面积大、热量丰富、水资源丰富、生物资源丰富、珍稀特有种多，在河谷盆地布局农用地、经济林、水产养殖资源地带，在中低山布局农用地、经济林和用材林资源地带，在"二高"山布局林用地、农用地、牧用地资源地带，实现这一区域的农业立体发展。

卢凤君等（1992）分析大别山区自然资源和区位环境优劣势，分析认为应当对该区域的气候资源、土地资源、地域环境和扶贫条件的充分利用，为大别山区构筑保证经济适速增长的持续发展目标模式和市场推动、社会调节、科技开发增强型动力机制。

杨祖增（1993）分析了浙南贫困山区在资源方面的优劣势，认为浙南贫困山区自然资源丰富、山地面积广大、劳动力充足，生物资源丰富、名优特产众多，但人均耕地少且质量较差；而资金缺乏、技术落后等特点，是形成规模开发尚需解决的诸多难题；提出资源开发和经济建设应采取"倾斜式"的非均衡发展模式。石山（1993）通过详细数据分析认为，中国贫困山区有大量荒山、荒坡和疏林地带及利用不当的土地，山区可以生产大量的木本粮食和木本油料，可以大规模种桑养蚕，还有众多的野生动物资源可供利用，关键在于山区没有受到污染，山区可以利用这些资源优势脱贫致富。

王放（1996）认为，中国贫困地区的自然资源十分丰富，但是由于生产力水平低下，贫困地区丰富的自然资源得不到合理的开发和利用，而不利的自然条件却得以充分地表现，从而加剧了贫困。

石友金等（1999）认为湘赣老区拥有丰富的水能资源、旅游资源和森林资源，如此巨大的资源优势却产生一种悖谬现象，这些地区贫困根源在于资源开发时序上的错位和资源开发经济主体的错位。

李周（2000）通过大量案例和数据对中国森林资源丰富地区的贫困问题进行了研究，他认为森林资源丰富地区贫困的集中度高于森林资源贫乏的地区，林区的贫困率高于全国平均水平。姚宏（2000）分析了西康铁路沿线的秦巴山区自然资源特征，认为当地生物、水能资源、旅游资源丰富，但资源开发利用条件差、水平低，其中交通不便和边缘性区位是主要瓶颈。杨志龙等（2000）分析认为中国贫困山区资源相当丰富，包括耕地、山场、药材、土特产品、水能、野生动植物，但是贫困山区在资源利用上存在着严重浪费问题，发展商品性的开发性产业是贫困山区走向商品经济的基本途径。

李邀夫（2001）对湖南林区的贫困问题进行研究，认为林区资源开发的严重滞后、林业产业化程度低，以及丰富的林业资源优势尚未转化成产业优势和经济实力，是导致林区县经济发展水平远远低于非林区县、多数重点林区县仍处于贫困状态的重要原因。

崔晓嫚等（2004）对西部大开发中资源富饶中的贫困问题进行了思考，认为西部面积最大、分布最广，拥有丰富的光、热、水、土和物种等绿色资源，将富饶的绿色资源转化为财富才是西部欠发达地区脱贫致富战略的基点；因此随着西部基础设施不断完善，绿色产品加工技术改进以及绿色资源开发制度及其政策环境的改善，西部地区丰富的绿色资源将会得到有效开发。严奉宪（2004）对湖北省西部山区资源富饶中的贫困问题，即捧着资源"金饭碗"讨饭的窘境进行深思，认为湖北西部山区拥有丰富的绿色植被资源、优越的生态环境以及由此形成的水能、旅游等资源，开发当地的绿色资源具有战略上的重要意义。

皮厚卫等（2006）研究了鄂西贫困山区的绿色资源主要有绿色的山地植被、特色地理地貌，丰富的生物物种，优越的生态环境以及由此形成的水能、旅游等资源，为绿色资源产业化发展提供了得天独厚的条件。周紫林（2007）认为，云南省有的国家级贫困县原来有较多的林业资源，后来由于乱砍滥伐，山变得光秃秃；而有的县虽然青山绿水、森林覆盖率高，也进行了林权改革，但农民从中并没有获得较多的收入。陈军（2009）立足于松花江流域的贫困问题，对这样一个水资源相对丰富的特殊贫困地区进行了研究，分析了松花江流域水资源利用与农村贫困之间的相互关系。邓含珠（2010）以江西省修水县为例，深入探讨森林资源丰富地区贫困的成因，提出了相应的脱贫政策措施。

7. 治理贫困的途径

马乃孚等（1988）根据湖北省亚热带山区农业气候数据库实测资料

分析，认为应重点建设各种不同类型的名、优、特、稀商品生产基地，加速山区农业向商品化发展，建立农、林、牧、渔业最佳结构的生态模式，使山区农业及其经济效益和生态效益能达到共同提高。项国荣（1989）根据湖南永顺县连洞乡农业资源综合开发利用研究的实践和湘西武陵山区生态环境与资源系统特点，提出建设"生态农业"和实行"立体开发，综合发展，形成产业，讲究效益"的资源生态经济战略思想。

梁季阳（1993）通过贵州省贫困问题研究，指出水资源、水能资源的开发，将能促进农业生产、乡镇工业的发展和生态环境的改善，达到尽快脱贫致富的目标。刘扭霞等（1993）分析了吕梁革命老区兴县的贫困问题，建议改善生产条件，增强抵御自然灾害的能力，发展优质高效农业、走科技兴农之路，提高扶贫资金使用效果，加强农村基层组织建设等改变当地贫困局面。

杨秋宝（1997）认为依托中国贫困地区可供开发的自然资源，通过发展乡镇企业、庭院经济、扶贫开发大户、组建经济实体、建设商品基地以及承包治理开发小流域等方式实现贫困地区经济发展。王建宇等（1998）分析了宁南山区荞麦、莜麦绿色资源优势和商品优势，提出大力开发宁南山区的荞麦和莜麦资源，实现当地经济、社会、生态效益统一。林雪涤（1998）从实证的角度分析了安徽芜湖通过开发当地丰富的农业绿色资源，带动农牧业产业化发展，实现当地经济的可持续发展的探索，提出从政策、农业产业结构调整、发展绿色农工贸产业等方面，充分利用绿色资源东农业可持续发展。

张惠远等（2000）针对喀斯特山区的贫困与环境退化问题，提出了以协调人地关系、实现区域人类生态系统持续发展为目标的生态重建战略。方创琳等（2001）提出应当以区域可持续发展理论、恢复生态学理论、社会生态学与生态学理论来重建西北干旱区人地系统，实现生态重建与经济可持续发展。

张俊彪（2002）从人口、自然资源、环境、经济等多方面对中西部贫困地区可持续发展进行研究，提出可持续发展县域模式的推广，以及制度创新实现中西部贫困地区可持续发展的环境构建。余春祥（2003）提出了环境、资源是绿色经济发展内在构成要素的观点；对云南绿色经济发展的环境容量、资源承载能力和经济发展进行了测度，提出推进云南绿色产业发展的对策措施。

徐家琦等（2004）提出，通过建立"农户林业＋科技示范机制＋农民专业协会"的可持续扶贫模式，实施"开发式"生态扶贫方式，积极探索和帮助山区贫困农民，实现山区林业从生存角色向脱贫致富产业的方向转变。程玉林（2004）从绿色食品的角度研究黑龙江省绿色资源发展问题，认为黑龙江作为农业和林业大省，拥有发展绿色资源的充足条件，应当加强品牌整合和绿色食品资源整合，壮大绿色食品行业实力，推动绿色资源开发和可持续发展。刘永华（2004）分析认为，陕西宁西县应该抓住"天保"工程的发展机遇，发挥秦岭"绿色宝库"自然资源丰富的优势，依托绿色资源，实施"经营绿色"发展战略，开发以森林旅游业为龙头的绿色产业，贯彻以绿色创效益，以绿色求发展的思路，有效保护和改善生态环境，发展生态经济型林业，实现林业可持续性发展。

刘艳梅（2005）分析了中国西部生态型贫困，认为贫困状况的发生和贫困程度与生态环境状况存在着极为密切的关系，因此应建立生态型反贫困战略，从生态的角度选择合适的发展道路，把生态环境建设和保护作为扶贫政策的中心，重建西部生态系统，大力发展生态经济。张一驰（2005）以北京门头沟为例对繁华都市边缘的贫困问题进行研究，提出发展旅游经济以及柴鸡饲养等现代农业走出贫困的可持续发展道路。

刘学敏等（2006）分析了北方农牧交错带生态建设与经济发展的矛盾，认为"生态建设产业化，产业发展生态化"，建立新产业带是农牧交错带可持续发展的模式，同时强调了政府在新产业带建设中的重要作用。邹蔚烈等（2006）对湖北省竹溪县通过开发以林为主和以生态能源小水电为主的绿色资源来发展绿色大农业产业进行了研究，提出在提高绿色植被覆盖率的同时，提高绿色产业经营水平和质量效益，以清洁生态电能促进实现"厨房革命"，提高农村生活质量，形成"电保林、林涵水、水发电"的绿色生态经济良性循环模式。

王志山（2007）对经济欠发达的国有林区森林资源情况、林区产业发展、经济和社会发展进行调查和研究，探索构建了发展绿色经济产业的架构，创新性地提出了"动态绿色 GDP"核算方式。

张晓静（2008）从林区的贫困这一专业领域入手，认为天保工程对消除林区贫困有积极影响，构建了林区脱贫政策保障机制。相关林业重点研究部门（2008）对天然林资源保护工程、退耕还林工程、京津风沙源治理工程等的经济效益与消除农民贫困的总体效果做出了实证性的分析，为国家环境治理、农民增收与新农村建设提出了可靠的论证。

王江丽（2009）指出生态安全的维护必须是包括各层级多行为主体参与的全球绿色治理，注重自上而下的各层级政府间国际组织的重要作用，鼓励和促进自下而上的国际非政府环境组织参与全球绿色治理。富华（2009）分析了外部性理论、公共产品理论和劳动价值论，建议通过加强对西部地区的生态融资机制、生态资源产权和价格制度，以及生态补偿的税收制度和绿色 GDP 制度的建立和完善来建立一个多元补偿模式，促进中国西部地区生态补偿机制完善和成熟。张建肖（2009）分析南水北调中线工程，得出对陕南秦巴山区基本补偿是生态补偿项目得以实施的基础，产业结构调整补偿是项目能否成功实施的关键，应当提高对该地区补偿标准，延长补助期限，建立水资源交易模式，建立流域生态价值评估机制，大力发展与生态补偿政策相适应的旅游业、绿色食品业和医药产业。刘学敏（2009）以国家可持续发展实验区的诸多成功实践为研究重点，围绕京津冀与晋陕蒙之间经济与生态联系、北方农牧交错带生态产业带建立、北京可持续发展、生态经济、循环经济以及科技创新对区域可持续发展的重要作用等问题进行研究，形成了独特的可持续发展思想指导区域可持续发展的实践。杨铭（2009）研究认为生态农业是一种经济、生态和社会效益相统一的发展模式，因此应抓住中国西部发展生态农业具有光照充足、农作物单产水平高、病虫害少，拥有丰富野生动植物资源和比较广阔的天然草场，开发时间晚、开发程度低、人口密度小，现代化的无机能源投入较少，农业远离重污染区等优势，大力发展生态农业。

钟邵峰（2010）对国内外生态补偿的理论和政策进行梳理，提出了生态补偿的二重性观点，认为中国的生态补偿战略是以实体补偿为目标，协调两种补偿机制，使之共同发挥作用，构成行之有效的完整生态补偿机制。李丁等（2011）以民勤县绿洲边缘区为例，通过对参与式生态农业模式实施情况调研基础上，认为在生态脆弱地区开展以农村社区为主导生态农业模式的参与式发展，能够促进当地的可持续发展。雍会等（2011）分析了新疆干旱区的阿合奇县农业开发与生态贫困的关系及影响，提出促进生态贫困良性发展关键在于促使农业文明向生态文明转变，走农业开发与生态协调发展之路，以科技进步促进贫困良性发展。

1.2.3 文献评论

1. 国外研究

国外对贫困和生态贫困的研究具有一定顺序和阶段性，先是开展贫困问题的研究，后来，人们把注意力转移到环境与贫困关系的研究上，结果发现生态比较脆弱的地方一般是贫困地区，因此从生态学的角度提出了生态贫困说。随着可持续发展理论的提出，相关专家认为粗放式的发展战略虽然能摆脱经济上的贫困，但随之带来的是环境破坏，最终会出现"返贫困"的危机。因此，强调发展中要协调处理经济增长与自然生态的协调问题。由于自然地理条件的差异性，大部分国家尤其是发展中国家，在边远山区、地带交会处都会因生态环境恶劣而产生贫困，这种贫困仅仅靠国家的资金扶持、制度、人力资源等来改变是不够的，还必须从其根源上解决问题，因此，生态型反贫困战略被提上日程。

总体来看，国外专家研究认为，制度是导致贫困的根源，构建合理分配机制和开展贫困人口自身能力建设是走出贫困的主要思路。而开展生态重建、制定科学的制度和对生态开展管理以及实施生态项目是缓解生态与经济发展矛盾的关键。

2. 国内研究

一是研究主要集中于干旱和半干旱的生态脆弱地区。干旱和半干旱的生态脆弱地区，由于缺乏经济发展和资源开发的先天自然资源禀赋，这类地区很容易因为天灾、人口增长而陷入贫困。生态脆弱性贫困的影响因素很多，较为复杂，生态脆弱地区一旦陷入贫困，其贫困程度深，自我发展能力和条件受到较多制约，因此较为容易引起关注。从研究区域来看，集中在黄土高原区、西北内陆干旱区、西南石山区和内蒙古高原沙漠化区等干旱和半干旱生态脆弱区。这些地区的研究成果较多，研究结果大多一致认为应当通过生态保护、实施生态移民、发展生态产业来走出贫困。但是对于中东部一些生态脆弱地区，例如盐碱化地区、生态脆弱的海岛以及受到环境污染山区的贫困问题研究较少。

二是研究主要集中在西部内陆山区和农村。提到西部山区，人们很容易与贫困落后联系起来思考。广大西部内陆山区是中国贫困高发地区。从文献研究发现，80%的研究主要针对甘肃、陕西、宁夏三个地区，有的将这三个地区捆绑起来研究，有的只是针对其中某一个省或某一个具体的地区甚至是一个县，尤其是将这些地区中生态最具缺乏性、生存条件恶劣的山区和农村作为研究对象。也有少数研究，将这三个地区中具有共同自然地理条件的区域作为研究对象，例如，北方农牧交错带贫困县、云贵高原石漠化地区的贫困地带、陕甘宁黄土丘陵贫困区域和绿洲边缘贫困区域。从研究主体来看，研究西部内陆山区和农村贫困的学者也主要集中在这三个地区的高校、科研院所甚至政府部门。研究多注重实证性，对策建议可操作性和针对性较强。

三是借助于某一重大生态工程实施来研究贫困问题。近年来，中国实施了一系列重大的生态工程，例如退耕还林还草工程、天然林资源保护工程、长江中上游生态保护工程、京津风沙源治理工程、三北防护林工程、野生动植物保护工程及自然保护区建设等。部分学者借助于这些重大生态工程的实施，研究这些生态工程覆盖区域的贫困问题，以及这些工程实施对贫困问题带来的正面和负面影响。例如，对"天保"工程覆盖的陕西贫困地区的研究，以及黄河中上游生态修复工程与当地贫困问题的研究，京津风沙源治理对环京津贫困带影响的研究。

四是贫困问题研究的阶段性。从文献梳理来看，有一部分研究者以时间为序列分阶段来对中国贫困和生态贫困问题进行研究。在这些时间段当中，主要以改革开放至 20 世纪 90 年代的"八七扶贫攻坚计划"开始实施之前为第一阶段，以"八七扶贫攻坚计划"实施期间为第二阶段，以 21 世纪初至今即新世纪的扶贫为第三阶段，有人将第三阶段的贫困问题研究称为转型期的贫困问题研究。而对改革开放以前的研究相对较少，对生态与贫困的研究主要集中在后两个阶段，因为，这两阶段，中国对生态与环境问题关注达到一个空前的水平。

五是对贫困影响的政策和制度研究，兼有操作性的措施和方案设计。贫困问题，一定程度上源于政策和制度的失误，尤其是中国生态环境保护以及绿色资源保护和开发制度建设与政策完善明显滞后于实践，解决办法明显滞后于问题的发生，因此产生了严重的贫困问题。大多数针对贫困的研究都是从影响贫困的制度和政策分析开始，进而结合实际分析当地绿色发展的优势和劣势，最后建议通过制度建设和政策完善，以及实施一些生态工程、发展绿色产业等办法辅助实现脱贫。

3. 目前研究的不足及未来发展方向

一是理论研究落后于实践开展和问题的发生。对生态贫困的理论研究落后于实践，目前对于不同的贫困地区反贫困问题已经有了很成熟的生态型脱贫实践模式，但是对于这些生态反贫困的模式还没有进行系统的理论研究。对如何解决绿色贫困问题的一些前沿政策措施研究较少，例如生态补偿政策、开发绿色资源的财税优惠、金融支持等政策研究较少，而国家的这些政策实施严重滞后于理论界。

二是研究领域比较窄。尽管贫困所涉及的面比较广，影响的自然、人文、经济、制度等因素较多，但对它研究的学科领域比较狭窄，而涉及的行业归口也主要是农业、林业较多。贫困具有复杂性、差异性等特征，应该从地理学、生态学、环境科学、社会学等多方面进行交叉学科研究，涉及的部门也应扩展到国土资源、水利、交通、科技、民政、民族宗教等多部门。

三是研究范围局限性。资源生态与贫困之间关系的研究范围较为局限，目前研究主要局限于对生态脆弱地区的贫困研究，在地域上主要集中在西部内陆山区省份，很少在全国层面上将绿色资源丰富与绿色资源缺乏并列起来与贫困问题进行研究，研究各自的特征与共性，未从深层次去思考和解决这个问题。还应该研究自然生态条件较好地区贫困问题，以及复杂自然地理环境下贫困问题。

四是关于绿色资源富足型地区的贫困问题的研究相对较少。涉及资源富足地区的贫困问题研究的文献在 20 世纪 80~90 年代末居多，研究地区主要集中在大别山区、武陵山区和秦巴山区，鄂西和湘西地区也有零星的研究，研究领域也主要集中在农业、林业，而进入 21 世纪以来的研究就不多见。因为在 20 世纪 80~90 年代末，中国学界对保护生态与环境的呼声首次掀起，尽管兼有发展生态经济和绿色产业的思想，但是这一阶段中国对经济发展的关注胜过生态环境的保护，一些方案未得到重视，一些学者虽然继续坚持研究这个问题，但研究成果也较少，实质性的案例和实证研究不多。一部分地区最终还是以牺牲生态为代价来发展经济，造成生态破坏，此后大多数专家学者都转向开展生态缺乏型贫困的研究，因此关于绿色资源富足性的贫困研究相对较少。

五是高水平研究文献和成果较少。从文献来看，绿色资源开发及研究成果主要以一些低档次的杂志或地方报纸居多，研究目的是对一个地区如何通过绿色资源开发来实现经济发展进行宣传或对政绩开展报道。

理论性和系统性的研究较少，发表文章的主体也是来自于地方科研院所和实际工作部门，而在高校及高级别的科研院所少有这些方面的研究，并且缺乏深度研究和系统性分析研究。

1.3 研究思路和技术路线

1.3.1 研究思路

本书首先回顾了中国扶贫开发历程，指明新阶段中国反贫困任务的艰巨性，并对贫困的概念、贫困发生的理论进行研究总结和梳理。其次，结合新时期贫困特点和扶贫开发背景提出绿色贫困概念，对绿色贫困研究对象、形成机理、理论基础进行分析；选定"11＋3"个连片区为研究对象，代表中国贫困现状进行测算，以此开展中国绿色贫困分类，对绿色贫困特征表现、影响因素进行重点分析。在此基础上，选取"三江并流"及相邻地区、秦巴山区和武陵山区为案例，研究这3个连片区的绿色贫困问题，并对中国绿色贫困的成因进行分析。最后，结合目前中国反贫困战略，以及地方反贫困实践，针对中国不同条件下绿色贫困实际状况，提出了应对中国绿色贫困问题的治理策略、具有针对性和可操作性的治理途径。

1.3.2 技术路线

技术路线见图 1－1。

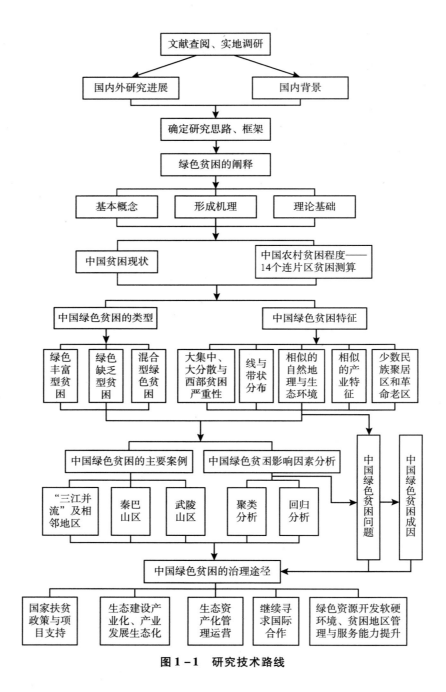

图 1－1　研究技术路线

1.4　研究方法和创新点

1.4.1　本书研究方法

1. 理论与历史相结合

由于贫困问题由来已久，本书在研究过程中首先对贫困发生的人口学、经济学、地理学和政治学等学科理论进行梳理，并采用历史文献方法，将不同时期贫困问题主要学者的研究结果开展总结和对比分析。在这基础上，结合当今的贫困新问题，提出绿色贫困概念、形成机理，并对其理论基础进行阐述，测量了目前中国农村贫困现状和程度。

2. 定性分析与定量分析相结合

按照生态植被状况，对中国绿色贫困进行分区和分类，将绿色贫困分为绿色缺乏型、绿色丰富型两类，而在实证研究过程中按照绿色贫困特征、影响因素和表现又增加了混合型绿色贫困。在对绿色贫困分类基础上对绿色贫困进行定量化，开展聚类分析、回归分析、研究绿色贫困与自然生态、科技、教育、财政、城镇化水平等几个因素之间的关系，分析从绿色缺乏型贫困到绿色丰富型贫困转变不同阶段贫困程度及发展趋势。

3. 规范研究与实证研究结合

本书借用经济学中规范研究与实证研究相结合的方法。首先，对绿色贫困概念、形成机理以及理论进行分析阐述的过程中，主要依据贫困的基本理论、可持续发展的绿色资源观理论；在对绿色贫困影响因素分析过程中，严格按照提出假设、构建模型、结果分析、验证假设的规范化过程。本书在规范化理论、规范化定量操作基础上，对 14 个连片区和 3 个典型案例开展实证研究，客观描述和评价绿色贫困程度，并直观展示贫困现象和发展状况，弥补了规范性研究中的不足。

1.4.2　创新点

1. 研究视角创新

长期以来，人们将自然生态与贫困之间关系的研究视角锁定在自然生态缺乏型地区的农村贫困问题，因为绿色资源缺乏与经济贫困有着较强的相关性。但随着研究深入和贫困地区范围扩展，发现中国自然地理条件和二元经济特征，使得部分绿色资源富有地区，由于地理区位限制和绿色资源开发技术手段落后面临着严重的经济贫困。本书从贫困这一基本问题出发，将绿色资源理论观①与贫困理论结合起来，提出绿色贫困概念，并对其形成机理和理论基础进行阐述，将两类拥有不用绿色资源禀赋的贫困地区结合起来，不仅研究传统绿色资源缺乏地区的贫困问题，还研究绿色资源丰富地区的贫困问题。扩展了自然生态环境与贫困之间关系的研究视角，丰富了贫困与生态环境之间关系的研究内容，扩大了贫困研究的关注点。本书既可以避免绿色资源缺乏的地区为走出贫困而再度陷入绿色资源破坏与经济贫困的恶性循环，也能避免绿色资源丰富的地区为走出贫困而大肆无计划地开发绿色资源造成生态环境破坏，为开展生态补偿理论研究、生态系统服务价值理论研究的具体化和操作化以及为生态建设、环境保护与绿色产业发展进行理论探索打开了

---

① "绿色资源"理论观是国际社会在提出可持续发展战略之时出现的新型的资源理论观。它提出了现代与未来资源研究的五重构想，即资源的可持续发展观、资源的有限观、资源价值的动态观、资源利用有序观、资源自然回报观。

一个新的研究视角。

2. 研究思路创新

一直以来，对资源生态环境状况与贫困问题之间关系的研究局限于正向思维，即自然生态的缺乏导致贫困问题单一一条线。本书打破了大多数学者的正向定式思维，即生态环境是贫困产生的重要负面因素，是生态环境阻碍了经济发展因而导致贫困。而本书以贫困问题为节点，从正向思维即自然生态缺乏导致贫困和逆向思维即贫困地区可以通过绿色资源开发摆脱贫困来分析自然生态丰歉与贫困之间的关系。本书将绿色资源缺乏、绿色资源丰富与贫困问题同时并列起来，从正向和逆向思维同时开展研究，并且研究了不同绿色资源禀赋条件下贫困程度以及绿色资源缺乏向绿色资源丰富转型过程中贫困变化趋势。

第 2 章

绿色贫困的概念和理论阐释

2.1 贫困的基本概念、分类及理论

2.1.1 国内外对贫困概念界定

贫困一般被认定为一种社会问题，是一个内涵和外延都十分广泛的概念。从贫困成因、特点和表现形式来看，贫困都与"落后"或"缺乏"联系在一起的，这主要包括"经济、社会、文化和精神、资源生态或生存空间"层面的缺乏，但主要是指经济上的贫困状态。贫困概念从最开始的经济学研究视角，转变为广义的经济、政治、文化、社会等多元视角。通常人们又把经济上的贫困或物质生活的缺乏称为狭义的贫困，而把其他方面的缺乏称为广义的贫困。世界银行在《1990 年世界发展报告》中给贫困下了一个基本的定义："缺少达到最低生活水准的能力"。世界银行在《2000 年世界发展报告》和《2001 年世界发展报告》中又对贫困的概念进行了扩展，认为贫困不仅仅是生活需求上的缺乏，同时还包括风险和面临风险的脆弱性，以

及不能表达自身的要求和缺乏影响力。随着全球经济快速发展，发展中国家与发达国家之间的贫富差距进一步拉大，国际社会按照贫困主体的需求不同，又将贫困界定为绝对贫困和相对贫困，在这一过程中发达国家整体经济发展水平较高，注重满足居民生活质量，因此注重解决相对贫困问题，而发展中国家由于经济发展水平较低，将有限的精力用于基本物质生活需求的满足，因此注重提高经济发展水平，解决绝对贫困问题。绝对贫困是无法维持个人生命延续所需的基本需求，它表现为维持生存最低标准的需要都不能得到满足的状况；英国学者朗特利（Rowntree，1899）在研究约克郡的贫困时首先对绝对贫困作了定量描述，他把贫困描述为家庭的可支配收入不能担负家庭人口基本生存所需要的食物、衣着、住房和燃料的最低开支。劳埃德·雷诺兹（1982）认为，"所谓贫困问题就是有许多家庭，在没有足够的收入的社会生产方式和生活方式下，个人和家庭依靠劳动所得可以使之有起码的生活水平，最通行的定义是年收入"。

中国国家统计局《中国农村贫困标准》课题组（1990）研究报告中对贫困的定义进行了描述，认为"贫困一般是指物质生活困难，即一个人或一个家庭的生活水平达不到一种社会可接受的最低标准，他们缺乏某些必要的生活资料和服务，生活处于困难境地"。林闽钢（1994）认为贫困是经济、社会、文化落后的一个总称，它是一种由于低收入造成的基本物质、基本服务的相对或绝对缺乏以及发展机会和手段缺少的一种状况。屈锡华等（1997）认为贫困是因各种发展障碍和制约因素集合引发，从而导致的生存危机和生活困境，一定层面上的贫困是一种社会状态，而如果这种状态不被改善将是恶性循环的。

从以上对贫困下的定义不难看出，对贫困的概念建立在多元贫困观基础上，贫困问题既包括经济上的，也包括社会的、文化的、制度的含义，在实践中还体现了中国在不同时代的现实基础。

2.1.2　贫困的类型

按照贫困的原因、特征、表现、标准，可以将贫困分为很多类，例如贫困的二分法、三分法等，但是我们可以根据研究的实际需求将贫困分为不同的类别。

1. 从贫困缺乏的内容上划分

胡鞍钢教授结合贫困现象、特征和原因对 21 世纪的中国贫困进行了阐述，认为贫困的核心是能力、权利和福利的被剥夺，它是一个多维度的问题，可以将其归纳为四种类型的贫困即收入贫困、人类贫困、知识贫困和生态贫困；其中，收入贫困，指无法承担最低水平的、足够的支出；人类贫困，是指缺乏维持基本生存的能力，如营养不良、缺乏卫生条件、平均寿命短等；知识的贫困，是指缺乏获取、交流、应用和创造知识与信息的能力，或者缺乏获得这一能力的权利、机会与途径；生态贫困，是指由于生态环境的恶化或自然灾害发生导致基本生活与生产条件被剥夺的贫困现象（张楚晗，2008）。

2. 从贫困的程度上划分，可以分为绝对贫困和相对贫困

康晓光（1995）认为绝对贫困又称生存贫困，是指在一定生产方式和生活方式下，个人或家庭收入不能维持最低生存需要的收入标准，生命的延续受到威胁。一般认为相对贫困是处于社会最低层居民的生活水平与社会平均生活水平相比较而言的相对偏低状态。按照国际惯例，排除物价和经济走势等因素，可以将一个国家或地区 20% 的最低收入人群或那些收入水平只占社会平均生活水平 50% 的人群认定为相对贫困人口（郭庆方，2007）。相对贫困一般以最低生活保障线或贫困线为标准来划定；相对贫困是一种比较而言的贫困状态，它一方面是指随着时间变迁和社会生产方式、生活方式的演进的贫困标准随之发生相对变化的贫

困，另一方面是指在同一时期不同社会成员和地区之间相对比较而言的贫困（宋宪萍，2010）。

3. 从贫困的层次与发展维度

从贫困人口发展的角度，一些学者将贫困分为生存型贫困、温饱型贫困和发展型贫困。佟新（2000）对贫困层次进行阐述，认为：生存型贫困表现为最低生活难以满足，与绝对贫困属于同一个维度，是贫困的最低状况；温饱型贫困表现为人们基本解决了生存所需的物质条件，处于温饱阶段，但温饱型贫困的生活状况仍然处于很低水平，经济上还相当困难，尤其是抵御疾病、灾害的能力有限，因病、因灾返贫的几率很大，发展受到限制；发展型贫困是指在解决温饱之后生活处于一种稳定巩固的阶段，而缺乏需要进一步发展的条件，因而出现的一种相对贫困状态。

4. 按照决定生活质量的因素和贫困成因，将贫困分为制度性贫困、区域性贫困和阶层性贫困

由于经济和社会制度原因，生产和生活资源分布的地区、群体具有不平等性，因而资源的分配不均造成某些群体或个人处于贫困状态；区域性贫困是指在同样的制度条件下，不同的地区由于自然禀赋和社会发展的差异，导致生产和生活资源的供给形成地区差异，一些地区由于相对贫乏、贫困人口相对集中而导致的贫困；阶层性贫困是指在同一制度环境下，在大约均质的空间区域或行政区域内，某些群体、家庭或个体，由于身体素质、文化程度、家庭劳动力、社会关系等原因，无法在竞争的环境下获得有限的生活资源，从而陷入贫困的状态（康晓光，1995）。

2.1.3　贫困的理论基础

从目前收集资料来看，对于贫困的理论研究涉及了人口学、地理学、经济学和政治学等主要学科领域。对贫困现象和内涵阐释依据还涉及的主要观点有"人口膨胀"说、"资源要素"说、"生产力低下"说、"机会贫困"说、"贫困文化"说、"能力贫困"说、"权利缺失"说等几个方面。

1. 人口学理论——适度人口理论

在一定的生产力发展水平下一个国家或地区经济发展水平往往会受到人口数量和结构的影响，人口过多或过少都不利于经济长久快速发展。布坎南在《初等政治经济学》（1888）（又叫《初级政治经济学》）和《财富论》（1928）这两本书中，首次明确提出了适度人口的思想，所谓的适度人口，在一定发展阶段一定的技术条件下可能达到的最高水平的人口数量。随后他又在1929年出版的《经济理论评论》中对"适度人口理论"进行了解释，认为在一定的时期内、一定的条件下，总是存在一个可以获得收益最大化的点，此时人口数量正好恰当地适应环境，如果人口数超出或少于这个点，收益或生产效率都会下降，在这个点的人口数量就被称为"适度人口"。

以马尔萨斯为代表的人口过剩论学者和另外过少人口论学者都想要找到一个合适的人口标准来契合经济发展速度，由于人口规模和结构的不适度，影响了当地经济发展，从而导致陷入贫困状态。因此，"越穷越生、越生越穷"成为贫困地区经济和人口之间关系的最佳描述，即承认人口过多是导致贫困的主要因素。适度人口确定的标准主要有三方面：一是与土地最佳匹配的人口是适度人口，二是达到产业最大收益点的人口是适度人口，三是一个社会可供使用的生产资料能满足该社会的需求是适度人口，但是一个社会能提供的生产资料数量会随着生产力的发展而变化。

瑞典经济学家威克塞尔是继坎南之后近代"适度人口理论"的又一奠基者，1910 年的日内瓦国际马尔萨斯主义者联盟会议上，他第一次提出了"适度人口"的定义，以一个国家的抚养能力来作为适度人口的衡量标准。威克塞尔较为明确地界定了适度人口这个概念，他认为一国经济发达程度和技术进步是最为重要的参考依据，而人口规模应当与这整个因素相一致，一国的工业发展潜力下能进行最大规模的生产所能容纳的人口即为适度人口。

由于生活贫困，生活得不到保障带来较高的死亡率，从而限制了人口的增加；但是为了增加收入，必然需要不断提供新的更多的劳动力，因此会导致人口生育率增加，这时的人口处于高出生高死亡阶段，人口数量少；当收入的增长速度快于人口增长率时，人们的生活得到了改善，这时死亡率降低而出生率提高，人口处于高出生低死亡阶段，人口迅速增加；只有当经济和社会发展到一定水平，人们自愿减少生育，同时伴随老龄化的到来死亡率上升，人口发展进入低出生和低死亡的阶段。不管是哪一个阶段，只要人口数量和结构不适应当时经济和社会发展要求，就会带来一定的障碍，因此过多和过少的人口数量、不能与经济发展需求相匹配的人口结构都是不适度人口的表现。

目前，三个阶段人口发展状态同时并存，在不同国家之间、同一个国家不同区域之间并存。东部发达地区已经进入低出生低死亡阶段，人口低速增长甚至负增长；大部分地区还处于高出生低死亡向低出生低死亡过渡阶段；而在贫困地区还处于高出生低死亡阶段。贫困地区地理环境的封闭和经济欠发达造成文化教育的落后与低素质的劳动力，又造成人口的过度增长，低素质的"剩余人口"队伍的不断扩大吞噬了有限的经济增长，因而难以有足够的资金积累来突破这种小农生产方式长期循环，使得农业和农村经济一直处于自给自足的"低水平均衡"，这是一个"陷阱"（Nelson，1956；杨建国，2006）。

2. 地理学理论——空间贫困理论

20世纪50年代，哈里斯和缪尔达尔首先提出了欠发达地区经济发展与地理位置关系的早期空间经济学（Spatial Economics）。到了20世纪90年代，世界银行专家贾兰等（Jalan et al.，1997）在对中国南方4省1985～1990年的微观数据作回归分析时发现，贫困的确与空间地理因素有着较强的关系，有力地证明了空间贫困理论，他们认为"由一系列指标合成的地理资本（geographic capital）对农村家庭消费增长有显著影响，是自然地理因素导致了'空间贫困陷阱'（spatial poverty traps）"。空间贫困理论就是将贫困与空间地理因素联系在一起，研究自然地理条件对贫困形成的影响，以及贫困的空间分布特征。实际上空间贫困理论是一个包含环境和社会结构因素的综合性名词，包含了空间地理位置对贫困的形成以及顽固的贫困现状维持的重要作用。

中国农村经过近30年的扶贫开发，贫困空间分布上由原来的"大面积"向"区域性、大分散、小集中"转变①。国务院扶贫办发布的《中国农村扶贫开发纲要（2001～2010年）》中期评估政策报告中指出，现阶段中国贫困人口的分布呈现出点、片、线并存的特征，其中点就是14.8万个贫困村，线就是特殊贫困连片区，面就是沿边境贫困带，贫困人口高度集中在中西部的老区、少数民族地区、边境地区和特困山区，这就是通常说老少边穷地区②。空间贫困与自然地理和资源禀赋联系非常紧密，相对于其他贫困影响因素而言更具有较多的劣势和顽固性特征，这说明受到空间贫困影响的群体面临着更大的劣势。

3. 经济学理论——能力贫困理论

一些学者从人力资本的角度来研究贫困问题，认为导致贫困的重要

---

① 张磊．中国扶贫的回顾与展望．在中国国际扶贫中心举办"中国扶贫经验国际研修班"上的培训材料，2005 – 12 – 1．

② 国务院扶贫办．中国农村扶贫开发纲要（2001～2010年）．中期评估政策报告，2006．

因素是缺少获取发展所需的资源的能力，因此经济发展的关键在于提高人的经济价值，通过增加人力资本的投资来实现人力资本与物质资本之间的最好匹配度。

联合国开发计划署（UNDP）曾在《人类发展报告（1996）》中指出贫困不仅仅是收入上的缺少，而更重要的是其基本的生存与发展能力的不足，并提出了度量贫困的一个新指标即能力贫困（capability poverty），它包括基本生存能力、健康生育能力和接受教育获得知识的能力三个方面（UNDP，1996）。1998 年诺贝尔经济学奖得主阿玛蒂亚·森（Sen，1999）认为，在概念上应该将贫困定义为能力的不足而不是收入低下。段世江等（2005）根据国际社会对能力贫困的理解，对能力贫困的概念作了界定，认为能力贫困不是针对某个个体或现象，而是一个集合性概念，在现代社会能力的外延有了广泛延伸它包括基本生产能力、获取知识能力、参与决策能力、合理利用资源的能力，从形成原因上来看，它还是受地缘因素以及市场配置资源趋利性影响而出现的缺乏获得物质和服务的手段、能力和机会。

在阿玛蒂亚·森（Sen，2003）看来，能力贫困的内涵十分丰富，"相关的能力不仅是那些能避免夭折，保持良好的健康状况，能受到教育及其他这样的基本要求，还有各种各样的社会成就，包括——如亚当·斯密所强调的——能够在公共场合出现而不害羞，并能参加社交活动"。邹薇（2005）研究认为"农村贫困的根源不是收入或消费的匮乏，而是由于教育、社会保障、健康和机会等方面的贫困而导致的能力贫困（capability poverty）"。

随着城乡一体化进程加快和区域协调发展问题逐步得到解决，贫困地区的发展空间将会进一步扩大，之前的许多制约经济发展的问题都有望得到解决，但是贫困人口自身是否能获取这些资源和把握发展机会，是对贫困人口能力的重要考验。中国绝对贫困人口的减少大部分发生在中东部地区，而在贫困人口最多、贫困程度最深、贫困结构最复杂的西部地区脱贫致富形势依然非常严峻，这主要在于贫困地区自我发展能力并没有建立起来。能力贫困理论隐含着对贫困人口的自我发展能力的培养，可以提高他们利用和改造自然环境的能力，提高在市场经济环境中参与竞争的能力、市场上获利机会和把握机会能力的更强，进而生计资源的扩展和抗风险能力会获得改善。因此，中国在开展扶贫开发时都将能力建设作为消除贫困的重要举措，也是实现从输血式扶贫到造血式扶贫转变的重要途径。

4. 政治学理论——权利分配不均衡

阿玛蒂亚·森（Sen，2001）在《贫困与饥荒》一书中说：所有权关系是权利关系（entitlement relation）之一，要理解贫困、饥饿我们就必须先理解权利体系，并把贫困、饥饿问题放在权利体系中加以分析才能找到真正的原因；因此，一个人避免饥饿的能力依赖于他所掌握的权利，贫困问题不仅仅是经济问题，而是社会、政治和法律制度问题，是社会正义问题，如果社会的繁荣表现为社会不平等的扩大，那么繁荣自然成为贫困的诱因。

在市场经济中，一个人实现将自己所拥有的商品转换为另一种商品的前提是他对这种商品所拥有的权利。物质的生产方式制约着整个社会的社会生活、政治生活和精神生活的过程（《马克思恩格斯选集（第2卷）》，1995）。社会的生产方式既包括社会生产力，也包括人们在生产过程中所结成的各种关系，具体体现在两者在物质资料生产过程中的关系，社会的生产力决定消费、分配、交换模式，以及由这些不同要素相互间的一定关系（《斯大林文集》，1985）。因此，马克思主义认为，要从根本上消除贫困和饥饿，就必须实现生产资料的公有制，并建立起一套相应的政治、经济和法律制度。

因此，由于权力、制度的约束导致一个社会中一部分人由于失去公平获得生产和消费资料的权利，因而导致贫困和饥饿的发生。阿玛蒂亚·森和马克思等人论述的观点主要是站在资本主义的私有制条件下分析，而在目前中国经济和社会发展条件下，由于城乡二元分割制度，导致城乡居民在获取资源权利方面也存在明显的差异，因此从机制创新、政策完善等方面实现，以及生态功能区限制和禁止开发政策及法律约束导致一线居民陷入捧着绿色资源的"金饭碗"还要饭吃的困境，扩大权利分配的公平性也是当前反贫困的重要任务。

2.2　绿色贫困概念、形成机理及理论基础

2.2.1　绿色贫困概念界定

1. 生态贫困

由于自然环境恶劣和退化、生态植被缺乏，特别是在一些干旱半干旱地区，生存环境尤为恶劣，面临"一方水土养不活一方人"的困境，在这些条件的影响下其他的地理资本无疑是最为脆弱和最低级的，这就导致该地区经济发展受限，容易形成贫困状态，这就是通常所称的生态贫困。

刘艳梅（2005）认为生态贫困是指由于生态自身脆弱性和人为破坏引起生态环境恶化，导致经济上的落后或经济发展受阻，该地区的人们生活困苦而造成的贫困。生态环境恶化不仅可以导致当地的贫困，而且会波及周边地区，进而周边地区也被带进生态贫困的深渊。樊怀玉等（2002）认为生态贫困是生存空间的不足。也有人把人类的生态需要得不到正常满足的状态称为生态贫困（陈南岳，2002）。于存海（2004）则认为生态贫困是特定社区的人地关系动态变化的过程和结果。

2. 绿色贫困

根据目前收集的资料来看，还没有学者明确对绿色贫困概念进行阐

述，也没有对绿色贫困研究理论、方法开展研究。高波（2010）最早提出了绿色贫困的定义，他认为绿色贫困是：①因缺乏绿色（森林植被等）而导致的绿色贫困，如沙漠化地区；②拥有丰富的绿色资源，因开发不当或缺乏合理的开发利用而导致的绿色贫困。通过已经收集到的相关资料来看，一些专家已经对绿色贫困涉及的内容开展过零散的或附带的研究，但并没有针对绿色贫困进行专门深层次的分析和研究。实际上，绿色贫困是指那些因为缺乏经济发展所需的绿色资源（如沙漠化地区）基本要素而陷入贫困状态，或者拥有丰富的绿色资源但因开发条件限制或尚未得到开发利用，使得当地发展受限而陷入经济上的贫困状态，同时绿色贫困也是一个时间范畴，包括某一地区在某一阶段陷入暂时的绿色贫困状态（邹波等，2012）。

3. 绿色贫困与生态贫困的关系

从二者的联系来看，绿色贫困和生态贫困都是研究自然生态环境与地区经济发展、人口经济收入之间的关系，共同研究生态系统自身在实现区域经济发展和人口收入中的功能，阻碍或促进作用。二者的功能是：一是评价一个国家或地区在不同发展阶段的人口、经济增长与资源、生态环境之间是否处于协调状态；二是思考采取相应办法去协调人口增长、经济发展与资源生态环境三者之间的关系；三是探寻规避自然生态的不利影响、利用自然生态为人类发展服务；四是如何利用经济手段去解决和协调人类活动与资源、生态环境之间的关系。

从二者的区别来看。从目前研究现状来看，对于资源生态环境与贫困之间关系的研究认为，贫困人口大多与生活地区的自然生态退化和环境恶劣有较大的相关性，即正向思维当中生态缺乏是导致绿色贫困的主要原因。大多数学者都称这一类贫困叫做生态贫困。因此，生态贫困主要研究生态匮乏和环境恶劣地区的贫困问题，生态贫困的研究区域主要集中在西南石山区、西北内陆干旱区、青藏高原区等自然环境恶劣的地区，这类地区生态覆盖率低、干旱少雨，实际上生态贫困研究的是生态缺乏型贫困或本书中的绿色缺乏型贫困。绿色贫困主要是以贫困为出发点，从正向和逆向思维来研究绿色资源丰富地区和绿色资源贫乏地区的贫困问题，绿色资源主要是能够开发利用的动植物、森林、草原、气候、土地和淡水等可再生资源。那么绿色资源贫乏地区的贫困就是因缺少动植物、森林、草原、气候、土地和淡水等资源陷入贫困状态，这一类绿色贫困实际上包括了生态贫困，生态贫困是绿色贫困的一个主要方面。绿色贫困除了生态贫困这一领域，还包括那些自然生态环境相对较好、绿色资源相对富足的贫困地区，这类地区自然生态环境不是导致贫困的原因，而是贫困问题也发生在这些地区。我们可以通过开发绿色资源引导经济发展，使其最终走出贫困。

2.2.2　绿色贫困的研究对象

根据一个地区绿色资源丰歉程度和经济收入多少，将该地区分为 4 种发展类型（见图 2-1）。第 I 种类型的发展状况是：自然生态、绿色资源禀赋较好，而通过辅之以科技、政策、教育、基础设施建设，对绿色资源实施开发或对其他更为优越的条件的利用，促进了经济的发展。目前，中国发达的长三角、珠三角及流域内发达地区属于这一类。第 II 种类型的发展状况是：自然生态禀赋较好、绿色资源丰富，但是在科技、人才、资金、基础设施建设和政策等多方面约束下，绿色资源未能开发或限制开发，同时其他经济发展的条件也缺乏，因而陷入贫困。这一类贫困分布在中国武陵山、秦巴山、大别山、罗霄山和滇西边境山区等自然生态条件较好的贫困山区。第 III 种类型的发展状况是：绿色资源缺乏，经济发展的自然资源禀赋条件差，同时经济发展所需的科技、人才、资金、基础设施也缺乏，因而经济陷入贫困。这类地区在中国有西藏、南疆三地州、四省藏区、六盘山区和滇桂黔石漠化区。第 IV 种类型发展状况是：绿色资源也较为缺乏，但是拥有丰富的非可再生资源，通过油、气、矿产资源开发，极大地促进了地方经济发展，例如广西南丹县，陕西府谷县、靖边县、安塞县等贫困县就是借助于这些资源开发实现脱贫致富的。

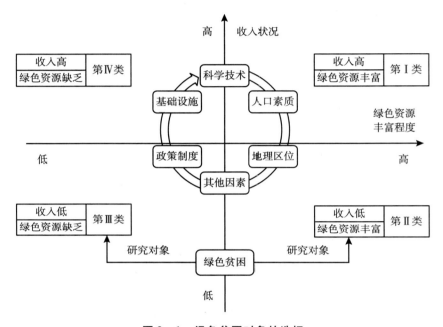

图2-1　绿色贫困对象的选择

不管是哪种发展类型的地区，其发展程度除了受到资源禀赋影响以外，关键在于科学技术、人口文化和技能、地理区位、交通等基础设施、国家政策制度和其他因素的影响。本书的研究对象是第Ⅱ和第Ⅲ种类型的地区。

2.2.3　绿色贫困形成机理

1. "3P" 问题和 "3E" 问题

第一，"3P" 问题和 "3E" 问题的产生。"3P" 问题的产生和发展也是经历了三个阶段。"3P"问题的发现要早于"3E"问题。解放初期，为了促进生产力的大发展，延续着人多力量大的思想；同时受到战乱影响，新中国成立后出现人口补偿性生育，因此新中国成立后十年中国人口迅速增加。尽管有马寅初等人口学家预见到了人口数量急剧增加会带来的诸多影响，尽管人口并没有作为一个问题来看待，但实际上已经为中国的人口问题产生埋下了隐患，形成了一元的"人口"（Population）问题，但未被明确提出。直到改革开放之初，由于大量农村贫困现象的出现，人口、贫困才被正式提上日程，成为社会关注焦点，因此"贫困问题"（poverty）被提出，在寻找其根源时引出"人口"（Population）问题，形成了二元的"2P"问题。到了20世纪末，人们逐渐认识到发展带来的环境污染以及贫困地区的环境破坏比较严重；把污染归因于人口过多和过快增长以及贫困与生态恶性循环关系。把"污染问题"（Pollution）提高到空前高度，最终形成"3P"问题。"3E"问题的产生主要分为三个阶段，一是改革开放之初，经济发展是首要任务，因此最初研究怎么样才能促进经济的发展，因此一元的1E即"经济"（Economy）问题引起高度重视；二是到了20世纪90年代全国经济发展开始步入正轨，经济形势一片大好，如何促进能源为经济的高速发展提供保障成为各级部门研究重视的问题，因此开始系统研究"能源"（Energy）和"经济"（Economy）问题，一元的"经济"（Economy）问题增加了"能源"（Energy）的因素，发展成为二元的"2E"问题；三是到了20世纪末，随着经济高速发展，资源大量开采和不合理利用，造成的环境污染问题越来越严重，因此在研究能源和经济二元的"2E"系统的基础上，引入环境因素，逐渐形成研究能源、经济和环境三元的"3E"问题。"3E"问题与"3P"问题尽管产生的先后不同，但是这两个问题从来都是一体的，融合于经济、社会和生态系统当中。

第二，"3P"问题与"3E"问题的系统关联性。由于"3E"问题中资源开采和利用不当带来的环境问题，这些环境问题表现形式就是"3P"问题中的污染；"3E"中的经济问题是我们通常所说的发展问题，即从原始社会到不发达阶段最后进入共同富裕的社会状态；"3P"问题中的贫困，实际上就是处于不发达阶段的一种生存状态。"3P"问题中的人口，贯穿于经济、环境、能源、贫困等各个系统当中，也是这个系统中各子系统相互联系的关键。"3P"问题和"3E"组成的这一系统基本上涵盖了一个国家或地区发展的全部内容；而在这一系统当中，如果其中一个子系统出现问题，那么整个系统都会受到影响。因此，处理好这两大问题，一个国家和地区就能处理好经济社会发展与资源生态环境关系的协调，实现区域的可持续发展。污染问题、人口问题和贫穷问题目前已被国际社会当作最重要的社会问题来对待。各国政府、国际组织和非政府组织正在共同努力寻求解决问题的途径。污染问题包含着环境的污染和破坏等广泛内容。目前世界环境污染问题实质上包括大气污染、森林过度砍伐、沙漠化和土壤破坏、安全水不足和环境卫生条件差等因素，给脱贫造成较大阻碍。

第三，"3P"问题与"3E"问题中的贫困与生态环境问题。狭义的贫困一般是指经济上的缺乏，或者是生存方式的落后，人们通常认为贫困是多种因素综合作用的结果，但这并不意味着各种致贫因素在贫困的形成中起着同等重要的作用。社会上流行的关于贫困根源的三种主要理论主要是：主体不发育论、供体不平等论和载体不完善论。通常不同贫困地区在众多的致贫因素中，总有一种因素起着主导作用。载体不完善是地区贫困的第一位原因，而主体不发育与供体不平等又进一步加剧了地区贫困，是地区贫困的第二位原因。从正向思维来分析，载体的不完善主要是人口生存环境的恶劣，贫困地区大多分布在生态环境脆弱地区，这不是偶然的巧合，而是因为生态环境脆弱恰恰正是导致贫困的重要根源，而且，生态贫困地区自然生态环境和生产条件差，灾害发生率高，脱贫难度大，脱贫之后也很容易返贫，是一种绿色资源匮乏型的贫困。例如有许多地区的贫困主要是由于生态环境太恶劣，或是生态环境恶化引起的，我们将这种贫困称为生态贫困。

我们从逆向的思维角度来看，区域环境条件与区域经济发展水平是政府制定区域政策的重要依据，区域发展的目标取向是经济效率、社会公平（贫困）与生态环境的权衡。当倾向于社会公平时，则有利于贫困地区的发展，反之则不利于贫困地区的发展。贫困既是一种现象和结果，也是一个重要的原因。因为贫困限制了区域政策制定的目标和取向，贫困限制了人的素质的提高，贫困限制了基础设施的建设以及现代资源开发技术的推广和使用。往往受到这些限制，即使有着富足的绿色资源，地区发展道路依然狭窄，也很容易陷入贫困当中。这样一来就很容易被人接受绿色资源富足地区的贫困不但是结果也是现象，即一种绿色富足型的贫困。

2. 绿色贫困形成机理

从系统科学的角度看，绿色贫困形成与贫困地区人口、资源环境、经济社会三大子系统之间的关系紧密相连，这三个系统相互影响、相互作用。生态脆弱地区的经济、人口与资源环境之间的关系一般认为是陷入 PPE 怪圈，即贫困（Poverty）、人口（Population）和环境（Environment）之间的恶性循环模式：因为贫困会导致人口快速增长，因此加剧生态环境破坏，人口的增加降低人均资源占有量，又加剧贫困并使生态环境趋于恶化，而反过来脆弱的生态环境又使贫困变本加厉（佟玉权等，2003）。

中国的植被类型可以分为草原、荒漠、热带雨林、常绿阔叶林、落叶阔叶林和针叶林六大类。一般情况下在卫星遥感图片上用绿色程度来表示和分辨不同植被类型，在地图上绿色越缺少甚至没有绿色标明的地区是荒漠，绿色较浅的地区是草原或者植被覆盖率较低，森林覆盖或植被覆盖较多的地区，绿色程度越深。区域的土壤基质及其生长的植被是一个地区尤其是农村开展生产生活的前提，因此缺乏绿色资源禀赋可以导致贫困的直接原因，这类贫困传统上成为生态贫困。然而，一些地区绿色资源禀赋较好，由于基础设施不完善、区位条件较差、资源开发利用技术落后以及政策的限制，使得丰富的绿色资源得不到开发，而陷入贫困，这一类贫困特征是拥有绿色资源环境下的贫困。从形成原因、表现特征、治理途径来看可以分为主要两种类型，即绿色缺乏型贫困或生态贫困、绿色丰富型贫困，因此可以从原因、状态现象、措施和结果四个方面来阐述绿色贫困的形成机理（见图2-2）。从状态现象出发，追求绿色贫困形成的原因，在内陆干旱半干旱沙漠和荒漠化地区、石漠化山区，以及高寒地区，由于水源、土壤的缺乏，生态植被覆盖低，是贫困的发生直接因素，因此形成了第一类绿色缺乏型贫困。在中国地势一、二、三阶梯分界线上或者大江大河分水岭，这类峡谷和高山地区由于天然屏障保护，形成了土壤和丰富降水，有利于植被发育，植被覆盖率较高，但是同样受到地形影响，这些地区远离区域社会经济中心、现代技术落后，同时作为重要的生态保护屏障，资源开发的政策限制较多，因而陷入捧着绿色资源的"金饭碗"还要饭吃的困境，形成了第二类绿色丰富型贫困。由于交通、水利基础设施建设不完善、人口文化水平低下和生产技能差、教育医疗卫生等公共服务不足，以及养老等社会保障缺失，贫困地区在目前经济体制和社会结构下处于弱势地位，因而加重了这两类贫困程度。

因此从绿色贫困是产生的根源和特征寻找其治理措施的两个落脚点：一是对于绿色缺乏型贫困，改善生态环境，开展生态恢复和重建是首要任务，同时依托生态建设发展产业是脱贫致富的关键；二是绿色丰富型贫困，保护当前的生态环境是首要任务，实现绿色资源开发利用技术推广来发展生态产业、完善生态补偿和开发政策是关键。同时开展基础设施建设、实施教育优先、推进公共产品均等化、加大社会保障力度是这两类地区脱贫致富的重要辅助措施。根据措施差异和实施程度不同，这两类绿色贫困地区有几种发展结果。对于绿色缺乏型贫困，通过生态修复和重建，加上其他辅助措施实施，就会逐步达到结果1，即生态恢复和经济发展的绿色富裕双赢状态，如果不采取措施或者是措施不得力，那么必然得到结果2，即继续延续目前生态贫困窘境甚至更为严重。对于绿色丰富型贫困，未来发展有三个结果：一是依托绿色资源合

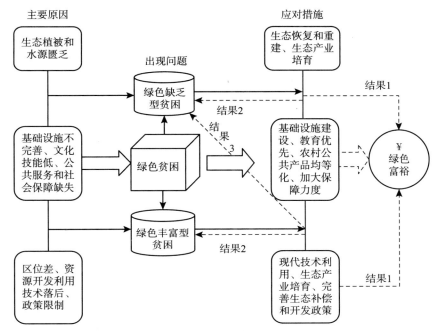

图 2 - 2　绿色贫困形成机理

理开发利用，达到结果 1，即绿色富裕；二是如果对目前绿色资源不加以利用和开发，将会得到结果 2，即维持绿色丰富型贫困；三是如果这类地区在发展中不加以合理规划和引导，造成对生态环境破坏，从而得到结果 3，即进入绿色缺乏型贫困的状况。当然，影响贫困的因素很多，但是绿色的恢复和保护是前提，经济社会的发展是坚持的目标，技术、政策、人才和基础设施等软硬环境的改善是走出贫困的助推器。

　　总而言之，绿色贫困就是用正向和逆向两种思维来考虑贫困与自然资源、生态环境之间的关系。正向思维就是有一类贫困是缺乏绿色资源导致，或者是贫困问题的根源是缺乏绿色资源；逆向思维就是有一类贫困问题可以通过对目前拥有的绿色资源开发来进行治理。

2.2.4 绿色贫困相关理论阐释

1992 年世界银行在《世界发展报告：发展与环境》中系统地阐述了人口、贫困和经济增长与可持续发展的问题，环境与贫困之间的关系越来越受到人们的普遍关注（世界银行，1992）。

在贫困问题的研究上，一直有学者反对"地理环境决定论"。但是，人们也观察到，穷人往往都会集中于某一个区域，这并不是"物以类聚人以群分"，也不是因为寻找同类的依靠，而是在自然地理和生态环境等先赋性条件上具有一些共性。

在那些受地理自然条件严格限制地区的人口，难以获得维持身体机能的充分食物。俗话说"靠山吃山，靠水吃水"，在现代化的今天，一部分地区仍然延续着传统的生产和生活方式，而缺乏现代高效率的技术和手段，无法将丰富的资源禀赋进行开发来得到改善生产生活条件所需物质，直接影响了人口的发展和生活水平的提高。

国家扶贫办统计，2005 年在连续贫困的发生群体有 76% 居住在资源匮乏、环境恶劣的深山区、石山区、高寒山区和黄土高原地区[①]。现有的一般贫困理论认为，贫困的发生往往是因为某些地区失去了其他地区拥有的比较劣势，因而在区域的竞争中失去了发展的机会。

1. 绿色资源理论观

许多贫困国家或地区资源禀赋较差，往往缺乏土地、水源、矿藏等自然资源，所以导致了资源匮乏型贫困问题的产生。任何一个国家或地区维持经济的发展都需要发展工业的大量资源，资源决定了经济发达程度，资源较为丰富的国家都是经济发达国家。一种物质能否成为资源或转化为产品，除了取决于它是否具有能满足人们的需要以外，还在于有

---

① 国务院扶贫办. 中国农村扶贫开发纲要（2001～2010 年）. 中期评估政策报告（2006）.

机会和条件能让人们使用某些手段将这些物资转化为参与具有能参加人类经济活动的性质。因此，发现和利用资源的手段是决定一种物质是否能转化为参与经济活动的关键。

非可再生资源开发引发的自然灾害、盐碱化、荒漠化、水土流失、地下水枯竭和污染、地面下沉等生态环境问题，以及非可再生资源的日益枯竭，让人们想到了开始寻求一些可再生资源来满足人类延续的生产和生活所需。绿色资源作为重要的可再生资源，联合国粮农组织把绿色资源定位为土地、水、生物，包括动植物、森林、草原、渔业、畜牧等资源。中国农学界认为，绿色资源除了以上这些资源以外，还包括重要的气候资源，例如光、热、雨量、风等对绿色产业是可利用的资源，相对而言有的绿色资源是数量有限或不可再生的，如水、土和野生动植物，而有的可以再生，如作物、林、牧、渔等生物资源，还有的是利用不当或尚未被完全利用的，如光和风能等（朱丕荣，2001）。

绿色资源开发建立的理论基础是"绿色资源"理论观，梅尼尼克等（Melnyk et al.，1996）认为人类为了维持经济社会的可持续发展，需要依据科学技术的发展来预测地球生态容量，更好地自觉控制自身的种群，在利用来自太阳和地球系统有限资源时，随时开展科学的评估，制定好优先性、限制性或禁止性开发的资源，从而不影响自然生态自身的平衡能力，并为生态消耗做出相应的补偿，使自然生态平衡处于可持续发展的良好状态。

绿色资源开发利用的实质是资源开发利用产业的厂商处于"代际无知"，是人们在不知道自己所处的代际、资源在代际间的分配情况和自己利用资源的能力等情况，但清楚可以通过科技进步使资源潜在价值不断地开发出来（陈安宁，2005）。中国学者樊琦（2007）认为，绿色资源观包括资源有限观、资源可持续发展观、资源价值动态观、资源利用有序观以及资源利用的回报观五重构想，是对人类社会以及自然资源系统的结构功能及与环境之间关系的分析基础上所作出的新的概括，强调了人与自然之间运动持恒的健康状态。

2. 资源要素贫困理论

资源要素贫困理论认为，一个地区的贫困问题是因为资金缺乏，以及交通、通信、能源等基础设施建设落后，因而导致对现有资源的开发利用不足所致，或是由于土地等基础资源和其他自然资源不足、资源结构不合理、资源先天性恶劣等因素所致。资源要素配置贫困理论认为，贫困是贫困者不能对土地、资金和劳动力等生产要素进行有效配置的结果，由于技术条件限制，传统农业生产只能通过延长劳动时间或增加劳动人口来增加劳动投入，这样一来不仅直接降低了生活水平，而且使得短边生产要素更短，得不到正常积累，因而贫困农民陷入生产要素的恶性循环。伊克波姆等（Ekbom et al.，1999）认为，贫困才是环境退化的主要受害者，也是催化剂，而高收入增加了对环境的压力，不完整的产权制度也强化了环境与贫困的恶性循环，人口的压力必然增加贫困与环境恶化。努南等（Nunan et al.，2002）则认为，环境的退化在本质上是由机制和政策造成，而并非贫困本身所引起。在中国西部地区，贫困与脆弱的生态环境之间的关系非常明显，生态环境与经济贫困的恶性循环既是贫穷落后的基础原因，又是影响贫困地区经济社会非持续发展的重要因素（李琳，2003）。中国的贫困地区，尤其西北贫困地区由于自然资源缺乏、自然灾害频繁导致了生态环境的脆弱，但人口因素才是使整个系统陷入恶性或产生良性的关键（张志良等，1997）。

3. 绿色贫困理论与其他理论关系研究

绿色贫困与人口适度理论、空间贫困理论和能力贫困理论是一脉相承的，绿色贫困涉及的范围较广，与人口、地理空间和贫困地区居民生存能力和发展机会都有着重要联系。因此，绿色贫困理论是贫困理论的延续和发展。

绿色贫困理论最大支撑点就是它的绿色资源观。打破传统认为的只有矿产或者可以大规模开发的农林牧渔等才是资源的观念，树立一种只要不对自然生态和环境产生不利影响、可以通过技术手段和市场条件将一切可以开发利用的物品都视为有效资源的观念。人们通常将大面积荒山、险峻峡谷、沙漠化或荒漠化等环境恶劣、生态脆弱条件视为资源贫乏，因此将其定论为不适宜经济的发展或者是缺乏经济发展的资源禀赋，人们陷入了狭义的资源观。实际上这些地区除了没有矿藏等非可再生资源和可以大规模开采的农林牧渔等资源以外，还拥有丰富的生物资源、中药材、气候资源、风能、水能源、旅游资源和沙土资源，传统资源观不把这些资源视为有效的、能带来规模化效益的资源，因此不予以重视。随着技术条件的改善，人们利用自然和改造自然的能力得到极大提升，对生态、绿色资源更加重视，这些资源逐渐得到开发。实践证明，沙漠化地区运用现代技术也可以变沙为宝，以发展沙产业来带动致富；生态条件较好的地区可以依托天然屏障，将珍稀物种资源配合得天独厚的气候特征加以保护和培育，将例如中药材、天然绿色食品、生态旅游、畜禽产品等绿色资源加以开发，能够实现绿色贫困地区的发展。大多数地区都是具有可供开发的资源潜力，主要是我们如何去设计开发利用的策略和采用何种技术。

2.3　本 章 小 结

本章主要在文献研究基础上对国内外关于贫困的基本概念、分类以及贫困形成的基本理论进行了梳理和总结。对绿色贫困概念、研究对象、形成机理和理论基础进行了初步阐释，为全书的写作做好了基本铺垫。

本章认为绿色贫困是指那些因为缺乏经济发展所需的绿色资源（如沙漠化地区）基本要素而陷入贫困状态，或者拥有丰富的绿色资源但因开发条件限制或尚未得到开发利用，使得当地发展受限而陷入经济上的贫困状态，同时绿色贫困也是一个时间范畴，包括某一地区在某一阶段陷入暂时的绿色贫困状态。书中根据一个地区绿色资源丰歉程度和经济收入多少，将中国绿色贫困研究对象锁定在两类地区：一是自然生态禀赋较好、绿色资源丰富，但是受到科技、人才、资金、基础设施建设和政策等多方面约束，绿色资源未能开发或限制开发，因而陷入经济贫困的地区；二是绿色资源缺乏，经济发展的自然资源禀赋条件差，同时经济发展所需的科技、人才、资金、基础设施也缺乏，因而经济陷入经济贫困的地区。对于绿色贫困的形成机理就是用正向和逆向两种思维来考虑贫困与自然资源、生态环境之间的关系，正向思维就是有一类贫困是缺乏绿色资源导致，或者是贫困问题的根源是缺乏绿色资源；逆向思维就是有一类贫困问题可以通过对目前拥有的绿色资源开发来进行治理。绿色贫困的理论基础是资源要素贫困理论和绿色资源理论观，其中绿色资源理论观就是将贫困地区的土地、水、生物，包括动植物、森林、草原、渔业、畜牧等资源以及光、热、雨量、风等气候资源等视为一切可以开发利用的资源。树立一种大资源观，发现地方特色资源，将这些一切可以利用的自然资源，在不破坏生态前提下实施开发利用。

第 3 章

中国农村贫困现状及程度分析

3.1　中国农村贫困现状

3.1.1　农村贫困线标准和农村贫困人口

　　1978 年至今，中国政府多次调整了农村贫困线标准，尤其是 1990 年开始几乎每年农村贫困线都发生变化，总体来看，贫困线标准提高幅度一次比一次大，增长金额也越来越多，从 1985 年的 206 元增加到 2012 年的 2 300 元，扶贫力度不断加大（见图 3 - 1）。

　　从 1978 年起，中国开始设立统一的贫困线标准来衡量和统计农村贫困人口数量及贫困程度。应国务院农村发展研究中心的建议，国务院最早在 1985 年对贫困线作了规定，以年户人均口粮 200 公斤，相当于年人均收入 206 元，照此计算全国 1985 年农村贫困人口为 1.25 亿，占农村总人口的 12.2%。1990 年，国务院把贫困线提高到农民人均纯收入 300 元，这一标准相当于当时农村人均纯收入的 50%，这一贫困线以下全国农村贫困人口为 8 500 万，农村贫困发生率 9.5%。1994 年开始

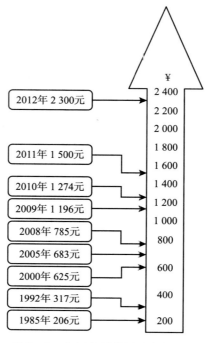

图 3 - 1　中国农村贫困线变化趋势

资料来源：根据国务院扶贫开发领导小组办公室历年发布相关文件中的数据整理。

实施的《国家八七扶贫攻坚计划》，国务院又把贫困线标准从 400 元提高到 1995 年的 530 元，这一贫困线标准下全国农村贫困人口为 7 000 万，农村贫困发生率 7.6%。2000 年农村贫困线标准提高至 625 元，这一标准下全国农村贫困人口为 3 209 万，农村贫困发生率 3.5%。从 1978 年开始一直到 2000 年，中国都以维持最低生存需求即绝对贫困线作为衡量农村贫困人口的主要标准。

除了绝对贫困线标准以外，还有一个衡量农民生活状况的标准——低收入标准，低收入标准线也只是一种温饱标准，它高于贫困线，但是接近贫困边缘，很容易返贫，因此也受到关注（国家统计局农村调查司，2001）。2000 年，全国首次实行低收入线，低于这一标准的农村贫困人口有 9 422 万，低收入人口比重为 10.2%，贫困人口数量和贫困发生率都比绝对贫困线标准增加了近 3 倍。2008 年，农村贫困线标准提升到 895 元，农村低收入标准为 1 196 元，对应的农村人口数分别为 1 004 万和 4 007 万。2008 年，国家决定将贫困线和低收入线合一，统一使用 1 196 元作为国家扶贫标准，统一贫困标准下的农村贫困人口为 3 579 万，贫困发生率为 3.8%。为了实现小康社会奋斗目标，2009 年起国家三次大幅提高贫困线标准，到 2011 年底，将贫困线确定为 2 300 元，按这一标准下 2012 年全国还有 1.28 亿农村贫困人口，全国贫困发生率为 13.4%。而在这一新的贫困线标准下，中国 592 个国家扶贫开发工作重点县和"11 + 3"个连片区的贫困人口和贫困发生率急速提高（见表 3 - 1）。

表 3 - 1　　1978 ~ 2012 年中国农村贫困线标准下贫困人口数量特征

年份	绝对贫困标准			低收入标准		
	贫困标准（元）	贫困人口（万人）	贫困发生率（%）	低收入标准（元）	低收入人口（万人）	低收入人口比重（%）
1978	100	25 000	33.6	—	—	—
1985	206	12 500	15.5	—	—	—
1990	300	8 500	9.5	—	—	—
1991	304	9 400	10.4	—	—	—
1992	317	8 000	8.8	—	—	—
1993	350	7 500	8.2	—	—	—
1994	440	7 000	7.6	—	—	—
1995	530	6 500	7.1	—	—	—
1996	580	5 800	6.3	—	—	—
1997	640	5 000	5.4	—	—	—
1998	635	4 200	4.6	—	—	—
2000	625	3 209	3.5	865	9 422	10.2
2001	630	2 927	3.2	872	9 029	9.8
2002	627	2 820	3.0	869	8 645	9.2
2003	637	2 900	3.1	882	8 517	9.1

年份	绝对贫困标准			低收入标准		
	贫困标准 （元）	贫困人口 （万人）	贫困发生率 （%）	低收入标准 （元）	低收入人口 （万人）	低收入人口 比重（%）
2004	668	2 610	2.8	924	7 587	8.1
2005	683	2 365	2.5	944	6 432	6.8
2006	693	2 148	2.3	958	5 698	6.0
2007	785	1 479	1.6	1 067	4 320	4.6
2008	895	1 004	1.0	1 196	4 007	4.2
2009	1 196	3 579	3.8	1 196	3 597	3.8
2010	1 274	2 688	2.8	1 274	2 688	2.8
2011	1 500	9 000	6.9	1 500	9 000	6.9
2012	2 300	12 800	13.4	2 300	12 800	13.4

注：农村贫困标准、贫困人口和贫困发生率都是指绝对贫困，农村低收入标准是相对贫困；农村贫困标准和农村低收入标准确定的依据是农民人均纯收入。2008 年底取消了绝对贫困和低收入两个标准之分，统一为一个贫困标准。

资料来源：中国农村贫困监测报告（2001～2011）、国家统计局《中华人民共和国国民经济和社会发展统计公报》（2001～2011）和《中国农村住户调查年鉴》（2003、2010）。

世界银行按 1985 年购买力平价的不变价格计算，将人均年收入 275 美元和 370 美元分别确定为世界通用的贫困线下线和上线，即年人均收入 275 美元到 370 美元的人口划分为贫困人口，而年人均收入 370 美元的标准后来又调整为国际上通用的每人每天 1 美元的消费支出贫困标准。为了更准确地评估中国农村的贫困状况，让更多的人口能够脱离贫困线，更好地指导中国 21 世纪的扶贫工作，中国在沿用国际贫困标准的同时又将最低收入 10% 的农村人口收入水平作为贫困线，按照这一标准计算，1999 年中国农村贫困人口为 1.2 亿，其中大约有 50% 集中在西部地区。

到了 2008 年，国家将 1 196 元作为低收入标准，但是 1 196 元的贫困线标准如果按照购买力平价来计算，只相当于每人每天 0.89 美元的生活水平，与国际上通用的 1 美元一天标准仍有差距。

中国农村贫困人口主要集中在 592 个国家扶贫开发工作重点县和省级贫困县，按照 2009 年的贫困标准，国家扶贫开发工作重点县的农村贫困人口为 2 175 万人，占全国农村贫困人口的 60.5%；贫困发生率 10.7%，是全国贫困发生率的 2.8 倍[①]。2011 年底，国家划定了新的贫困线标准，为了配合集中连片特殊困难地区扶贫开发规划编制和实施，摸清新标准下贫困人口数量，各省开展自下而上的新标准农村贫困人口识别和建档立卡工作；通过查阅各连片区扶贫开发规划、各连片区县级政府的新标准农村贫困人口识别和建档立卡数据以及国务院扶贫办、地方扶贫办数据，整理得到 2011 年连片区各县贫困人口数，进而与农村人口相比得到各县农村贫困发生率。2011 年，中国"11 + 3"个连片区农村贫困人口 8 123.176 万，农村贫困发生率为 43.91%[②]。

3.1.2　农村贫困人口空间和地理分布状况

国家发改委依据各省（自治区、直辖市）开放政策执行情况和经济发展程度将全国划分为东、中、西三大区域，东部是最早执行沿海开放政策而经济发展水平较高的省市，中部是经济处于次发达地区，而西部则是经济欠发达地区。根据中、东、西部的划分依据，必然很明显，东部地区对外开放程度较高，经济最发达，中部地区次之，而西部地区开放程度低，因而经济发展水平最低。根据地形高低起伏，中国地势划分为三级阶梯。地形地貌决定了资源的丰歉程度，三级阶梯划分与东中西部的划分从行政区域重合度和地理位置特征来看都具有较大相似性，三

---

① 中国农村全面建设小康监测报告（2010）.
② 中央明确西藏全区实施特殊扶持政策，同时西藏区分县的贫困人口数据难以收集，因此本书将西藏自治区农牧民全部涵盖到农村贫困人口中。

级阶梯的划分与中国经济发展水平也具有很大的相关性。因此，可以看出三级阶梯和中西部划分也是中国贫困人口空间和地理分布的一个重要标准。分地区看，2009 年西部地区的国家扶贫开发工作重点县的农村贫困人口 1 515 万，贫困发生率 13.5%；中部地区国家扶贫开发工作重点县的农村贫困人口 591 万，贫困发生率 7.9%；东部地区国家扶贫开发工作重点县的农村贫困人口 69 万，贫困发生率 5.4%[①]。

从 2000 年、2005 年和 2010 年三个年份农村贫困人口数量来看，中国农村贫困人口大多数集中在西部地区，西部地区集中了全国大约三分之二的农村贫困人口，与之对应的是贫困发生率也是西部地区明显高出东中部（见表 3 - 2）。2000 ~ 2010 年，全国贫困发生率从 10.2% 下降到 2.8%，降幅 72.55%，同一期间东部地区贫困发生率从 2.9% 下降到 0.4%，降幅 86.21%；中部地区贫困发生率从 8.8% 下降到 2.5%，降幅 71.59%；而西部地区贫困发生率从 20.6% 下降到了 6.1%，降幅 70.39%；西部地区贫困人口基数大，脱贫困难返贫容易，因此在这 10 年间，贫困人口减少最多但贫困发生率降幅最小。2000 ~ 2010 年间，中国绝对贫困线从 630 元上升到 2008 年的 895 元，低收入标准也从 865 元上升到 2008 年的 1 196 元，最后二者合并，到 2010 年中国贫困线上升到 1 274 元；这一期间中国东部地区农村贫困人口占全国农村贫困人口的比重从 10.2% 下降到 4.6%，而中部地区农村贫困人口和西部地区农村贫困人口占全国农村人口的比重不降反升，分别从 29% 和 60.8% 上升到 30.3% 和 65.1%。可以看出，不管标准如何改变，目前中西部地区仍然集中了中国 95% 以上的农村贫困人口，尤其是西部地区农村贫困人口更是占到全国农村贫困人口的 65% 以上。据统计 2000 年山区贫困人口占全国农村贫困人口的比重为 48.7%，到 2005 年为 49.1%，到了 2010 年再上升到 52.7%，这一比重高于山区人口占农村总人口的比重，

---

① 中国农村全面建设小康监测报告（2010）.

山区县还是贫困人口的集中地①。

表 3 - 2　　　　　主要年份中国农村贫困人口的空间分布

主要年份		2000	2005	2010
贫困人口数量（万）	全国	9 422	6 432	2 688
	东部	962	545	124
	中部	2 729	2 081	813
	西部	5 731	3 805	1 751
贫困发生率（%）	全国	10. 2	6. 8	2. 8
	东部	2. 9	1. 6	0. 4
	中部	8. 8	6. 6	2. 5
	西部	20. 6	13. 3	6. 1
占全国农村贫困人口比重（%）	东部	10. 2	8. 5	4. 6
	中部	29	32. 3	30. 3
	西部	60. 8	59. 2	65. 1

资料来源：国家统计局《2011 年度全国农村住户抽样调查》结果。

3.2　中国农村贫困程度分析
——"11 + 3"连片区分析

3.2.1　全国"11 + 3"连片区的贫困现状分析

为了进一步开展集中扶贫开发，提升扶贫开发效率和水平，《中国

---

① 中国农村贫困监测报告（2011）.

农村扶贫开发纲要（2011~2020 年)》中决定将贫困人口集中分布的六盘山区等 11 个集中连片特殊困难地区和西藏、四省藏区、新疆南疆三地州 3 个执行特殊扶贫政策的地区作为未来 10 年扶贫开发重点即"11+3"个连片区。这"11+3"个连片区包含 680 个县级行政单位，其中有 442 个县是国家扶贫开发工作重点县，这是目前中国贫困人口数量最多、分布最为集中、贫困程度最深的区域，能反映中国贫困现状。因此，本书选取国家新确定的"11+3"个集中连片特殊困难地区作为中国农村贫困现状的研究对象。本书主要借助了 Mapinfo 工具，根据国务院扶贫办 2012 年 6 月 14 日发布的《关于公布全国连片特困地区分县名单的说明》，在全国分县行政区划图上提取 680 个县级行政单元，并按"11+3"个连片区归类，以此为底图，将各连片区人口、自然生态、经济社会进行研究分析。

1. 集中连片区人口和农村贫困人口规模、分布情况

全国"11+3"个集中连片特殊困难地区总共 680 个县，国土面积 383.55 万平方公里，接近国土总面积的 40%，2011 年总人口为 2.434 亿，占全国总人口的 18.07%，其中，农村总人口 2.0055 亿，城镇化率为 16.38%。

从"11+3"个连片区人口分布来看，人口主要集中在中部和西南地区的连片区，秦巴山、武陵山、乌蒙山、滇桂黔石漠化区、大别山区，这些连片区人口分布密度远远大于其他贫困连片区。在这"11+3"个连片区中，2011 年总人口超过 3 000 万的有大别山区、秦巴山区和武陵山区，其中最多的是大别山区，达到 3 657.3 万，超过 2 000 万人口的依次还有滇桂黔石漠化区、乌蒙山区和六盘山区。

"11+3"个连片区中，农村人口最多的也是大别山区，为 3 133 万，农村人口超过 3 000 万的地区还有武陵山区，为 3 012.3 万，秦巴山区农村人口接近 3 000 万（见表 3-3)。

表 3 - 3　　　　全国"11 + 3"个连片区 2011 年人口和农民收入状况

名称	农村人口（万人）	县均人口（万）	人口密度（人/km²）	城镇化水平（%）	农民人均纯收入（元）	农村贫困人口密度（人/km²）
六盘山区	1 841.34	34.84	142	13.66	3 037	52.93
秦巴山区	2 965.94	47.41	162	16.82	3 454	51.62
武陵山区	3 012.30	53.42	199	11.97	3 347	67.71
乌蒙山区	2 001.50	60.18	214	12.49	3 209	90.74
滇桂黔石漠化区	2 591.33	36.69	342	11.79	3 279	118.24
滇西边境山区	1 347.10	84.50	73	11.78	2 936	31.87
大兴安岭南麓山区	507.00	37.19	64	28.57	3 228	17.55
燕山—太行山区	917.80	33.26	113	16.39	3 160	36.27
吕梁山区	342.40	20.14	112	15.49	2 742	46.53
大别山区	3 133.59	101.59	546	14.47	4 310	133.31
罗霄山区	938.40	48.06	213	15.34	3 518	58.75
南疆三地州	411.60	26.49	14	36.52	3 183	5.77
四省藏区	185.89	6.82	6	64.67	3 057	1.05
西藏地区	234.00	3.92	2	23.79	4 253	1.84
全国	—	46.90	143.00	49.68	6 977	52.93

　　资料来源：农村总人口、农民人均纯收入通过《中国区域经济统计年鉴（2012）》数据计算汇总得到，县均人口、人口密度和城镇化率是在《中国区域经济统计年鉴（2012）》数据基础上计算得到，农村贫困人口是作者收集原始数据基础上计算得到。

　　中国农村贫困人口分布与总人口分布有着相似的规律，东北、华北和西北地区总人口少，农村人口总数少，农村贫困人口也较少，贫困人口分布较为分散。从"11 + 3"个连片区农村贫困人口密度来看（见表 3 - 3），农村贫困人口密度最大的是大别山区、滇桂黔石漠化区和乌蒙山区，每平方公里农村贫困人口分别为 133.31、118.24 和90.74，除开实行特殊政策的南疆三地州、四省藏区和西藏这 3 个连片区以外，其余的连片区中农村贫困人口的密度最小的是大兴安岭南麓山区，为 17.55 人，而剩余连片区每平方公里的农村贫困人口主要在 30～70 之间。

由表 3－3 看出，根据 2011 年的数据，"11＋3" 个连片区中县均人口规模最大的是大别山区，为 101.59 万，其次为滇西边境山区为 84.5 万。根据第六次全国人口普查结果，全国县均人口数为 46.9 万，超过全国县均人口规模的连片区还有秦巴山区、武陵山区、乌蒙山区、罗霄山区。总体来看，县均人口规模较大的连片区的人口密度也最大，除了滇西边境山区以外，其他县均人口规模超过全国平均县均人口数的连片区，其人口密度也超过全国平均水平；滇桂黔石漠化区县均人口相对不多，但是人口密度也超过全国平均水平的一倍多；在这些连片区中，大别山区人口密度最大，达到每平方公里 546 人，超过全国平均水平的 3.8 倍。中国的地形特征可以分为平原、丘陵和山区等几类。全国 "11＋3" 个集中连片特殊困难地区所有县（区）中除开西藏 74 个县以外的 606 个县中，有平原县 73 个、丘陵县 76 个、山区县 457 个，其中山区县占到 78.38%。全国 "11＋3" 个连片区集中了 75% 的国家扶贫开发工作重点县和一部分省级贫困县，2011 年总人口为 24 339.91 万，其中农村人口 20 430.19 万，城镇化水平 16.06%；其中的平原县总人口 3 801 万，农村人口 2 942 万；丘陵县总人口 3 678 万，农村人口 3 065万；山区县总人口 16 492.46 万，农村人口 14 043.58 万。这 606 个贫困县中，平原县农村贫困人口 892.9 万，贫困发生率 40.51%；丘陵县农村贫困人口 1 025.2985 万，贫困发生率为 39.67%；山区县农村贫困人口为5 534.08万，贫困发生率为 42.54%[①]。不管是从人口总量、农村人口数、农村贫困人口数还是贫困发生率，都是平原县最少，丘陵县次之，山区县最多。

按照 693 元的绝对贫困标准，2006 年中国农村贫困发生率为 2.3%，按照 958 元低收入标准，2006 年中国低于这一标准的农村人口

---

① 总人口和农村人口数据和平原县、丘陵县、山区县的划分来源于《中国县市统计年鉴 (2011)》，农村贫困人口数和贫困发生率数据由作者收集的数据计算得到。

比重为 6.0%。

按照 2 300 元标准推算的 2006 年各连片区贫困发生率均大大超过 693 元贫困发生率。14 个连片区中，有 11 个连片区农村贫困发生率超过 50%。其中，仍然是南疆三地州农村贫困发生率最高，超过 80%，其次是乌蒙山区，超过 70%，而只有罗霄山区农村贫困发生率最低，但也达到 32%（见图 3 - 2）。总体来看，与 693 元贫困线标准相比，2 300元贫困县标准下 2006 年"11 + 3"个连片区的农村贫困发生率均翻了 2~4 倍，其中吕梁山区翻了 5 倍。

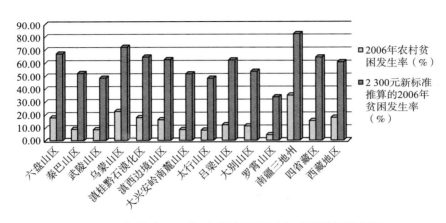

图 3 - 2　全国"11 + 3"个连片区 2006 年农村贫困发生率

注：2006 年农村贫困人口数据来源于《中国农村贫困监测报告（2011）》。

如图 3 - 2 所示，2006 年"11 + 3"个连片区农村贫困发生率平均为 15.4%，除开罗霄山区以外，其余的 13 个连片区①农村贫困发生率均高于全国 958 元低收入标准下 6.0% 的农村贫困发生率，其中南疆三地州农村贫困发生率达到 35.8%。按照 2 300 元贫困线标准，2006 年，14 个连片区农村贫困人口和农村贫困人口占全国农村贫困人口的比重分别

---

①　由于西藏数据难以收集，在分析的时候经常将西藏除外，因此在提到 13 个连片区时，除特别说明外，以下内容提到 13 个连片区时均不包括西藏。

为 2 876.7 万和 41.6%。2006 年，中国 14 个连片区贫困人口总数为 2 876.705 万，其中滇桂黔石漠化区农村贫困发生率为 18.55%，农村贫困人口数最多，为 479.39 万，占总数的 16.66%；其次，乌蒙山区农村贫困人口 465.35 万，大别山区和六盘山区农村贫困人口也较多，分别为 376.03 万人和 336.96 万人。

到了 2011 年，按照 2 300 元贫困线标准，中国农村贫困人口达到 12 800 万，而 14 个连片区农村贫困人口为 8 234.17 万（将西藏全区农牧民纳入贫困人口），连片区农村贫困人口占全国农村贫困人口的 64.33%；说明尽管近年来，全国农村绝对贫困人口在减少，但减少的这部分人口收入水平也只略高于全国贫困线标准，尤其是山区刚刚脱贫的农村人口收入水平与贫困线非常接近，而随着农村贫困线标准的提高，前几年刚脱贫的农村人口也重新被纳入贫困的对象。中国农村贫困人口主要开始向连片区集中，连片区农村贫困人口占全国农村贫困人口比重上升较快，连片区成为中国下一轮农村扶贫的主战场的关键区域。

2011 年 14 个连片区中总人口最多的是大别山区、秦巴山区和武陵山区，分别为 3 659 万、3 558 万和 3 420 万，分别约占连片区总人口的 15%、15% 和 14%；吕梁山区、四省藏区、南疆三地州、大兴安岭南麓山区总人口都不多，分别占连片区总人口的 2%、2% 和 3%、3%，而西藏地区总人口最少，为 300 万不到，只占连片区总人口的 1%（见图 3-3）。

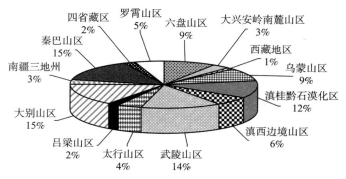

图 3-3　全国"11+3"个连片区 2011 年总人口所占比重

按照 2 300 元贫困线标准，每一个连片区农村贫困发生率和农村贫困人口数都发生较大增长。14 个连片区中农村贫困人口超过 1 000 万的连片区有武陵山区、秦巴山区和滇桂黔石漠化区，分别为 1 163.28 万、1 135.69 万和 1 013.34 万，分别占 14 个连片区农村贫困人口总数的14%、14% 和 12% 左右；只有大兴安岭南麓山区、吕梁山区和南疆三地州农村贫困人口数最少，分别为 193.09 万、167.49 万和 93.25 万，分别约占总数的 2%、2% 和 1%（见图 3-4）。

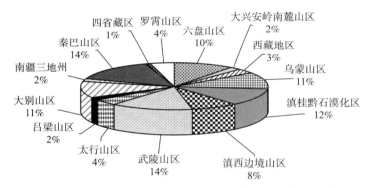

图 3-4 全国 "11+3" 个连片区 2011 年农村贫困人口所占比重

集中连片特殊困难地区，作为贫困人口最为集中的区域，贫困人口规模大小与总人口多少有着直接联系，一般而言人口数量越多的连片区，贫困人口数也越多。武陵山区和秦巴山区农村贫困人口占连片区总人口的比重最大，与总人口所占比重相比，农村贫困人口所占比重下降的有大别山区、大兴安岭南麓山区、罗霄山区、秦巴山区、南疆三地州和四省藏区，其中大别山区贫困人口比重下降最大，下降了 4 个百分点；而贫困人口比重上升的连片区有滇西边境山区、乌蒙山区、西藏和六盘山区，其中乌蒙山区上升最大，为 3 个百分点，其余的连片区基本未发生变化（见图 3-3、图 3-4）。

2. "11 + 3" 个连片区的自然生态环境

自然生态环境的优劣直接影响一个地区经济的发展水平和质量，一般来说反映一个地区生态环境好坏最能直接、容易获取数据就是森林覆盖率和植被覆盖率。森林覆盖率可以衡量这个地区森林资源的丰富程度，尤其是在南方地区，森林覆盖率的说服力较强，这是各级部门在统计过程中最经常使用的指标。植被覆盖面积比森林覆盖面积大，植被覆盖率表示一个区域国土面积上有植被覆盖的面积比重，尤其是在北方或者草原地区，它们之间的差异就越明显；植被除了森林以外还包括草原、耕地作物、稀疏林等，植被覆盖率指标能够弥补森林覆盖率没有涵盖但是确实能够发挥生态效益的区域。

对于森林覆盖率数据的收集主要是通过查阅统计数据获得，查阅了国家和地方统计年鉴、林业统计年鉴、第七次全国林业资源清查报告、国家和地方林业局网站，收集了 13 个连片区 606 个县 2009～2011 年期间的森林覆盖率的数据①，按照连片区的划分进行归类合并得到每一个连片区森林覆盖率。对于植被覆盖率数据的获取主要借助了 Mapinfo 工具，将选取的 1：400 万全国植被覆盖图与全国县级行政区划图进行合并，对连片区中的县级行政单元植被覆盖面积进行筛选，提取得到连片区中各县级行政单元中覆盖的植被面积，并将植被覆盖面积与县国土面积相比，得到了连片区各县植被覆盖率，将植被覆盖率按照连片区划分进行汇总，得到各连片区平均植被覆盖率。最后，将收集到的森林覆盖率数据导入 Mapinfo 工具，与植被覆盖率数据一起进行制图和分析。

从全国 13 个集中连片区 2009～2011 年期间的森林覆盖率和植被覆盖率情况来看，森林覆盖率较高的连片区，其植被覆盖率也相对较好，但是对于六盘山区、太行山区、吕梁山区以及四省藏区等北方地区，由

---

① 由于数据量比较大、同时森林覆盖率数据变化不大，因此在收集除开西藏以外 606 个县的森林覆盖率数据时，只要能收集到 2009～2011 年的三年中任意一年森林覆盖率数据即可。

于草地面积较大，因此森林面积相对较小，但植被覆盖率也较高。在 13
个连片区中，南疆三地州森林覆盖率和植被覆盖率均最低，分别为
7.65% 和 38.56%，森林覆盖率低于 2011 年全国 20.36% 的平均水平，
南疆三地州由于干旱、荒漠化现象较为严重，植被生长条件恶劣，这也
是除西藏以外 13 个连片区中唯一低于全国平均水平的区域。罗霄山区
森林覆盖率和植被覆盖率分别为 75.71% 和 88.9%，为所有连片区中最
高，森林覆盖率是全国平均水平的 3 倍多；其次，滇西边境山区、武陵
山区和秦巴山区森林覆盖率和植被覆盖率也较高，分别为 63.19%、
58.42%、58.33% 和 79.84%、77.5%、79.87%。另外，大兴安岭南麓
山区、吕梁山区和燕山—太行山区森林覆盖率也较低，但是这些地区主
要分布在北方，耕地、草地面积相对较大，因而植被覆盖率相对较高，
分别为 56.63%、54.27%、58.78%。位于内陆山区的四省藏区、六盘
山区森林覆盖率较低，仅为 26.38% 和 23.32%；另外，值得肯定的是
滇桂黔石漠化区，经过多年的治理生态得到极大恢复，森林覆盖率和植
被覆盖率分别达到 53.27% 和 71.63%，其中森林覆盖率高出全国平均
水平 1 倍多。西藏数据较为缺乏，因此没有将西藏数据纳入分析，但是
到 2012 年西藏全区森林覆盖率已达到 11.9%。

3. "11 + 3" 个连片区的经济和社会发展

一个地区农村居民生活水平和地区经济发展水平可以用农民人均纯
收入和地区生产总值或人均生产总值来反映，尤其是在贫困地区，不仅
仅看生产总值，还需要通过人均生产总值衡量其经济发展水平和阶段。
通过收集《中国区域经济统计年鉴 2012》中各连片区县级行政单元地
区生产总值、人均生产总值、固定资产投资、农民人均纯收入等基础数
据，将数据归并到连片区当中，容易计算出 2011 年各个连片区农民人
均纯收入、人均生产总值。2011 年 13 个连片区中没有一个连片区农民
人均纯收入达到全国平均水平，其中大别山区为最高，达到 4 310 元，
相当于全国平均水平 6 977 元的 61.77%，大部分连片区农民人均纯收

入都在 3 000 ~ 3 800 元之间，相当于全国平均水平的 43% ~ 54.5%（见表 3 - 3）。2011 年，中国人均生产总值为 35 083 元，在 13 个连片区中只有四省藏区超过 20 000 元，其次最高的是大兴安岭南麓山区为 15 488 元，而南疆三地州仅为 7 541 元，相当于全国平均水平的 22%，其余的 10 个连片区人均生产总值在 10 000 元左右，不到全国平均水平的 30%。

通过各县农民人均纯收入和该县贫困发生率，可以计算出农村贫困人口的收入情况。从 2011 年全国 13 个连片区中农村贫困人口经济收入情况来看，按照 2 300 元新贫困线标准，13 个连片区中，武陵山区贫困人口经济收入最高，为 2 093 元，超过 2 000 元的连片区还有大兴安岭南麓山区、太行山区和大别山区，还有滇桂黔石漠化区、罗霄山区贫困人口经济收入接近 2 000 元，滇西边境山区和六盘山区贫困人口经济收入最低，分别为 1 400 元和 1 463 元。大部分连片区贫困人口经济收入占全国农民人均收入水平的 25% 左右，最低的滇西边境山区贫困人口经济收入只占全国农民人均纯收入的 20%，看来集中连片区的扶贫开发任务比较重。

城镇化是一个国家或地区迈向现代化和人民生活水平提高的重要标志和过程，是衡量一个国家或地区经济社会发展程度的重要标志。根据 13 个连片区 606 个县 2011 年人口数据计算和归类，得到各连片区城镇化水平。2011 年，全国 13 个连片区的城镇化率平均为 23.79%，而 2011 年全国城镇化水平为 51.3%，13 个连片区中只有四省藏区的城镇化水平超过了全国平均水平，为 64.67%，其次为南疆三地州和大兴安岭南麓山区，分别为 36.52% 和 28.57%。其余的 10 个连片区城镇化率在 10% ~ 20% 之间，其中滇西边境山区和滇桂黔石漠化区城镇化水平最低，分别为 11.78% 和 11.79%。2011 年，西藏全境城镇化率达到 26%，看来大力发展县域经济，调整产业结构，促进人口城镇化发展是未来连片区脱贫致富，推进现代化发展的重要道路，也是符合中央未来十年发展方向。

固定资产投资是一个地区开展基础设施建设、扩大生产规模、实现再生产的主要来源，也是提高居民基本生活水平、提高社会发展程度的动力。固定资产投资额和固定资产投资增速以及占地区生产总值比重，可以预知该地区未来经济社会发展速度和水平。2011 年全国全固定资产投资占 GDP 比重为 65.96%，而 13 个连片区社会固定资产投资占 GDP 比重都较小，大于 8% 的连片区有 7 个，其中四省藏区 77 个县社会固定资产投资总额为 1 822.26 亿元，仅相当于 GDP 的 16.91%，为 13 个连片区中比重最大；其次，吕梁山区所有县固定资产投资占生产总值的比重为 10.23%；还有武陵山区、乌蒙山区、滇桂黔石漠化区等连片区比重基本在 6%，仅相当于全国平均水平的 10%。

一般来说，固定资产投资资金来源于预算内资金、国内贷款、外资和自筹，投资去向大部分在第二、第三产业，投资区域主要在城镇。从区域来看，投资额最多的是东部和中部，西部地区所占比重较小，同时西部幅员广阔、县级行政单元较多，因而单个县能得到的中央财政和贷款金额相对较少。同时，集中连片区主要分布在中西部地区，这些地区城镇化水平较低，工业较少，中央财政转移只能维持贫困县基本生活，因而缺少多余资金投入扩大再生产和提升社会发展水平。

随着科教兴国战略的提出，国家加大了对贫困地区教育和科技的投入力度，长远来看发展科技和提高教育水平是贫困地区脱贫致富的有效途径。2010 年中国每万人拥有科技人员为 13 人，13 个连片区中没有一个连片区超过这一标准；其中，大别山区万人拥有科技人员是 10.77 人，比较接近全国平均水平，而其余 12 个连片区中有 8 个连片区万人科技人员在 6~8 人之间，基本上是全国平均水平的一半，还有 4 个连片区只达到 4.5 人左右。连片区由于科技人员数量较少，先进的种养业、加工等技术得不到推广，一些贫困山区拥有丰富的水能、生物、植物等绿色资源，由于缺乏人才和设备，因而得不到很好开发利用。地区生产总值、地方财政收入以及农民人均纯收入都受到影响。

能力贫困理论认为，贫困者之所以陷入贫困，与这个群体的文化素质以及技能有关，因此中国在扶贫过程中，一直都将教育作为一项重要的扶贫措施，不断提升贫困居民的文化素质和专业技能，提高生产和利用资源的能力。尤其是打工经济的兴起，大量贫困山区青壮年加入外出务工的行列，统计资料显示受到中等甚至高等教育的人口平均收入远远高于文盲或者半文盲，因此教育成为贫困山区年轻人走出大山，融入现代社会、增强自身竞争力的重要武器。教育移民与生态移民一起成为新时期扶贫工作的重要内容。2010 年，全国 15 岁以上人口文盲、半文盲比重为 7.1%，13 个连片区中只有 4 个连片区低于这一水平，超过 10% 的连片区有 5 个，其中六盘山区比重最大，为 14.31%，停留在 10 年前的全国平均水平。分省来看，连片区集中分布的河北等 20 个省市，只有 8 个省市文盲半文盲占 15 岁以上人口比重低于全国平均水平，其中西藏高达 39.6%，远远高于全国和其他贫困地区；其次，贵州、安徽、云南、甘肃、青海等省文盲和半文盲比重也较高，基本高出全国平均水平的一倍（见图 3 – 5）。

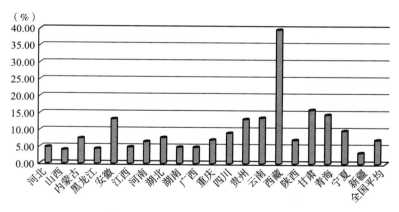

图 3 – 5　主要贫困省份 2010 年文盲半文盲占 15 岁以上人口比重

3.2.2　贫困的一般测量方法

对于物质生活或经济上的维持温饱绝对贫困测量比较简单和方便，世界各国都建立了自己完整的评价体系和方法。由于相对贫困涉及的范围较广、内容主观性强，标准设置较为困难，因此对其测算也很复杂。

国际上贫困发生的度量标准主要有贫困线法；对于贫困程度的测量方法主要有：贫困发生率、贫困缺口（或贫困缺口率）、森贫困指数和 FGT 贫困指数等方法。而度量贫困线的方法有市场菜篮法、恩格尔系数法、国际贫困标准和生活形态法等几种。中国学者屈锡华等（1997）曾经研究了贫困的基础测量指标、标准化度量以及洛仑兹曲线和基尼系数等测量方法。

1. 贫困线

总体来看，国际上常用的确定贫困线的办法有两类即需求法和收入法。需求法就是以人们维持基本生活所需的物质和服务来确定，具体就是将维持基本生存所需要摄取热量、蛋白质、衣物、居住、赡养、卫生教育等折算为货币；收入法就是以人们实际的收入状况来确定。实际上这两种方法并不是独立的，而是相互关联的，贫困线主要是将一个国家或地区维持不同生活状况所需物品和服务折算的货币量与个人或家庭实际收入两者比较而判断是否处于贫困或贫困的程度。1965 年美国社会安全局的经济学家欧赡斯基（Orshansky）建立了美国的贫困线，他按照与朗特利确定的绝对贫困方法测算了维持生存所需食品的最低费用，并确定了划分穷人与非穷人的恩格尔系数，然后用最低食品费用除以每个家庭的恩格尔系数。贫困线就是一个国家或地区的个人或家庭在一定时期、一定的经济发展水平下，为了取得维持基本生存所需的生活必需品，包括食品和非食品货物，或取得社会承认的体面生活所必需的费用，一般以年收入的形式量化为货币。经济合作与发展组织在 1976 年通过对其成员国的调查，提出了一个贫困线参考标准，将一个国家或地区收入中位或平均收入的 50% 作为这个国家或地区的贫困线，这一标准实际上依据收入比例来确定，后来被广泛推广用作国际贫困标准（International Poverty Line Standard）。

中国的贫困线主要是以人均年纯收入是否能达到维持正常的生存所

需的最低生活费用支出来衡量，并确定绝对贫困人口（黄承伟，2002）。唐钧（1998）提出了划分贫困的三线：生存线、温饱线和发展线，并分别与绝对贫困、基本贫困和相对贫困的标准相对应。

2. 贫困发生率

贫困发生率是从横向和纵向双维度来测算贫困发生面的广泛程度，用贫困人口占总人口的比例来表示。贫困发生率具有很强的空间性和时间性，因此它是一个相对概念，只有当它与贫困人口的数量相结合，才能反映出贫困面的大小。贫困发生率是从贫困人口在其人口总体中所占比例的角度，反映贫困现象的社会存在的范围或发生率（吕素芬，2007）。

$$贫困发生率计算公式为：H = \frac{q}{n} \qquad （3-1）$$

式中：H 表示贫困发生率；n 表示人口总量；q 表示贫困的人口数。处于贫困线以下的人越多，贫困发生率指标越大，说明这个社会的贫困程度越深。

3. 贫困线指数

贫困线指数是反映一个社会贫困问题严重程度的度量标准，它是将贫困线与总体的人均收入相比较得到，用 K 表示。如果 K 越大反映出某一国家或地区在一定阶段贫困问题越严重。

$$计算公式为：K = \frac{Z}{\overline{Y}} \qquad （3-2）$$

其中，K 为贫困线指数，Z 为贫困线，$\overline{Y}$为农民人均收入。

4. 贫困缺口率

$$贫困缺口率表示公式是：I = \frac{G}{q \cdot Z} \qquad （3-3）$$

其中，G 是贫困缺口，q 是贫困人口数，Z 是贫困线。一般来说 I 取值在（0 - 1）之间，如果 I 值越小，说明一个国家或地区一定时期的贫困程度越轻，如果 I 接近 0，说明贫困人口的经济收入基本接近所划定的贫困线，快要达到脱贫的临界点；反之，如果 I 值越大，说明一个国家或地区一定时期贫困现象越严重，当 I 值接近 1 时，表示贫困人群基本没有经济来源，只有靠政府施济才能维持生存，这时候贫困缺口也达到最大量（屈锡华，1997）。

其中，贫困缺口 G 表示的是从经济收入差额的角度来衡量贫困的程度，或者说为了使得所有低于贫困线下的贫困者实现经济收入超越贫困线所需要的社会财力。

$$\text{贫困缺口表示公式}: G = \sum_{i=1}^{q} (Z - y_i) \qquad (3 - 4)$$

$y_i (y_i < Z, i = 1, 2, \cdots, q)$ 表示贫困者的经济收入。如果 G 值越小，表示贫困的缺口越小，反之亦然。

式（3 - 3）中的分母 q 与 Z 的乘积，即假设均以贫困线计贫困者经济收入水平时的贫困人口总收入，或称为理论上的最大贫困缺口。因为当 $y_i = 0 (i = 1, 2, \cdots, q)$ 时，

$$q \cdot Z = \sum_{i=1}^{q} Z = \sum_{i=1}^{q} (Z - y_i) \qquad (3 - 5)$$

式（3 - 4）中，如果令 $g_i = Z - y_i$，$(i = 1, 2, \cdots, q)$ 表示第 i 个贫困者达到贫困线的经济收入差额（缺口），则: $G = \sum_{i=1}^{q} (Z - y_i) = \sum_{i=1}^{q} g_i$

$$(3 - 6)$$

综合式（3 - 4）、式（3 - 5）和式（3 - 6），可以将式（3 - 3）的贫困缺口率改为:

$$I = \frac{G}{q \cdot Z} = \frac{1}{q \cdot Z} \cdot \sum_{i=1}^{q} g_i = \frac{\bar{g}}{Z} \qquad (3 - 7)$$

其中，$\bar{g} = \frac{1}{q} \sum_{i=1}^{q} g_i$ 为平均差额或差额均值。

5. 贫困综合指数

如果将贫困发生率 H，贫困线指数 K 和贫困缺口率 I 综合起来考虑可以得到测量贫困的另外一个指标，即综合贫困指数，用 R 来表示（屈锡华，1997）。

综合公式（3 - 1）、式（3 - 2）和式（3 - 7）最后得到了综合贫困指数 R。

$$R = H \cdot I \cdot K = \frac{q}{n} \cdot \frac{\bar{g}}{Z} \cdot \frac{Z}{\bar{Y}} = \frac{q \cdot \bar{g}}{n \cdot \bar{y}} = \frac{G}{Y}$$

其中 $Y = n \cdot \bar{y} = \sum_{i=1}^{n} y_i$。

贫困综合指数是由贫困发生率、贫困缺口率和贫困线指数三个测量贫困的指标合成，它是将贫困问题放置全社会中来进行考察，表示用于扶贫的社会财力占国民总收入的比重，度量其社会经济负重程度。贫困综合指数既可用于对不同的贫困地区开展综合比较，也可以对不同的贫困地区之间开展贫困特征分析。

3.2.3 全国 "11 + 3" 个连片区贫困的综合测量情况

根据以上各种对贫困程度测算的方法，本节根据 13 个连片区 606 个县级行政单位数据的收集，借助于以上方法初步测算出各连片区的贫困发生率、贫困线指数、贫困缺口、贫困缺口率以及贫困综合指数（见表 3 - 4）。

表 3 - 4　　　　　　全国 13 个连片区 2011 年贫困程度

名称	贫困发生率（%）	贫困线指数	贫困缺口（元）	贫困缺口率	综合贫困指数
六盘山区	43.12	0.69	836.79	0.24	0.07
秦巴山区	38.29	0.60	666.43	0.13	0.03

名称	贫困发生率 （%）	贫困线指数	贫困缺口 （元）	贫困缺口率	综合贫困指数
武陵山区	38.62	0.69	207.30	0.04	0.01
乌蒙山区	48.51	0.70	577.31	0.15	0.05
滇桂黔石漠化区	39.11	0.69	339.24	0.08	0.02
滇西边境山区	49.44	0.76	900.04	0.31	0.12
大兴安岭南麓山区	38.08	0.56	278.67	0.33	0.07
燕山—太行山区	38.33	0.68	286.65	0.19	0.05
吕梁山区	48.92	0.74	527.12	0.72	0.26
大别山区	28.50	0.53	293.92	0.08	0.01
罗霄山区	32.56	0.75	356.58	0.27	0.07
南疆三地州	61.86	0.71	627.89	0.57	0.25
四省藏区	50.17	0.65	451.86	0.55	0.18

本次测算的各连片区县级人口数据是 2011 年的数据，贫困线是 2011 年底国家新确定的 2 300 元标准。在测量结果基础上，将各连片区贫困状况进行分析和比较研究，分析各连片区在全国所有连片区中贫困人口规模、贫困程度以及脱贫难度。

1. 贫困发生率

贫困发生率是一个地区贫困人口占总人口比重，可以简单衡量这个地区贫困程度，贫困发生范围的大小。按照 2011 年底国家确定的 2 300 元低收入线，全国有 1.28 亿人口处于贫困当中，贫困发生率为 13.4%。集中连片特殊困难地区是中国贫困人口最多、集成程度最高的地区，也是贫困发生率最大的地区，根据收集的数据显示，2011 年 13 个连片区平均的贫困发生率为 42.73%，高于全国平均水平 29.33 个百分点（见表 3－5）。

表 3 – 5　　　全国 13 个连片区 2011 年农村人口和农村贫困人口状况

名称	农村总人口（万）	农村贫困人口（万）	贫困发生率（%）	
六盘山区	1 841.34	793.96	43.12	
秦巴山区	2 965.94	1 135.70	38.29	
武陵山区	3 012.30	1 163.28	38.62	
乌蒙山区	2 001.50	970.94	48.51	
滇桂黔石漠化区	2 591.33	1 013.34	39.11	
滇西边境山区	1 347.10	666.04	49.44	
大兴安岭南麓山区	507.00	193.09	38.08	
燕山—太行山区	917.80	351.79	38.33	
吕梁山区	342.40	167.50	48.92	
大别山区	3 133.59	893.19	28.50	
罗霄山区	938.40	305.51	32.56	
南疆三地州	411.60	254.60	61.86	
四省藏区	185.89	93.25	50.17	
总和	20 196.19	8 002.17	平均	42.73

　　13 个连片区贫困发生率来看，2011 年贫困发生率在 40% 以上的连片区从高到低依次为南疆三地州、四省藏区、滇西边境山区、吕梁山区、乌蒙山区、六盘山区，贫困发生率分别为 61.86%、50.17%、49.44%、48.92%、48.51% 和 43.12%；大别山区贫困发生率最低，也达到 28.5%，但是也超过全国平均水平的 1 倍。尽管南疆三地州和四省藏区贫困发生率超过 50%，但是这两个连片区人口密度较少，国土面积较大，因此实施集中扶贫开发的难度相对不大。西藏由于特殊的环境条件，一直是中国贫困重灾区，西藏全境长期以来都是重点扶贫区。据西藏扶贫办发布的数据，按照 2011 年贫困线标准，仅 2011 年全区有 13 万人口脱贫，全区贫困人口为 58.3 万，按照最新划定的 2 300 元贫困线标准，西藏全区贫困人口将会大量增加，贫困人口约为 83 万，农牧区

贫困发生率为 34.42%[①]。按照国务院扶贫办推算，2 300 元标准下贫困人口为 1.28 亿，那么如果加上西藏的 234 万农牧民，14 个连片区农村贫困人口将为 8 234.17 万，占全国贫困人口的 64.33%。

2. 贫困线指数

贫困线指数由当期划定的贫困线标准与实地农民人均纯收入相比得到，它也是反映一个社会经济贫困程度的重要指标，一般来说在贫困线划定的情况下，农民人均纯收入越高得到的贫困线指数就越小，这个地区贫困程度越小，反之说明这个地区贫困现象越严重。

用 2 300 元贫困线标准与各个连片区农民人均纯收入相比，得到各连片区贫困线指数。2011 年 13 个连片区之间贫困线指数差异性不大（见图 3-6）。滇西边境山区、罗霄山区和吕梁山区的贫困线指数最大，分别为 0.76、0.75 和 0.74，说明这几个连片区农民人均纯收入较低，而大别山区和大兴安岭南麓地区贫困线指数最小，说明这两个连片区农民人均纯收入较高。

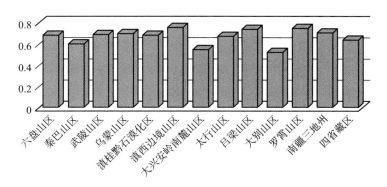

图 3-6　13 个连片区 2011 年贫困线指数

---

①　陈雯君. 西藏自治区扶贫办建立电子档案重新识别扶贫对象. 中国西藏新闻网，http://www. China. Tibet news. com. 2012-11-1.

3. 贫困缺口

贫困缺口表示贫困者实际收入情况与某一时期划定的贫困线之间差距，可以通过每一个连片区包含的县级行政单位贫困发生率来推算得到的贫困者 2011 年的实际收入水平，2 300 元贫困线与各贫困县贫困者实际收入之差得到了贫困缺口。

从全国 13 个连片区 2011 年的贫困缺口来看（见图 3 - 7），其中滇西边境山区的缺口数最大为 900 元，说明滇西边境山区平均每个农民需要 900 元才能迈过贫困线标准，实现脱贫；其次，六盘山区的贫困缺口也较大，为 836. 79 元；贫困缺口最小的连片区有大别山区、燕山—太行山区、大兴安岭南麓山区和武陵山区，这 4 个连片区贫困缺口都小于 300 元，说明在目前贫困线标准下，这 4 个连片区贫困农民纯收入都超过 2 000 元，容易越过贫困线。

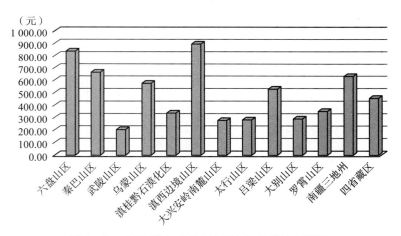

图 3 - 7　全国 13 个连片区 2011 年贫困缺口情况

贫困缺口率是在贫困缺口基础上来衡量贫困程度重要指标，它还考虑了连片区贫困人口规模，测量某一个连片区实现整体脱贫的难易程度。从 13 个连片区贫困缺口和贫困缺口率的情况来看（见图 3 - 7、

图 3 - 8），可以将这 13 个连片区分为四种扶贫难度类型。一是连片区贫困缺口较大，贫困人口较多，贫困缺口率就较大，连片区整体扶贫难度较大，例如六盘山区、秦巴山区、乌蒙山区和滇西边境山区；二是连片区尽管贫困人口较多，但是其贫困缺口较小，从而整体扶贫难度也相对不大，例如武陵山区、滇桂黔石漠化区、大别山区和罗霄山区；三是连片区贫困缺口和贫困人口规模都较小，因此贫困缺口率也较小，例如吕梁山、燕山—太行山和大兴安岭南麓山区；四是例如南疆三地州和四省藏区，贫困人口规模不大，但是贫困缺口相对较大，最后导致贫困缺口率也较大。

4. 贫困线综合指数

贫困线综合指数是由贫困发生率、贫困线指数和贫困缺口率三个指标综合相乘得到，贫困线综合指数是将贫困问题放置到社会中来进行考察，度量一个社会用于扶贫的财力占国民总收入的比重，或者说开展扶贫对整个社会经济带来的负重程度，但它可以在不同地区开展综合比较（屈锡华，1997）。

由于贫困缺口率考虑到了贫困地区人口规模的影响，而贫困综合指数也主要关注贫困地区人口数量对扶贫难度的影响，因此二者具有一致表现特征。从 2011 年全国 13 个连片区贫困综合指数和贫困缺口率来看（见图 3 - 8），其中燕山—太行山区、南疆三地州和四省藏区贫困综合指数最大，同样看出这三个连片区贫困缺口率也最大，这一区域脱贫任务给地区社会经济带来的压力最大；大别山区、武陵山区和滇桂黔石漠化区的贫困综合指数最小，与此对应的贫困缺口率也是最小。总体来看，贫困综合指数与贫困缺口率具有相似特征，贫困缺口率越大，贫困综合指数也越大，反之贫困综合指数越小，扶贫难度越小，实现扶贫给地区社会经济带来的压力较小。

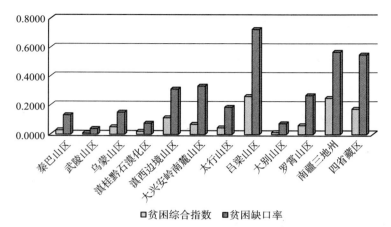

图 3 – 8　全国 13 个连片区 2011 年农村贫困综合指数和贫困缺口率

3.3　本 章 小 结

　　本章回顾了国家实施大规模扶贫开发以来随着贫困线调整，农村贫困人口数量、分布的变化特征，简单分析了扶贫开发政策给中国反贫困工作产生的作用。接着，以 2012 年新一轮确定的 592 个国家扶贫开发工作重点县和新划定的 14 个集中连片特殊困难地区为代表，分析了 2 300 元新贫困标准下目前中国农村贫困现状，描述了 14 个连片区的农村贫困人口数量、自然生态、农民收入、城镇化发展以及教育科技等特征。用测量贫困的贫困发生率、贫困线指数、贫困缺口率等方法测量了 14 个连片区贫困程度，并对这 14 个连片区之间贫困状况开展比较分析。

　　本章认为，目前新扶贫政策下，全国反贫困任务较重，贫困群体规模较大，中国 592 个国家扶贫开发工作重点县和 14 个连片区的农村贫困人口和贫困发生率急速提高。贫困地区农民收入状况、受教育水平，贫困地区城镇化水平、科技水平与全国相比都存在较大差距。从东中西部来看，绝大多数农村贫困人口和贫困程度随身的农村贫困人口均分布在西部；从具体区域来看农村贫困人口主要集中分布在西南、中部的山区，14 个连片区中的秦巴山区、武陵山区、滇桂黔石漠化区、滇西边境山区和乌蒙山区是农村贫困人口主要集中区域，农村贫困人口数量和密度都较大。

| 第4章 |

中国绿色贫困的类型及表现特征

4.1　绿色贫困的类型

　　从理论上，绿色贫困分为绿色丰富型贫困和绿色缺乏型贫困两种类型。本章以606个县森林覆盖率均值43.2%为界，将绿色贫困分为绿色缺乏型贫困和绿色丰富型贫困，森林覆盖率小于等于43.2%的县为绿色缺乏型贫困，森林覆盖率大于42.3%的县为绿色丰富型贫困。但根据现实贫困的表现特征，参照中国目前农村贫困现状、自然地理分布，以及绿色贫困研究基础、基本概念、形成机理和表现特征，主要根据贫困地区绿色资源丰富程度、绿色贫困形成原因，还有一种类型的贫困介于绿色丰富型贫困和绿色缺乏型贫困之间，我们把这种类型贫困划分为第三种，即混合型绿色贫困，因此绿色贫困被分为三种类型。

　　第一种类型是绿色缺乏型贫困，这就是传统上研究的生态贫困，这类贫困分布在西北内陆、青藏高原和黄土高原，"11＋3"个连片区中有四省藏区、西藏、南疆三地州、六盘山区、滇桂黔石漠化区。这种类型的绿色贫困发生主要原因是缺乏植被生长的水源和土壤，荒漠化、石漠化严重。第二种类型是绿色丰富型贫困，目前还没有针对这类贫困的专业定义，这类贫困分布在中南、西南内陆山区，还有南北分界线上，"11 + 3"个连片区中有秦巴山区、武陵山区、罗霄山区、滇西边境地区和大别山区。这种类型的绿色贫困诱因不是绿色植被的缺乏，而是受到地理区位、基础设施、人才技术等因素影响，缺乏将绿色资源转化为经济收入的条件而陷入贫困。第三种类型是复杂条件下的混合型贫困，这类贫困地区贫困的影响因素是综合性的，绿色资源既不突出也不缺乏，基本能够维持当地生态环境功能。作为这一类绿色贫困所处地理位置较为特殊，导致贫困的影响因素较为复杂，受到人口影响因素较多，除了具有重要的生态功能，在全国人口功能区划中处于重要的位置，是人口功能区划中的稳定区，其中包括大兴安岭南麓山区、吕梁山区、燕山—太行山区、乌蒙山区等区域。

对各连片区包含的县森林覆盖率数据收集基础上和"11 + 3"个连片区划分基础上，将各县森林覆盖率数据输入 Mapinfo 工具，得到连片区整体森林覆盖率分布结构。总体来看，"11 + 3"个连片区中除了滇桂黔石漠化区以外，位于南方的连片区森林覆盖率明显高于北方连片区。其中，森林覆盖率大于 34.6% 的贫困县数量明显较多，森林覆盖率大于 70.3% 的贫困县有 76 个，滇西边境山区、罗霄山区、武陵山区和秦巴山区贫困县的森林覆盖率最高。2010 年全国森林覆盖率为 20%，而在这 601 个县级行政单元中低于全国平均水平的县只占 24.71%。

4.1.1　绿色丰富型贫困

中国农村贫困人口的分布特征总体上是生态环境脆弱地区较多，但是生态环境脆弱不等于没有可供开发利用的资源；贫困问题与自然生态之间关系的研究，大多建立在资源悲观基础上，而资源乐观派在贫困地区的研究一直都未进入贫困研究的主流，更未引起官方的注意，在政策和学术研究层面受到的重视一直较少。全国"11 + 3"个集中连片区中有很大一部分连片区都是区域自然生态环境处于中上水平的县，尤其是秦巴山区、武陵山区、罗霄山区、滇西边境山区等连片区包含了大量区域生态环境最好的县。

这5个连片区2011年农村总人口有11 397.33万，占"11＋3"个连片区农村总人口的55.79%，其中农村贫困人口4 163.72万，占"11＋3"个连片区农村贫困人口的50.56%。绿色丰富型贫困地区有254个县级行政单位，占"11＋3"个连片区680个县的37.35%；国土面积71.98×10⁴km²，占连片区总面积383.55×10⁴km²的18.77%。绿色丰富型贫困地区国土面积占"11＋3"个连片区不到1/5，县级行政单位也是占2/5，却集中了1/2的农村贫困人口。看来，这一类地区贫困程度较深，人口经济发展与资源环境之间矛盾较大，脱贫任务也很艰巨。中国的森林资源总体呈现出中南部和东北、西南边远省（区、市）及华南丘陵地带山地的森林资源分布多，而辽阔的西北地区、内蒙古中西部地区和西藏大部分，以及华北、中原及长江、黄河下游人口稠密经济发达地区的森林资源分布较少特征。而在中国西南边陲的滇西边境山区、中南地区的武陵山区、秦岭淮河一线的秦巴山区、大别山等革命根据地以及西南少数民族聚居区的重要林区存在一定程度的贫困问题，并且贫困人口所占全国比重最大。

林区是中国林业资源、生物资源的重要生产区域，是中国生态系统重要组成部分，有着重要的水源涵养、防风固沙、固碳释氧等生态功能，也为生活在林区的林农提供了重要的木材、食品和中药材。据相关专家推算，中国1998年阔叶树的碳汇能力平均碳密度44.91tC/hm²（刘国华等，2000），而世界上平均碳密度更高一些，达到为86tC/hm²（Fang et al.，2001）。第七次全国森林资源清查结果显示，全国拥有森林1.95×10⁸m³，森林面积居世界第5位，森林覆盖率为20.36%，林木蓄积量137.21×10⁸m³，林木蓄积量居世界第6位；其中，人工林保存面积0.62×10⁸hm²，人工林林木蓄积量19.61×10⁸m³，人工林面积继续保持世界第一；中国森林植被总碳储量78.11×10⁸t，这些森林植被的年生态服务功能价值为10.01万亿元（国家林业局森林资源管理司，2010）。

从 20 世纪 80 年代初开始，中国林业体制开始改革，林区的"资源危机和经济危困"所带来的贫困问题越发突出。中国森林资源，尤其是天然林资源大部分分布在东北、西南的偏远山区，由于特殊的地理位置、交通运输不便和森工企业的衰落加上林区产业结构不合理和林业高新技术落后造成林区贫困问题发生。

湖南省是全国林业资源较为丰富的省份，据湖南省林业厅调查全省 2005 年的 24 个重点林区县中，其中有 14 个是国定贫困县；5 497 个省定贫困村中，有 4 241 个位于林区，林区贫困村全省贫困村的 77.15%（邓含珠，2010）。

云南普洱森林覆盖率高达 62.9%，是全国平均水平的 3.8 倍，云南省的 1.4 倍；全市活立木蓄积量 $2.03 \times 10^8 \mathrm{m}^3$，人均 $81.2 \mathrm{m}^3$，是全国平均水平的 9.2 倍，云南省人均水平的 2.6 倍；有林地面积也是全国人均水平的 8.1 倍和云南省的 3.4 倍（吴治荣，2008）。但云南普洱市所辖的 10 个县级行政单位中就有 8 个是国家扶贫开发工作重点县。

4.1.2　绿色缺乏型贫困

西部内陆荒漠化地区、西北黄土高原干旱和水土流失区以及青藏高寒区等几类地区，是中国少数民族聚居地区，同时是中国生态贫困高发地区，集中了中国绝大部分生态贫困民，所以这一类贫困又叫做"生态贫困"。中国列入生态脆弱带的国土面积中，约有 76% 的县是贫困县，占贫困县总数的 73%；被列入生态脆弱带的人口中约有 74% 的人口在贫困县，占贫困县总人口的 81%（李周，1997）。

根据自然地理环境特征，本节将西北内陆地区的南疆三地州、西藏自治区、四省藏区、六盘山区和西南滇桂黔石漠化区 5 个连片区都确定为因为水资源短缺、植被覆盖度低、土壤瘠薄、土地荒漠化和石漠化而形成的生态环境脆弱区。这 5 个连片区国土面积有 $276.57 \times 10^4 \mathrm{km}^2$，占

"11 + 3"个连片区总面积的72.11%，2011 年总人口有6 524.4 万，占
"11 + 3"个连片区总人口的26.87%，其中农牧民有5 234.2 万，农村
贫困人口有2 376.15万，占农村贫困发生率的45.40%。

根据《全国生态脆弱区保护规划纲要》这几个连片区被包含在北方
农牧交错生态脆弱区、西北荒漠绿洲交接生态脆弱区、西南岩溶山地石
漠化生态脆弱区和青藏高原复合侵蚀生态脆弱区4 个生态脆弱区范围
内。环境决定论又称为"地理环境决定论"，认为一个地区人类活动的
空间、社会发展程度主要决定于当地的地理环境，它强调自然和地理环
境对经济社会发展的决定性作用。

西藏和四省藏区的大部分贫困县都位于青藏高原复合侵蚀生态脆弱
区中，该区海拔较高、高寒缺氧、气候恶劣，因而植被稀疏、人口相对
较少，生态系统类型包括高原冰川、雪线及冻原生态系统、高寒草甸生
态系统、高山灌丛化草地生态系统、高山沟谷区河流湿地生态系统等。
近年来由于超载放牧、珍稀野生动植物资源的发掘，破坏了原本脆弱的
生态系统。中国西北地区国土广袤，年水资源总量约为4 873.5 × 10^8
m^3，只占全国雨量的13.7%，加上降水时空分配不均，使得90%以上
地区都是干旱半干旱区，其中黄土高原平均水资源量不足全国平均水平
的1/4（卢世宽，2012）。尽管总人口较少，但是农牧民较多，尤其是
贫困人口生存受到较大影响。

研究发现，新中国成立以来青海省土地荒漠化沙化和水土流失现象
较为严重，全省沙化面积从新中国成立初期的5.3 × 10^{4}km^2 扩大到2006
年的14.47 × 10^{4}km^2，2006 年青海省水土流失面积占其国土总面积的
46%（高云虹，2006）。青藏高原的贫困地区实际上也是中国水土流失
最为严重的地区之一。

南疆三地州和六盘山区的贫困问题与水资源的缺乏高度相关，是西
北内陆干旱和半干旱山区，水资源尤为宝贵，这是水贫困与生态贫困、
经济贫困的交集。西北地区的水资源总量为1 979.3 × 10^{8}m^3，约为西南
地区的18.2%、中部地区的28.5%和东部地区的35.71%；西北地区产

水模数也较低，仅为 $6.98 \times 10^4 \mathrm{m}^3/\mathrm{km}^2$，仅为西南地区的 14.83%、东部地区的 16.28% 和中部地区的 27.49%（李周等，2004）。西部地区生态环境恶化，植被稀少，土地沙漠化不断扩大，经济发展滞后，中国西北地区农村贫困人口数量主要集中在这两个连片区。

南疆三地州位于西北荒漠绿洲交接生态脆弱区中的新疆天山南部的绿洲边缘，年降水量少、蒸发量大，植被稀疏，风沙活动强烈，土地荒漠化严重。重要生态系统类型是典型草原、荒漠草原、疏林沙地、农田等，主要植被有高寒草甸、荒漠胡杨林、荒漠灌丛等。[①] 经济发展的自然资源基础薄弱，相对于新疆其他地区而言，这一区域畜牧业和棉花种植等农业产业落后。而生态型贫困地区生态系统的恶化与经济发展的落后是互为因果的，由于当地自然环境和生产条件较差，自然灾害容易发生，而脱贫之后又很容易因灾、因病等返贫，这是生态型贫困的一大特点。

研究发现，西部地区有 69.9% 生态脆弱县是贫困县，而东部和中部地区这一比例则分别为 23.3% 和 41.4%；西部地区 74.7% 的贫困县同时又是生态脆弱县，而东部和中部地区这一比例分别为 52.8% 和 56.4%（高云虹，2006）。

滇桂黔石漠化区位于西南岩溶山地石漠化生态脆弱区的核心区，喀斯特岩溶地区土层薄、成土过程缓慢，植被覆盖度低，由于降雨量大，降雨时间短，容易造成严重水土流失，山体滑坡、泥石流等自然灾害频发。滇桂黔石漠化区有 80 个县，是 14 个连片区中县级行政单元最多的一个连片区，其中贵州省划入这一连片区的县有 40 个，占连片区总县的 50%，占贵州全省县级行政单位的 45.45%。2008 年，国家启动首批石漠化综合治理试点，贵州省有 55 个县被列入，2011 年，贵州 78 个石漠化县被全部纳入国家石漠化综合治理范围。贵州省国家贫困县数量位居全国第二，贫困县集中在石漠化重灾区，贵州省也是未来石漠化地区

① 《全国生态脆弱区保护规划纲要》中华人民共和国环境保护部环发〔2008〕92 号印发。

贫困治理的主要焦点。

绿色缺乏型集中连片区，由于受到荒漠、高原、干旱等极端自然条件影响，资源环境承载力较低，不利于人类的生存发展，加之广大的贫困地区与外界联系较为困难，因此长期以来的发展模式、发展速度都无法实现中东部地区效果。贫困问题的解决是一个综合性的难题，地理环境对它的成因有着较强的相关性，因此在扶贫开发的过程中应当根据当地的资源禀赋，首要任务是开展生态建设，修复生态植被，同时按照实地的地理环境特征来确定其各自发展方向和模式。

4.1.3　混合型绿色贫困

大兴安岭南麓山区、吕梁山区、燕山—太行山区、乌蒙山区4个连片区，从自然生态特征来看，这类贫困地区绿色资源不突出，只能停留在维持该地区生态稳定的水平。从所处地理位置和其贫困成因来看，贫困问题较为复杂，位于东北林草交错生态脆弱区、北方农牧交错生态脆弱区和西南岩溶山地石漠化生态脆弱区。这一类连片区地理区位都较好，尤其是燕山—太行山区、吕梁山区紧邻中国政治、经济和文化中心，大兴安岭南麓山区周边都是东北富饶的地区，而乌蒙山区是川滇黔三省交界区，距离这三个省中心城市都不远，并且是这三省之间交往必经之地，交通区位突出。

2011年，这4个连片区农村总人口3 768.7万，占14个连片区农村总人口的18.66%；农村贫困人口1 683.31万，占14个连片区农村贫困人口的20.47%。按照2 300元新贫困线标准推算，2011年这4个连片区在全国14个连片区中贫困发生率相对都较低。总体来看，这一类连片区不管是国土面积、人口总量还是农村贫困人口数量都相对较少，扶贫开发的难度也较小。

混合型绿色贫困地区大多位于主要的高原与平原、盆地的交汇地带，其中大兴安岭南麓山区是内蒙古高原与大兴安岭和东北平原的交汇区，燕山—太行山区、吕梁山区位于黄土高原与华北平原交汇区，乌蒙山区位于云贵高原与四川盆地的交汇区。从这 4 个连片区各县地形特征来看（见表 4 - 1），北方的三个连片区地形以平原和丘陵居多。其中，大兴安岭南麓山区 19 个县中有 42.11% 是丘陵县，剩余的县全都是平原县；燕山—太行山区平原和丘陵县占 36.36%；吕梁山区 85% 的县是平原县，只有 15% 位于山区，而南方乌蒙山区所有贫困县都是山区地形。

表 4 - 1　　　　　　　混合型绿色贫困地区地形特征

连片区名称	县数量（个）	平原		丘陵		山区	
		县数量（个）	百分比（%）	县数量（个）	百分比（%）	县数量（个）	百分比（%）
大兴安岭南麓山区	19	8	42.11	11	57.89	0	0.00
燕山—太行山区	33	7	21.21	5	15.15	21	63.64
吕梁山区	20	0	0.00	17	85.00	3	15.00
乌蒙山区	38	0	0.00	0	0.00	38	100.00
总数	110	15	13.64	33	30.00	62	56.36

与其他区域的贫困县相比，这一类贫困地区地形特征、地理区位条件都较为优越，但对于这一类连片区，还有其他更为特殊的致贫的因素。例如，政策、优势地理区位带来的负面影响和人口密度大是这一类地区致贫的主要因素。首先，这一类连片区人口密度较大。2011 年，燕山—太行山区、吕梁山区、乌蒙山 3 个连片区县均人口密度为每平方公里 113 人、112 人和 214 人。人口密度大，自然资源总量小，从而造成人均资源占有量少，对自然生态过度利用，造成生态的破坏。例如，张家口市域荒漠化面积占全市土地总面积的 27%，坝上 4 县土地风蚀沙化面积达 54%；其中，康保县风蚀土壤面积占到 91%，张北县水土流失面积占总面积的 83%，沽源县水土流失面积占总面积的 73%，万全县水土流失面积占总面积的 60%。其次，城镇化率低，县域经济规模小。

2011 年，燕山—太行山区、吕梁山区和乌蒙山区贫困县城镇化率分别仅为 16.39%、15.49% 和 12.49%。

1995～2007 年，张家口和承德地区占京津—张承整个区域 GDP 的比重始终未能超过 10%，处于区域经济发展的外围地区，有被边缘化的倾向，张承两地自身经济的落后，导致与京津之间经济联系不强，京津对张承两市引力较弱（张彬等，2010）。尽管地理区位对于带动贫困地区经济发展具有重要作用，但是优越的地理区位也会带来负面影响，贫困地区在与相邻发达地区之间竞争者处于弱势，不但得不到支助，反而贫困地区有限的人才、资金等资源都被吸纳到发达地区。由于贫困县与相邻发达地区之间的经济、科技、教育等力量相差甚远，缺乏发展平台，贫困地区无法分享区域经济发展带来的成果。燕山—太行山区和吕梁山区集中了大部分环京津贫困带，因而由于区位优势带来负面影响的现象比较明显。乌蒙山区处于川滇黔三角交界地区，被称为"三省立交桥"，但是这一连片区人口密度较大、自然生态环境优势不突出，而周边的云南、贵州两省都是欠发达省份，与四川紧邻的地区也是四川省欠发达地区，也是贫困发生重灾区，没有足够的资金和项目支助这一区域。因而，乌蒙山区面临的自然资源不突出，同时贫困人口规模较大，人才、科技和发展资金较为缺乏等问题，发展受到限制条件较多。

4.2 中国绿色贫困地区的表现特征

4.2.1 中国绿色贫困地区的线与带状分布特征

1. 胡焕庸线上的绿色贫困

1935 年胡焕庸教授在《地理学报》上发表了"中国人口之分布"

文章，提出了著名的爱辉—腾冲一线的中国人口地理分界线，因此也称为"胡焕庸线"。胡焕庸（1935）指出按照爱辉—腾冲线将全国分为东南与西北两部，以此为计算得到东南部面积为 $400 \times 10^4 \mathrm{km}^2$，约占国土总面积的 36%，人口约为 4.4 亿，占全国当时总人口的 96%；西北部分的面积为 $700 \times 10^4 \mathrm{km}^2$，约占国土总面积的 64%，人口约 1 800 万，仅占当时全国总人口的 4%。胡焕庸线与中国干旱与湿润区分界线、高原与平原分界线、城市群交通网疏密分界线有很高的相似性（王静爱，2004）。

全国"11 + 3"个连片区中有大兴安岭南麓山区、燕山—太行山区、吕梁山区、六盘山区、秦巴山区、乌蒙山区和滇西边境山区等 7 个连片区分布在"胡焕庸线"上，并且这条线上的连片区之间的贫困成因、贫困人口规模以及影响因素等方面具有较大相似性。

这几个连片区的自然环境比较特殊，地理条件复杂，从中国东北到西南一线的贫困县主要分布在这条线的两侧，是中国贫困人口主要聚集区之一。2011 年，分布在胡焕庸线上的连片区有 7 个，占中国"11 + 3"个连片区的一半，其中农村人口 9 923.0737 万，按照 2 300 元贫困线标准，有农村贫困人口 4 279.006 万，分别占"11 + 3"个连片区农村总人口和农村贫困人口的 48.57% 和 51.97%。

"胡焕庸线"除了能准确分析中国人口分布规律以外，还能解释中国一些自然特征，胡焕庸线的东南方以平原、丘陵地貌为主，是中国重要的农耕区；线西北方向是草原、沙漠和高原。由于人口分布受到资源环境基础差异性影响，因此这条线能够有力解释中国贫困人口分布的特征。

2. 二、三阶梯分界线上的绿色贫困带

与胡焕庸线具有相似特征的另外一条重要地理分界线是中国二、三级阶梯分界线，全国 14 个连片区中有大兴安岭南麓山区、燕山—太行山区、吕梁山区、秦巴山区、武陵山区和滇桂黔石漠化区等 6 个分布在

二、三级阶梯分界线上，其中与胡焕庸线重合的连片区有 4 个。

中国的第二阶梯主要是中部和西北部山地（中）高原区，占国土面积的 46.6%，人口占 28.2%，海拔在 500～3 000 米之间，其中海拔在 501～1 000 米之间的区域占中国陆地总面积的 16.11%，海拔在 1 001～3 000 米之间的区域占中国陆地面积的 30.15%（钟祥浩，2008）。2011 年二、三阶梯分界线上的 6 个连片区农村总人口为 10 336.766 万，按照 2 300 元贫困线新标准，有农村贫困人口 4 024.693 万，占"11＋3"个连片区农村总人口和农村贫困人口的 50.60% 和 48.88%。尽管二、三阶梯分界线与胡焕庸线上只有 4 个连片区重合，但是二、三阶梯分界线上的连片区与胡焕庸线上连片区从农村总人口和农村贫困人口数量上来看占"11＋3"个连片区农村总人口和农村贫困人口比重相当。

根据"中国山地生态安全屏障分区"，中国二、三阶梯分界线上的 6 个绿色贫困带刚好位于大兴安岭山地生态安全屏障区、燕山—太行山山地生态安全屏障区、吕梁山山地生态安全屏障区、秦岭山地生态安全屏障区、武陵山山地生态安全屏障区和滇桂黔接壤带喀斯特山地生态安全屏障区等 Ⅱ 区中的 6 个生态安全屏障区当中（钟祥浩，2008）。中国二、三阶梯分界线上的贫困地区担负着中国重要的生态安全屏障功能，同时这一地带又是水土流失、山地灾害高发区，缓解这一区域贫困问题，对于实现生态屏障建设具有重要意义。

3. 西部边疆绿色贫困带

由于受到邻国政治动荡以及国内少部分反叛敌对势力和宗教问题的影响，加上这一区域是中国重要的少数民族聚居区。因此，西藏、南疆三地州、滇西边境山区以及滇桂黔石漠化区 4 个西部边疆绿色贫困地区脱贫难度较大。这一地区承担着维护边疆安定、发展经济、保护生态屏障功能的任务。如果边疆贫困地区的经济发展问题得不到很好的解决，将很容易成为影响边境安定的温床。

中国的南疆三地州、西藏区、滇西边境山区和滇桂黔石漠化区等 4

个连片区当中包含了较多数量的边境县。2011 年，这 4 个连片区农村总人口 4 571.03 万，占全国 14 个连片区农村总人口的 22.37%，按照 2 300 元贫困线，2011 年农村贫困人口 2 154.98 万，占 14 个连片区农村贫困人口的 26.16%，其中滇西边境山区和滇桂黔石漠化区的农村人口最多。总体来说，这 4 个连片区的国土面积较大，但是贫困人口相对较小，每平方公里的贫困人口约为 11.21 人。

贫困问题、安定边疆、民族宗教矛盾、生态屏障保护都是这 4 个连片区面临的同样问题，这几个问题之间的关系千丝万缕，任何一个问题都会影响其他几个方面，进而带来严重后果。这 4 个连片区都是中国生态环境脆弱区，贫困发生率较高、贫困程度深。除了滇西边境山区的生态植被较好以外，几乎所有的县都面临着恶劣的生态环境。东中部经济快速发展，西部边疆贫困地区却受到生态、地理区位、资金、人才、科技和基础设施等条件的限制，发展步伐缓慢，尤其是边境地区的贫困县与中东部之间的发展差距越来越大。2011 年，除西藏以外的南疆三地州、滇西边境山区和滇桂黔石漠化区 3 个连片区农村贫困人口经济收入与 2 300 元贫困线标准之间的贫困缺口分别为 627.89 元、900 元和 339 元，其中滇西边境山区的贫困缺口为除西藏外 13 个连片区中最大，其次南疆三地州也比较严重。

4.2.2 同类型的绿色贫困地区具有相似的经济发展和产业特征

中国区域经济长期发展中基本形成了以县城为中心、乡镇为纽带、农村为腹地的县域经济发展模式。这种县域范围的经济发展模式在空间上具有一定的独立性，因为县级政府拥有一定的财政权力，能够对本级市场开展调控。县域经济是中国国民经济的一个缩影，具有与国民经济相对应的各个行业和部门。贫困县不管是人口多少还是管辖范围大小，也具有和其他大部分县域经济相似的完整性和独立性特征。但是所处同一区域的各贫困县经济发展依托于当地现有资源开发，由于生产资料和资金的不足，只能维持现状，而发展后劲不足，也没有足够的实力扩大生产和对周边区域进行兼并或者参与区域性竞争。因此，在这种资源禀赋和经济实力条件下，贫困集中区域的县都发育了相似的三次产业结构以及就业、财政税收以及消费模式。产业结构相似又叫产业结构趋同，在中国经济发展史上多次出现，在相邻省份之间、相邻大中城市之间都存在产业结构趋同的现象，它主要是从空间的角度上分析区域内部各行政单元未考虑产业分工与协作，从而出现产业雷同、重复发展、效益低下的问题。同一连片区的县都缺乏外来投资，交通不便，产业发展依托于自身资源禀赋，由于拥有相似的自然资源、劳动力水平、技术条件，因而容易形成类似的生产体系。李波（2012）通过对2005~2011年间武陵山区湖南、湖北、重庆和贵州四省市间产业结构相似度进行测量，分析表明，湖南与重庆、湖北与贵州、湖北与湖南、湖南与贵州、湖北与重庆以及贵州与重庆6对区域的产业结构相似系数均值分别高达0.9861、0.9958、0.9579、0.9371、0.9450、0.9254。

随着国家从输血式扶贫向"造血式"扶贫方式的转变，一部分贫困地区发展也开始转型，绿色资源开发效益逐渐显现。中国大部分贫困山区都有自己具有特色的无公害、绿色、有机食品的认证品牌，中药材资源、水能资源和旅游资源等价值得到重视。罗霄山区、大别山区、秦巴山区、武陵山区、滇西边境山区都是中国名茶、名贵中药材产地，兼有具有当地特色的山区林果、绿色食品源地。绿色资源丰富的贫困山区具有天然的生态优势、劳动力优势，随着生态产品价值的提升，市场扩大，未来这些绿色资源开发潜力巨大。

4.2.3 重要的少数民族聚居区和革命老区，历史文化积淀深厚

连片区是中国少数民族的主要聚居区，长期以来居住着不同族源、

语言和生活方式、宗教信仰背景各异的少数民族，民族风情和民族心态都存在明显差异。正因为这些原因，中国少数民族尤其是一些世居少数民族创造和传承了丰富的历史文化，是中华民族文化宝库中重要的组成部分。可以说一个少数民族就代表着一种源远流长的文化。例如，藏族、彝族等源于古代西北氏羌族群，蕴含了草原牧耕文化和高原农耕文化；主要聚居在南方的壮、傣等民族代表水区稻作文化和热区种植文明；苗族和瑶族代表一种迁徙文化。少数民族文化的形成与少数民族聚居区自然生态环境有关，民族文化和价值观也可以作用于自然生态，因此形成了一种较为牢固的人与自然关系。因此，一般来说，少数民族聚居区域的自然生态系统完整性较好，大量的民族文化和珍惜生态环境得到保存。随着生态旅游业的发展，保护起来的民族文化和自然生态价值逐渐开始显现，并转化为了经济价值。例如，广西桂林、云南大理和丽江、贵州黔东南、川西和川北的贫困地区政府财政和农民收入水平处于该贫困连片区的中上水平。

中国工农红军在长征期间共翻越了 18 座山脉，其中主要有罗霄山脉、六盘山、乌蒙山、横断山区的大雪山、夹金山等，长期以来这些地区就是扶贫开发的重点区域，如今这些地区大多数都是连片特殊困难地区。"11+3"个连片区中的罗霄山区、滇桂黔石漠化区、乌蒙山区、四省藏区、秦巴山区、六盘山区就位于长征路途经过的地区。西康省（现川西藏区）是全国藏区最为落后的地区之一，2010 年甘孜州农牧民人均纯收入仅为 2 744 元，大雪山所在地的小金县农民人均纯收入只为 3 350（李后强等，2012）。连片区都是一座记载中国共产党成长和中国革命走向胜利的里程碑，如今成为对年轻人开展爱国教育、激发爱国情怀、坚定信仰的重要目的地。贫困山区承载的厚重历史文化积淀，可以说作为一种强大的无形价值，贫困山区实现脱贫致富和走可持续发展道路的坚强基石。

4.2.4 贫困人口分布呈现大集中、大分散状态，贫困重灾区多在西部

目前，中国绿色贫困分布呈现出大集中和大分散同时并存的状态，大集中是指连片区的贫困县和贫困人口主要集中在几个主要的区域；而大分散是指贫困山区环境相对恶劣、山高谷深、缺乏大块的耕地和用作居所，因此在这些连片区中贫困县和贫困人口分散居住在丘陵、山区的半山、高山当中。表 4 - 2 显示了 8 个人口规模最大的连片区中部分地（州、市）所辖县被纳入连片区的数量和比重。8 个连片区中 35 个地（州、市）中，有 12 个地（州、市）的所辖县都被纳入连片区，占 35 个地（州、市）的 34.29%；有 80% ~ 99% 的县被纳入连片区的地（州、市）有 10 个，占 35 个地（州、市）的 28.57%。其中，六盘山区中的 6 个地（州、市）中，有定西、临夏州、固原市所辖县全都被纳入连片区，其他的天水市、庆阳市和平凉市 3 个地（州、市）纳入连片区的县市比重分别为 85.71%、87.5% 和 62.5%。秦巴山区的 7 个地（州、市）中有 3 个地（州、市）所辖县全部被纳入，四省藏区的 3 个州所辖县全部被纳入连片区。

表 4 - 2　连片区部分地（州、市）县级单位总数中贫困县情况

名称	地（州、市）	总县数（个）	纳入连片区的县（个）	占所在地（州、市）比重（%）
六盘山区	天水市	7	6	85.71
	庆阳市	8	7	87.50
	平凉市	8	5	62.50
	定西市	7	7	100.00
	临夏州	8	8	100.00
	固原市	5	5	100.00

续表

名称	地（州、市）	总县数（个）	纳入连片区的县（个）	占所在地（州、市）比重（%）
秦巴山区	十堰市	8	6	75.00
	广元市	7	6	85.71
	巴中市	4	4	100.00
	汉中市	12	10	83.33
	安康市	11	10	90.91
	商洛市	7	7	100.00
	陇南市	9	9	100.00
武陵山区	恩施州	8	8	100.00
	邵阳市	12	8	66.67
	怀化市	13	10	76.92
	湘西州	9	7	77.78
	铜仁地区	10	10	100.00
乌蒙山区	凉山州	17	8	47.06
	毕节地区	10	7	70.00
	昭通市	11	10	90.91
滇桂黔石漠化区	百色市	12	9	75.00
	河池市	12	7	58.33
	黔西南州	12	7	58.33
	黔东南州	18	15	83.33
	黔南州	13	10	76.92
	文山州	8	7	87.50
滇西边境山区	普洱市	10	9	90.00
	临沧市	8	8	100.00
	楚雄州	10	6	60.00
	大理州	12	11	91.67
罗霄山区	赣州市	16	11	68.75

续表

名称	地（州、市）	总县数（个）	纳入连片区的县（个）	占所在地（州、市）比重（%）
四省藏区	阿坝州	13	13	100.00
	甘孜州	18	18	100.00
	甘南州	8	8	100.00

全国14个集中连片特困区分布于21个省级行政区，根据目前中国对东中西部的划分标准，这21个省级行政区中位于东部地区只有河北省，西部地区包括的12个省级行政区和湖南湘西州、湖北恩施州全都分布了连片区；中部地区包括的8个省级行政区也全都分布了连片区。

总体来看，西部地区集中的贫困省份最多，12个省级行政单位加上湘西州、恩施州，集中了连片区中64%的农村人口，而中部的8个省级行政单位集中33%的农村人口；与农村人口分布特征相似，西部地区农村贫困人口仍然最多，集中了14个连片区中67.48%的农村贫困人口，西部地区农村贫困人口比重稍大于农村人口分布比重；而中部地区农村贫困人口比重略小于所占农村人口比重（见图4-1）。

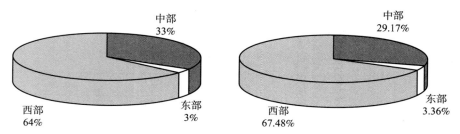

图4-1　全国"11+3"个连片区2011年农村人口与农村贫困人口分布

一些贫困人口集中的省份，贫困人口分布特征主要表现在区域性的连片贫困、整县贫困和整乡贫困。总体来看，西部地区集中主要的农村人口和农村贫困人口，一些省份大多数县是国家扶贫开发工作重点县。例如，云南省129个县（区）中有74个县是国家扶贫开发工作重点县，贵州省88个县（区、市），有65个是国家扶贫开发工作重点县，甘肃省和陕西省是国家扶贫开发工作重点县的比重也较高。武陵山区、乌蒙山区、滇黔桂石漠化区三个集中连片特殊困难区，覆盖了贵州全省65个县，占全省面积的80.3%。贵州是贫困问题最为突出的省份之一，按照国家新确定的扶贫线2 300元标准，2011年贵州全省仍有1 521万贫困人口，贫困发生率高达45.1%（龚金星等，2012）。云南怒江州所辖的4个县和迪庆州所辖的3个县全部为国家扶贫开发工作重点县；维西县生产生活条件相对较好的河谷地带贫困发生率约为18%，高半山区的贫困发生率则为58%，高寒山区的贫困发生率甚至高达80%（财政部农业司扶贫处，2012）。

近年来，随着贫困人口规模缩小，贫困人口逐渐向少数民族地区集中趋势。全国55个少数民族总人口中有90%以上分布在贫困地区，约25%的少数民族村庄是贫困村，而汉族村庄仅为12%（杨栋会，2009）。中国农村贫困人口主要集中在云南、贵州、甘肃、陕西等省份的山区尤其是高山区、少数民族地区，因此这些省份是未来中国集中实施扶贫开发的重点。

4.3　本章小结

本章主要按照绿色贫困研究基础、基本概念、形成机理和表现特征，对绿色贫困进行了分类。从理论上，将绿色贫困分为绿色丰富型贫困、绿色缺乏型贫困和混合型绿色贫困3种类型。绿色丰富型贫困主要代表有14个连片区中的秦巴山区、大别山区、武陵山区、罗霄山区和滇西边境山区等绿色资源丰富的贫困地区。绿色缺乏型贫困主要代表有14个连片区中的六盘山区、新疆南疆三地州、西藏区、滇桂黔石漠化区；而混合型的绿色贫困主要代表有 14 个连片区中的大兴安岭南麓山区、燕山—太行山区、吕梁山区和乌蒙山区。每一类型的划分依据主要是森林覆盖和植被覆盖特征，混合型绿色贫困除了自然生态特征以外，还重点考虑了所处地理区位条件的影响。

在对绿色贫困进行理论分类的基础上对中国绿色贫困表现特征进行初步总结和分析。认为中国绿色贫困呈现的特征有：线与带状分布的特征，线状分布就是与胡焕庸线具有一致性，带状分布就是绿色贫困呈现出在二、三阶梯分界线上的绿色贫困带和西部边疆绿色贫困带状；同一类型的绿色贫困地区具有相似的经济发展和产业特征；绿色贫困地区大多是重要的少数民族聚居区和革命老区；绿色贫困呈现出大集中、大分散状态。

第 5 章

中国绿色贫困影响因素定量研究

5.1 聚 类 分 析

5.1.1 聚类分析方法概述

聚类分析（cluster analysis）是统计学从"物以类聚"的角度研究数据集内部结构及每个数据集外在关系的一种方法。该方法从实验数据定量和定性的特征出发，通过了解每个数据集的内在结构和描述不同数据集之间的独立性和联系性，将样本数据在没有先验认知的情况下，依据他们在数理性质上的相似程度进行分类。该方法属于多变量统计分析的范畴。按照聚类分析的研究对象进行分类，包括对所观察的多个样本进行分类的 Q 型聚类，以及每个样本中的多个变量进行分类的 R 型聚类。该分析方法的主要依据在于，同一聚类中的数据样本应当彼此相似，而聚类组别之间的样本应当具有明显的差异性。由于在分类过程中，无须事先确定一个分类标准，该分析方法则从样本数据出发，对数据的分类更具客观性。

层次聚类分析通过度量样本数据之间的相似程度，通过反复分组直到所有样本数据分别聚至某个类别或组群为止。由此可见，度量所有数据的相似程度是该方法的关键所在。从变量的角度，"距离"用于度量样本之间的相似程度。在对样本进行分类时，点间距离用于度量连续变量样本之间的相似性，包括欧氏距离（Euclidean distance）、平方欧氏距离（Squared Euclidean distance）、Block 距离（Block distance）、Chebychev 距离（Chebychev distance）、马氏距离（Minkovski distance）。在本次研究中，采用欧氏距离平方，其公式表达如下：

$$d(f_i, f_i') = \sum_{j=1}^{p} (f_{ij} - f_{i'j})^2$$

计算样本数据与类别数据之间、类别与类别之间的相似程度则用最短距离法（Nearest neighbor）、最长距离法（Furthest neighbor）、重心法（Centroid clustering）、组间平均距离法（between-groups linkage）以及离差平方和法（Ward's method），在本次研究中，将采用离差平方和法，即通过计算，使得各类别中的离差平方和较小，而不同类别之间的离差平方和较大，使用该方法意在实现类别间的样本量尽可能相近。其基础公式如下：

$$D_{kl}^2 = W_m - W_k - W_l$$

除了以上讨论的层次聚类分析以外，聚类分析还包括 K 平均聚类分析方法和 Twostep 聚类分析方法，这些都属于非层次聚类分析的范畴。其中 K 平均聚类分析法的特征是根据既定的几种聚类进行分类，适合样本较多的数据分析，而层次聚类分析法则没有事先确定聚类标准，适合样本少的分析。从两者的比较来看，层次聚类分析法更适用于本次研究。

尽管在进行绿色贫困分类的时候，将绿色贫困分为绿色丰富型贫困、绿色缺乏型贫困和混合型贫困 3 种类型，但在绿色贫困影响因素分析的时候，为了便于比较，将混合型绿色贫困根据森林和植被覆盖情况，分别归并到绿色丰富型贫困地区和绿色缺乏型贫困地区当中。

5.1.2　绿色丰富型贫困地区聚类分析

为了反映绿色资源丰富型地区经济社会发展差异，整理收集了除西藏以外 13 个连片区中森林覆盖率超过 606 个县平均森林覆盖率的 312 个县相关数据，包括固定资产投资占 GDP 比重（FAI）、万人拥有的科技人员数量（TEC）、文盲半文盲占 15 岁以上人口比重（EDU）（表征为与其呈负相关的文盲率）、森林覆盖率（FC）四个变量。通过聚类分析的方法把相似的县归为若干个类别，以便更好地发现绿色资源丰富地区的差异所在。

1. 数据的初步分析

首先，对样本数据进行初步筛选和考察，并对各指标进行简单的描述性统计分析（见表 5－1）。

表 5－1　　　　　绿色丰富型贫困地区聚类分析描述性统计

		样本个数	标准差	均值	最小值	最大值
FAI	全国	606	0.858	0.912	0.032	12.903
	绿色丰富型	312	0.655	0.868	0.032	5.477
TEC	全国	606	4.129	6.452	0.122	28.700
	绿色丰富型	312	3.776	6.328	0.241	19.056
EDU	全国	606	0.045	0.098	0.007	0.201
	绿色丰富型	312	0.041	0.093	0.007	0.201
FC	全国	606	0.228	0.432	0.002	0.902
	绿色丰富型	312	0.110	0.623	0.433	0.902

四个变量的数量级各不相同，其中均值最大为 6.452，最小为 0.093，各变量标准差介于 4.129～0.041，数据量纲之间存在较大差异。从以上的描述性统计中，可以看出，四个变量之间存在比较显著的差异，单从四个变量的取值的差异进行分组归类，存在一定困难，因此，需要借助聚类分析来解决分组问题。

2. 层次聚类法应用

借助 SPSS 软件包，层次聚类过程如表 5-2 所示。

表 5-2　　　　　　　　绿色丰富型贫困地区聚类分析合并进程

阶段	聚类组合		系数	首次出现的阶段聚类		下一阶段
	聚类 1	聚类 2		聚类 1	聚类 2	
1	76	129	0.003	0	0	60
2	158	192	0.008	0	0	99
3	64	75	0.019	0	0	117
4	50	61	0.030	0	0	46
5	43	128	0.041	0	0	38
6	157	197	0.054	0	0	137
7	77	91	0.067	0	0	54
8	209	222	0.080	0	0	90
9	159	265	0.093	0	0	76
10	71	87	0.107	0	0	88
……	……	……	……	……	……	……
……	……	……	……	……	……	……
……	……	……	……	……	……	……
306	131	141	479.931	290	300	309
307	132	133	558.561	303	305	309
308	1	4	649.724	302	297	310
309	131	132	773.703	306	307	311
310	1	297	969.032	308	304	311
311	1	131	1 244.000	310	309	0

通过以上的聚类过程，参考层次聚类谱系图（见图 5-1），结合实际问题进行综合分析判断，将样本数据分成若干个类别，聚类方案如下：

第一类包括安化县、永顺县、新县等 130 个县；

第二类石阡县、印江县、弥渡县等 166 个县；

第三类包括德钦县、莲花县、麻阳县等 16 个县。

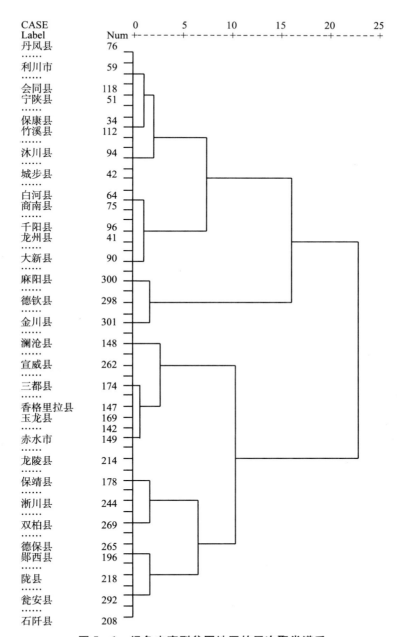

图 5 - 1　绿色丰富型贫困地区的层次聚类谱系

3. 聚类结果的论证与分析

从表5-3和表5-4的分析结果可以看出，各个类别之间在固定资产投资占 GDP 比重（FAI）、万人拥有科技人员数量（TEC）、文盲半文盲占 15 岁以上人口比重（EDU）、森林覆盖率（FC）四个变量都具有显著差异，且这种差异均符合统计意义。

表5-3　　　　　　　绿色丰富型贫困地区聚类分析统计报告

离差平方和法	均值			
	FAI	TEC	EDU	FC
1	0.755790	4.410012E0	0.058481	0.675534
2	0.743733	8.028145E0	0.118947	0.581361
3	3.062386E0	4.267735E0	0.103435	0.633013
总计	0.867662	6.327748E0	0.092957	0.623249

表5-4　　　　　　　绿色丰富型贫困地区聚类分析方差分析

	组群间差异				
	平方和	自由度	均方差	F	显著性
FAI * 离差平方和法	81.246	2	40.623	239.803	0.000
TEC * 离差平方和法	1 025.965	2	512.983	46.511	0.000
EDU * 离差平方和法	0.268	2	0.134	155.601	0.000
FC * 离差平方和法	0.648	2	0.324	31.842	0.000

4. 聚类特征描述

以上聚类结果主要针对绿色资源丰富型地区，因此单考察森林覆盖率这一变量，较其他变量，三类地区之间的差异较小。结合其他变量，综合比较考察表 5 - 3 中各个变量的经济含义，可以看出：

第一类：具有相对高固定资产投资比重和高森林覆盖率特征，表现为包括社会经济与自然保护同步发展的"两高"地区，而科技水平，表征为技术人员和技术设备的投入，较其他类别，处于中等水平，受教育水平远高于其他类别，即文盲率较低；这一类别包括安化县、永顺县、新县等 130 个县。对于这一类县，加大教育投入，继续提高科技水平，从而提升资源开发和利用效率是扶贫的关键。

第二类：科技水平和文盲率相对远高于其他组别，表现为软实力不平衡的"两高"地区，而这类地区森林覆盖率较其他类别较低，固定资产投资情况正常，依托现有的科学技术条件，加强基础教育投资，发展提升空间较大；这类地区包括石阡县、印江县、弥渡县等 166 个县。

第三类：森林覆盖率，科技水平以及受教育水平较其他地区并未表现出明显的优势，固定资产投资水平也是各类别中最低的，这类地区包括德钦县、莲花县、麻阳县等 16 个县。对于这一类县，其贫困成因复杂并且各个因素对贫困程度影响较大，单靠一种扶贫措施或少数几种措施无法实现脱贫，应当从综合角度提升应对贫困的能力。

5.1.3　绿色缺乏型贫困地区聚类分析

从固定资产投资占 GDP 比重（FAI）、万人拥有科技人员数量（TEC）、文盲半文盲占 15 岁以上人口比重（EDU）（表征为与其呈负相关的文盲率）、森林覆盖率（FC）四个变量，考察绿色资源匮乏的 294 个县。通过聚类分析的方法把相似的县归为若干个类别，以便更好地发现绿色资源缺乏型地区的差异所在。

1. 数据的初步分析

表 5 - 5 结果显示，四个变量的数量级各不相同，其中均值最大为

6.584，最小为 −14.259，各变量标准差介于 16.817～0.045，数据量纲之间存在较大差异。从以上的描述性统计中，可以看出，四个变量之间存在比较显著的差异，单从四个变量的取值的差异进行分组归类，存在一定困难，因此，需要借助聚类分析来解决分组问题。

表 5 − 5　　　　　　绿色缺乏型贫困地区聚类分析描述性统计

		样本个数	标准差	均值	最小值	最大值
PI	全国	606	0.159	0.433	0.046	1.000
	绿色缺乏型	294	0.167	0.438	0.046	1.000
FAI	全国	606	0.858	0.912	0.032	12.903
	绿色缺乏型	294	1.029	0.958	0.180	12.902
FD	全国	606	13.260	−10.823	−115.000	0.615
	绿色缺乏型	294	16.817	−14.259	−115.000	0.000
TEC	全国	606	4.129	6.452	0.122	28.700
	绿色缺乏型	294	4.477	6.584	0.122	28.700
UR	全国	606	0.123	0.170	0.000	0.996
	绿色缺乏型	294	0.146	0.199	0.000	0.996
EDU	全国	606	0.045	0.098	0.007	0.201
	绿色缺乏型	294	0.048	0.103	0.024	0.198
FC	全国	606	0.228	0.432	0.002	0.902
	绿色缺乏型	294	0.120	0.229	0.002	0.431

2. 层次聚类法应用

层次聚类过程如表 5 − 6 所示。

表 5 - 6　　　　　　　　绿色缺乏型贫困地区聚类分析合并进程

阶段	聚类组合		系数	首次出现的阶段聚类		下一阶段
	聚类 1	聚类 2		聚类 1	聚类 2	
1	58	61	0.001	0	0	198
2	194	196	0.005	0	0	147
3	231	233	0.009	0	0	54
4	177	178	0.014	0	0	16
5	253	254	0.018	0	0	87
6	263	268	0.025	0	0	36
7	39	41	0.032	0	0	128
8	198	199	0.039	0	0	65
9	287	291	0.047	0	0	101
……	……	……	……	……	……	……
……	……	……	……	……	……	……
……	……	……	……	……	……	……
290	1	161	506.429	287	276	291
291	183	246	603.873	285	278	292
292	1	89	783.678	289	288	292
293	1	183	976.444	291	290	293
294	1	293	1 172.000	292	279	0

通过以上的聚类过程，参考层次聚类谱系图（见图 5 - 2），结合实际问题进行综合分析判断，将样本数据分成若干个类别，聚类方案如下：

第一类包括红安县、普格县、和田县等 182 个县，占这一类县总数的 61.9%；

第二类包括务川县、元阳县、会泽县 110 个县；

第三类包括得荣县和乌恰县 2 个县。

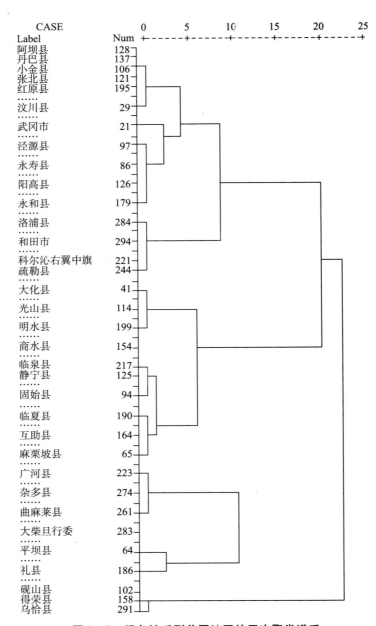

图5-2　绿色缺乏型贫困地区的层次聚类谱系

3. 聚类结果的论证与分析

从表 5 - 7 和表 5 - 8 的分析结果可以看出，各个类别之间在固定资产投资占 GDP 比重（FAI）、万人拥有科技人员数（TEC）、文盲半文盲占 15 岁以上人口比重（EDU）、森林覆盖率（FC）四个变量都具有显著差异，且这种差异均符合统计意义。

表 5 - 7　　　　　绿色缺乏型贫困地区聚类分析统计报告

离差平方和法	均值			
	FAI	TEC	EDU	FC
1	0.906446	7.964897E0	0.077006	0.242531
2	0.862209	4.378807E0	0.146801	0.209890
3	1.095873E1	2.206055E0	0.061910	0.111900
总计	0.958277	6.583987E0	0.103017	0.229430

表 5 - 8　　　　　绿色缺乏型贫困地区聚类分析方差分析

	组群间差异				
	平方和	自由度	均方差	F	显著性
FAI * 离差平方和法	201.522	2	100.761	269.820	0.000
TEC * 离差平方和法	920.301	2	460.151	27.044	0.000
EDU * 离差平方和法	0.337	2	0.169	142.559	0.000
FC * 离差平方和法	0.101	2	0.050	3.583	0.029

4. 聚类特征描述

以上聚类结果主要针对绿色资源富足型地区，仅仅就森林覆盖率这一变量而言，较其他变量，三类地区之间的差异较小，但总体水平偏低。结合其他变量，综合比较考察表 3 中各个变素的经济含义，可以看出：

第一类：固定资产投资和科技水平，较其他组别，平均水平较高，表现为社会经济与科技的同步发展，而受教育水平较其他类别，处于中等水平，即文盲率较高；这一类别红安县、普格县、和田县等 182 个县，占全部省市的 61.9%。这一类贫困地区相对而言贫困影响因素较少，同时影响贫困程度较轻，应首先注重教育水平提高，使之与科技和固定资产投资水平相适应，共同促进地区应对贫困的能力。

第二类：文盲率远低于其他组别，固定资产投资和科技水平均处于中等水平，这类地区包括务川县、元阳县、会泽县 110 个县。对于这一类贫困地区，发展教育也是关键，但发展教育过程中注重进一步加大资金、项目投入，同时从科技角度发挥第一生产力对经济的拉动作用。

第三类：固定资产投资、科技水平以及受教育水平较其他地区都未表现出明显的优势，森林覆盖率也在各类别中处于最低水平，这类地区包括得荣县和乌恰县两个县。不管在绿色缺乏贫困地区还是在绿色丰富型贫困地区，这两个县的贫困各影响因素都非常不乐观。未来，在扶贫开发过程中，需要从教育、科技、投资、生态建设等多角度多管齐下，才能收到明显的扶贫作用。好在这一类型贫困县只有两个，其中得荣县是全国三个石漠化县之一，全县总人口 2.6 万，但 75% 的人口需要实施生态移民。乌恰县的总人口也不到 6 万，对于这两个县，国家需要实施特殊的扶贫政策才能实现脱贫。

5.2 回归分析

5.2.1 绿色贫困影响因素的线性回归分析

贫困地区在全国分布范围较广、表现方式各异，每个地区既有不同的自然地理因素，又有多样的社会经济条件。已有许多学者从不同视角探讨了全国及特定区域贫困的影响因素，并有针对性地提出了区域脱贫致富的解决方案（张晓，1999；李周，2000）。而我们把贫困的概念和外延加以拓展，引入"绿色贫困"后，就有必要重新梳理各种经济、社会变量，尤其是"绿色"因素，对区域贫困问题的作用机制，探讨其影响程度，从中提取出影响贫困发生、发展的共性因素，进而为从宏观层面把握贫困地区特征、制定相应脱贫政策，提供有价值的参考。本部分结合学术界关于贫困影响因素的度量方式及前文分析内容，构造计量经济模型，对区域贫困的影响因素及影响程度进行量化分析。

1. 变量选取、模型设定与数据来源

本部分测度"11 + 3"个连片区各自然与社会经济变量对贫困程度的影响。关于贫困程度的度量，有多种方法，本节在因变量选择上，沿用张晓（1999）等学者的方法，使用"农村贫困发生率"这一指标，用 PI 表示。正如上节所述，农村贫困发生率是区域贫困人口与总人口的比重，较为客观地度量了不同区域的贫困程度。

根据相关学术文献和经验分析，选取自变量。

在众多经济社会指标中，测度绿色的指标相对匮乏，学术界也没有一致意见。一些学者对绿色发展的测量采取了综合指标体系的方式，如李晓西编制的《中国绿色发展指数报告》，不过该报告里的绿色概念和范围较广，本书中与绿色贫困里偏重于区域生态方面的绿色概念并不契合。与之相比，森林覆盖率（FC）指标可以简单而相对有效地刻画一个区域的生态条件，罗娅（2009）、李周（2000）曾用该指标表征区域生态条件，取得了良好效果。其论文按照同样逻辑选取森林覆盖率指标表征区域绿色水平，并且认为森林覆盖率对贫困的影响可能有双方面的作用，其方向是不确定的。为了进一步了解绿色因素对贫困的影响程度，按照森林覆盖率的平均值，将全国 606 个贫困县分为绿色富足型贫困县和绿色缺乏型贫困县两种类型。

艾云航（1993）分析认为，交通不便、经济落后、财政困难、科技力量薄弱、人口增长过快等问题，是中国贫困山区发展的主要障碍，因

此应采取强化社会化服务体系，加强科技投入，实行对外开放等反贫困政策措施。因此，交通等基础设施、科学技术、财政收支状况、教育等指标长期以来被用作研究贫困问题的几个重要指标。相应地，本书选取了固定资产投资占 GDP 比重、城镇化率、万人拥有科技人员数、文盲半文盲占 15 岁以上人口比重、财政赤字等指标，与森林覆盖率、植被覆盖率等指标一起验证绿色贫困问题。

一个地区投资的规模和方向代表该地区经济当前发展的活力和未来发展的潜力，如果贫困地区拥有持续、较多的固定资产投资，一般会产生对当地劳动力等生产要素的强大需求，带动当地人均收入的提高。而且从中长期来看，固定资产投资会改善当地的基础设施和投资环境，加快商品和货物的流通速度，持续推动区域经济发展。阿玛蒂亚·森（2003）也认为"增加投资是扶贫的基础性工作"。在本书中，用"固定资产投资占 GDP 比重"这一相对指标表征投资规模（用 FAI 表示），并预期该变量对因变量农村贫困发生率的影响为负。

与固定资产投资变量对农村贫困发生率作用机制相同的是城镇化水平，城镇化是党的十八大后新一届中央政府全面建设小康社会，促进经济健康稳定持续发展的主要着力点，城镇化水平的提高及随之而来的第二、第三产业发展，会对区域发展产生增长极效应，使更多的贫困人员在短时期内超越贫困线，因此用城镇化率（UR）代表该变量，研究其在区域脱贫方面的贡献大小。

科学技术作为第一生产力，在经济发展中的作用越来越受到重视，新古典经济学开发的经济增长模型注重科技对经济发展的带动作用，并用多种方式进行了度量。对贫困地区而言，科技水平提高一般会使该地区生产工艺改进、效率提高，从而提高对资源利用效率，带来产出和人均收入的增加，因此科技水平提高将会降低农村贫困发生率。受数据资料限制，本书用"万人拥有科技人员数量"（TEC）测度地区科技水平，预期该变量对农村贫困发生率产生负向影响。

同科技水平类似，多数文献认为教育水平对改善区域贫困面貌至关重要。一般而言，受教育程度越高，对制约自身收入提高的因素认识得越深刻、越准确，改善经济条件的动机也就越强烈，而且也有更多的渠道和机会脱贫致富。本书用"文盲半文盲占 15 岁以上人口比重"表征教育水平变量。不过，需要注意的是，这是一个反向测度值，该比重越高，表明一个区域的受教育平均水平越低。在本书中，预期此变量对因变量的作用方向为正。

财政条件代表了一个区域发展经济、解决复杂社会问题的力量强弱，如果地方政府存在较大规模的财政赤字，往往会影响财政资源在扶贫上的投入力度和分配效率，因此财政赤字的规模或许对区域贫困有一定影响。需要指出的是，虽然从国家和省域等宏观层面，赤字政策在特定时间段对经济发展可能有较大的促进作用，但对于没有债券发行权的县级政府来说，赤字更大程度上是对政府自身活动能力的束缚。本书引入财政赤字倍数变量，以"（财政支出 – 财政收入）/财政支出"（FD）测度，通过该变量观察县级区域的财政条件对农村贫困发生率的影响，预期其符号为正。

根据以上分析，最终设定的模型类型为

$$PI = F(FC, FAI, FD, TEC, UR, EDU) \qquad (5-1)$$

该模型是以农村贫困发生率（PI）为因变量，以森林覆盖率（FC）、固定资产投资（FAI）、财政赤字（FD）、科技水平（TEC）、城镇化率（UR）、教育水平（EDU）为自变量的多元方程。

本书用于模型分析的原始数据与书中第 3 章的数据一致，对涉及价格的固定资产投资规模、财政条件等数据按照统一标准进行了调整。对有多个来源且相互冲突的数据，我们在反复查证的基础上，根据专家意见进行了选择。

2. 描述性统计

在做描述性统计之前，将通过筛选的各县主要指标归入连片区进行归类，对绿贫困发生影响的主要几个影响因素开展简单分析和比较（见表 5 – 9）。

表 5 – 9   绿色贫困相关性指标的统计

名称	固定资产投资占GDP比重（%）	文盲半文盲占15岁以上人口比重（%）	万人拥有科技人员（人/万）	城镇化率（%）
六盘山区	8.56	14.31	6.89	13.66
秦巴山区	8.45	8.91	5.44	16.82
武陵山区	6.10	7.84	6.81	11.97
乌蒙山区	5.64	11.99	4.47	12.49
滇桂黔石漠化区	6.07	10.40	6.71	11.79
滇西边境山区	8.19	13.83	7.63	11.78
大兴安岭南麓山区	7.69	5.25	7.12	28.57
燕山—太行山区	8.39	5.07	7.78	16.39
吕梁山区	10.23	5.31	7.07	15.49
大别山区	6.36	9.36	10.77	14.47
罗霄山区	8.10	2.20	6.64	15.34
南疆三地州	7.54	3.43	4.78	36.52
四省藏区	16.91	12.76	4.28	64.67

从固定资产投资占 GDP 比重这一项来看，13 个连片区中超过 10% 的有吕梁山区和大别山区两个，在 7%～9% 的有 7 个，还有武陵山区、乌蒙山区、滇桂黔石漠化区和大别山区 4 个低于 7%。从文盲半文盲占 15 岁以上人口比重来看，连片区之间差异较大，其中六盘山区、滇西边境山区和四省藏区最高，而罗霄山区和南疆三地州 15 岁以上文盲半文盲比重最低。科技人员比重来看，只有大别山区最高，其余地区基本上为全国平均水平 1/4 和 1/2。

首先，对进入模型的各变量进行描述性统计，如表 5 – 10 所示，为便于对不同贫困区域的开展比较，将全国 13 个连片区 606 个县按绿色缺乏型、绿色丰富型分组进行了统计。

表 5－10　　　　　　　　两种类型绿色贫困分析样本描述性统计

		样本数	标准差	均值	最小值	最大值
PI	全国	606	0.159	0.433	0.046	1.000
	绿色缺乏型	204	0.167	0.438	0.046	1.000
	绿色丰富型	312	0.150	0.429	0.118	0.932
FAI	全国	606	0.858	0.912	0.032	12.903
	绿色缺乏型	204	1.029	0.958	0.180	12.902
	绿色丰富型	312	0.655	0.868	0.032	5.477
FD	全国	606	13.260	−10.823	−115.000	0.615
	绿色缺乏型	204	16.817	−14.259	−115.000	0.000
	绿色丰富型	312	7.343	7.343	−71.333	0.615
TEC	全国	606	4.129	6.452	0.122	28.700
	绿色缺乏型	204	4.477	6.584	0.122	28.700
	绿色丰富型	312	3.776	6.328	0.241	19.056
UR	全国	606	0.123	0.170	0.000	0.996
	绿色缺乏型	204	0.146	0.199	0.000	0.996
	绿色丰富型	312	0.087	0.142	0.000	0.934
EDU	全国	606	0.045	0.098	0.007	0.201
	绿色缺乏型	204	0.048	0.103	0.024	0.198
	绿色丰富型	312	0.041	0.093	0.007	0.201
FC	全国	606	0.228	0.432	0.002	0.902
	绿色缺乏型	204	0.120	0.229	0.002	0.431
	绿色丰富型	312	0.110	0.623	0.433	0.902

首先看因变量"农村贫困发生率（PI）"，从全国范围看，农村贫困发生率最大值为 1（天骏县），这也就意味着一个县域全部农村人口都处于贫困线以下，最小值为 0.046（大柴旦行委），虽然该数值并不高，但发生在绿色缺乏型区域，考虑到该地区恶劣的自然环境，国家仍将其归类为四省藏区实行特殊扶贫政策。绿色丰富型区域和绿色缺乏型区域

贫困发生率均值接近，但绿色缺乏型贫困区有更大的标准差，说明该组内贫困差异情况相对更大。

在自变量方面，比较明显的特征有：所有自变量极差都较大，这表明虽然同为连片区的县，但贫困区域内部在多种经济社会指标上存在较大差异。本书中，森林覆盖率是表征绿色程度的指标，绿色缺乏型贫困与绿色丰富型贫困的划分以 606 个县森林覆盖率均值 43.2% 为界，森林覆盖率小于等于 43.2% 的县为绿色缺乏型贫困，森林覆盖率大于 42.3% 的县为绿色丰富型贫困。绿色缺乏型区域森林覆盖率最低为 0.2%，而绿色丰富型区域森林覆盖率最高值达到 90.2%。

绿色缺乏型区域固定资产投资的平均规模大于绿色丰富型区域，但有更大的标准差，说明内部差异较大。绿色缺乏型区域财政赤字倍数为 14.259 倍，明显高于绿色丰富型贫困区的 7.343 倍，说明绿色缺乏区域的发展既受到自然条件的严格限制，又面临严重的财政资金，这意味着绿色缺乏区域靠自生力量脱贫致富困难重重。在科技人员数量、城镇化水平方面，绿色缺乏型地区均高于绿色丰富型区域，从中不难发现绿色丰富型区域由于自然生态对生存威胁程度比绿色缺乏型地区低，因此安于贫困现状，对发展科技和推动城镇化实现脱贫的愿望不是那么强烈。用来表征区域受教育水平的文盲半文盲占区域人口比例数据，两者相差不大。

3. 多元回归统计分析

首先以全国 606 个贫困地区为样本，测算农村贫困发生率与其余各变量的相关性（见表 5 – 11）。运用 SPSS 16.0 软件，进行相关分析。皮尔逊相关性检验表明财政赤字倍数（FD）、万人拥有科技人员数（TEC）、文盲半文盲占 15 岁以上人口比重（EDU）与农村贫困发生率相关关系显著，而森林覆盖率（FC）、域镇化率（UR）、固定资产投资占 GDP 比重（FAI）并没有表现出明显的相关性。

表 5 - 11　　　　　　　　　　　　　总样本相关分析结果

	FAI	FD	TEC	UR	EDU	FC
皮尔逊相关系数	- 0. 024	- 0. 787 *	- 0. 886 *	0. 639	0. 958 **	- 0. 067
P 值（双尾检验）	0. 562	0. 033	0. 035	0. 339	0. 000	0. 099
样本容量	606	606	606	606	606	606

将 13 个连片区所有 606 个县进行回归结果来看，森林覆盖率对区域贫困发生率没有影响，这与李周（2000）的研究结论相一致。但不等于森林覆盖率对区域与贫困发生没有关系，本书接下来将对 606 个县按照绿色缺乏型贫困和绿色丰富型贫困两类。在此基础上，本节对绿色缺乏型区域和绿色丰富型区域分类进行回归分析，进一步观察森林覆盖率等变量的影响。

一是绿色缺乏型区域回归分析。对因变量与各自变量分别做相关性检验，结果见表 5 - 12。绿色缺乏型区域的农村贫困发生率与固定资产投资规模、科技水平、教育水平、森林覆盖率等变量具有明显的相关性，其中教育水平和森林覆盖率两个变量与被解释变量高度相关，而财政赤字规模、城镇化率并没有通过相关性检验。因此，在模型中舍掉这两个变量。

表 5 - 12　　　　　　　　　　　绿色缺乏型贫困区域相关分析

	FAI	FD	TEC	UR	EDU	FC
皮尔逊相关系数	- 0. 506	- 0. 144 *	- 0. 785 **	0. 100	0. 925 *	- 0. 851 **
P 值（双尾检验）	0. 074	0. 013	0. 001	0. 087	0. 032	0. 010
样本容量	294	294	294	294	294	294

作因变量与自变量之间的散点图，根据两两之间的相关关系，结合经验分析，认为因变量与纳入模型的自变量之间存在线性关系，构建多元回归模型如下：

$$PI = a_1 FAI + a_2 TEC + a_3 EDU + a_4 FC + C \qquad (5-2)$$

其中，a_1、a_2、…、a_4 为各自变量的系数，C 为常数项，表示除进入模型的四个变量以外的其他因素对因变量的影响程度。

运用 SPSS 16.0 软件，对上述模型进行多元回归，结果见表 5-13。

表 5-13   绿色缺乏型贫困区域多元回归结果

	回归系数	标准误	标准化回归系数	T 值	P 值
常数项	0.481	0.033		14.499	0.000
固定资产投资占 GDP 比重	-0.005	0.009	-0.029	-0.508	0.042
科技人员数（人）	-0.006	0.002	-0.166	-2.862	0.005
教育水平	0.003	0.007	0.123	2.164	0.031
森林覆盖率	-0.018	0.008	-0.129	-2.244	0.026
$R^2 = 0.792$	调整 $R^2 = 0.776$	F = 157.66	Sig. F = 0.046		

对回归模型依次进行拟合优度检验、回归方程显著性检验和回归系数显著性检验。该模型中，$R^2 = 0.892$，调整后 $R^2 = 0.876$，这表明整个回归模型能解释因变量87.6%的变化范围，解释力较高。F = 157.66，整个回归方程比较显著。所有自变量回归系数的 t 检验中，P 值都低于0.05，说明在95%的显著性水平上都通过检验。另外，模型的 VIF 值较小，自变量之间不存在多重共线性。整个回归方程拟合优度较高。根据回归结果，对应的多元线性回归方程为：

$$PI = 0.481 - 0.005FAI - 0.006TEC + 0.003EDU - 0.018FC \qquad (5-3)$$

多元回归的结果表明，在绿色缺乏型贫困区域，固定资产投资规模对贫困发生率产生负向影响，固定资产投资占 GDP 比重每提高1%，贫困发生率将下降0.5%，说明固定资产投资的扩大，能够拉动贫困地区的经济发展，推动人均收入提高，这与我们的先验预期一致。科技水平对区域脱贫致富也有显著影响，"万人拥有科技人员数"每增加1人，地方贫困程度下降0.6%，该数值高于固定资产投资的影响，表明科技水平的提高将对绿色缺乏型地区的脱贫致富产生强大助力。科技部发布了 2011 年度全国科普统计数据，数据表明，2011 年中国每万人拥有科普人员 14.42 人。但是，所有连片区贫困县统计数据来看，科技相关人员比重都远远低于国家平均水平。文盲半文盲占 15 岁以上人口比重与贫困发生率之间为负向关系，但变量系数绝对值最大，文盲半文盲占 15 岁以上人口的比例上升 1 个单位，将会使区域的贫困发生率上升 0.3 个单位，如此之大的弹性系数启示做好绿色缺乏型地区的脱贫工作，需要在教育发展上多下工夫。森林覆盖率对绿色缺乏型地区的农村贫困率也产生了负向的显著影响，如果森林覆盖率能够提升 1 个单位，区域的贫困率将下降 1.8 个单位，从中可以看出，稀缺的绿色资源在很大程度上限制了这些地区的经济发展和人均收入增加，森林覆盖率的增加对绿色缺乏型地区脱贫具有较大意义。

　　二是绿色富集型区域。仿照上文的逻辑思路，同样依次对绿色富集型贫困区域各自变量与因变量作相关性检验（见表 5－14）。

表 5－14　　　　　　　　　绿色丰富型贫困区域相关分析

	FAI	FD	TEC	UR	EDU	FC
皮尔逊相关系数	－0.758	0.055	0.638	－0.785	0.994 **	－0.793
P 值（双尾检验）	0.007	0.735	0.051	0.027	0.001	0.044
样本容量	312	312	312	312	312	312

　　相关分析发现，FAI、TEC、UR、EDU、FC 等变量都与农村贫困发生率变量相关，依据其相关关系及散点图，假定其回归方式为多元线性回归，模型形式如下：

$$PI = b_1 FAI + b_2 FD + b_3 TEC + b_4 UR + b_5 EDU + b_6 FC + C \quad (5-4)$$

其中，b_1、b_2、…、b_6 代表各自变量系数，C 为常数项。

　　回归结果见表 5－15，经计算，模型调整后 $R^2 = 0.637$，进入回归模型的自变量可解释因变量 63.7% 的变化率，F 统计检验也显著，但在各自变量中，FC、UR 变量回归系数不显著，这意味着森林覆盖率与城镇化率对绿色富集型区域的贫困程度没有明显影响。

表 5 – 15　　　　　　　　　　绿色丰富型贫困区域回归结果

	回归系数	标准误	标准化回归系数	T 值	P 值
常数值	0.322	0.065		4.971	0.000
固定资产投资占 GDP 比重	− 0.014	0.013	− 0.059	− 1.046	0.096
科技人员数	− 0.001	0.002	0.026	0.466	0.042
受教育水平	0.758	0.214	0.210	3.540	0.000
森林覆盖率	0.086	0.080	0.063	1.065	0.288
城镇化率	− 0.087	0.097	− 0.051	− 0.899	0.370
$R^2 = 0.672$	调整后 $R^2 = 0.637$	F = 112.7	Sig. F = 0.035		

我们在模型中剔除出这两个变量，重新进行回归，结果见表 5 – 16。

表 5 – 16　　　　　　　　　　剔除变量后的回归分析结果

	回归系数	标准误	标准化回归系数	T 值	P 值
常数项	0.373	0.026		14.239	0.000
固定资产投资占 GDP 比重	− 0.014	0.013	− 0.063	− 1.130	0.042
科技人员数	− 0.011	0.009	0.014	0.242	0.009
受教育水平	0.012	0.010	0.019	3.472	0.001
$R^2 = 0.774$	调整后 $R^2 = 0.721$	F = 1362.7	Sig. F = 0.022		

在删除不显著的变量后，模型的拟合优度有了进一步提高。根据回归系数，绿色富集型贫困区回归模型的具体形式为：

$$PI = 0.373 - 0.014FAI - 0.011TEC + 0.012EDU \qquad (5 - 5)$$

从回归结果看，固定资产投资占 GDP 比重系数为 − 0.014，说明该变量对绿色丰富型贫困地区的贫困发生率产生了负向影响，该变量每变化 1 个单位，贫困发生率减少 1.4 个单位。科技人员数量每增加 1 个单位，贫困发生率将减少 1.1 个单位。文盲半文盲率降低 1 个单位，贫困发生率将随着降低 1.2 个单位。

将表 3 - 12 和表 3 - 15 相比较，可以观测出固定资产投资规模、教育水平等经济社会变量对两个贫困类型区影响的异同。对两种类型的贫困区域，固定资产投资规模、科技水平和受教育水平都是贫困发生率的重要影响因素，但影响程度不同。固定资产投资增加和受教育水平提高对绿色富集区域降低贫困发生率的作用要远高于绿色缺乏型区域，而科技人员增加对绿色富集区域的边际影响则低于绿色缺乏区域。另外一个较为明显的区别是，森林覆盖率对绿色缺乏型区域的贫困发生率有显著影响，而对绿色富集型区域并没有产生影响。

以上分析具有重要的政策含义：贫困地区需要通过各种形式，努力扩大固定资产投资规模和比重，增加教育和科研投入。其中，对绿色缺乏型贫困区域，还要根据区位特点和地理条件，增加森林覆盖率。

5.2.2　贫困发生率与城镇化率非线性指数关系

1. 绘制散点图判断变量之间的关系

从以上的线性回归分析可以看出，在对 606 个县样本以及绿色缺乏型贫困区域进行相关性分析的过程中，城镇化率（UR）并没有表现出明显的相关性；然而，就绿色资源富集型区域而言，城镇化率（UR）（P = 0.027）在 95% 的置信区间内通过显著性检验。为了更好地考察城镇化率与贫困发生率的交互关系，采用非线性回归对两者的关系进行进一步考察。首先，从城镇化率与贫困发生率两个变量散点图判断它们的关系。从两个变量散点图来看，两个变量之间存在非线性关系，如图 5 - 3 所示。

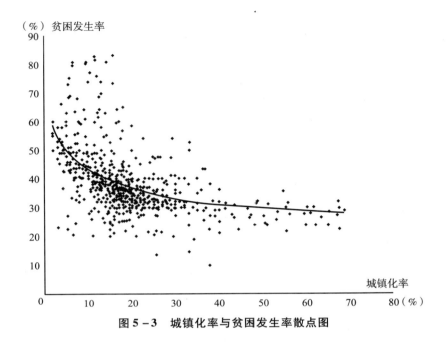

图 5 - 3　城镇化率与贫困发生率散点图

从散点图来看，由于大多数县贫困发生率都集中在 30% ~ 50%，城镇化水平在 10% ~ 30%，因而城镇化率超过 30% 以后效果不明显，但贫困发生率总体存在下降趋势。城镇发生率在 0 ~ 30%，城镇化率提升对于促进当地经济发展的作用非常明显，而城镇化率超过 30% 以后作用开始逐渐放缓。一是因为城镇化率超过 30% 的县样本比重相对不大；二是因为城镇化水平提高到一定程度会产生一定的贫富分化，因而减弱了扶贫效果。

2. 分析模型的设定

回归分析是研究和把握确定及非确定变量关系的一种常见方法。非线性回归分析，与回归分析相比，虽然都是作为数理统计的一部分，但由于其在科学实验、数理模型的建立、分析预测、管理决策以及自动控制方面存在的显著意义，也得到了广泛的应用。从图 5 - 3 可以看出，贫困发生率随着城镇化率的变化呈非线性过程，而且存在一个与横坐标近似平行的渐进线，从曲线的变化情况来看，可以用指数模型进行拟合，将模型形式初步设定为：

$$PI = a \times e^{b \times UR}$$

其中 b 为系数，a 是常数项。

借助 SPSS16.0 数据处理平台，分析该模型的拟合程度，详见表 5 - 17。调整的 $R^2 = 0.723$，说明设定的模型能解释因变量 72.3% 的变化。方差分析中，F 值为 28.13，在 95% 的置信区间内通过显著性检验，说明模型拟合效果较好。

表 5 - 17　　　　　　　　城镇化率与贫困发生率方差分析

	平方和	均方	F	Sig.
回归	1.229	1.229	28.13	0.005
残差	37.655	0.151		
总计	38.885			

3. 分析检验

表 5 - 18 显示，以上分析所构建的模型，其回归系数值在 5% 的水平通过 t 检验，确定最终拟合模型表达式为：

$$PI = 44.459 \times e^{-0.007 \times UR}$$

表 5 - 18　　　　　　　　城镇化率与贫困发生率回归系数

	非标准化系数	标准误	标准化系数	t	Sig.
UR	- 0.007	0.003	- 0.178	- 2.851	0.005
常数项	44.459	2.275		19.542	0.000

注：被解释变量为 ln(PI)。

从城镇化率与贫困发生率之间散点图和非线性回归结果来看，城镇化确实对于促进当地经济发展、农民收入的提高有着重要的推动作用。贫困发生率随着城镇化率增加而一直下降。由于不同贫困地区人口规模差异明显，因而也不能一味追求城镇化发展来降低贫困的发生。在武陵山、大别山、秦巴山等容易融入周边发达城市圈和经济圈的连片区可以试着通过生态移民，发展第二、第三产业，实施户籍制度、土地经营制度的改革，吸引周边山区农民进城或者到所在中心乡镇开展生产和生活。

5.2.3 森林覆盖率与贫困发生率非线性三次方关系分析

1. 绘制散点图判断变量之间的关系

之前按照绿色丰富型贫困和绿色缺乏型贫困将森林覆盖率与贫困发生率之间作了简单的线性分析，结果得出绿色缺乏型贫困地区即森林覆盖率在43.2%以下的贫困地区森林覆盖情况与贫困发生率存在线性关系，而绿色丰富型贫困地区森林覆盖率与贫困发生率不存在线性关系。基于上述的线性回归分析，在对606个样本进行相关性分析的过程中，森林覆盖率（FC）并没有表现出明显的相关性；然而，就绿色资源富集型区域以及绿色资源缺乏型区域而言，森林覆盖率（FC）均在95%的置信区间内通过显著性检验。为了更好地考察森林覆盖率与贫困发生率的交互关系，这里从散点图的角度对两者的关系进行了考察，图5-4的趋势表明，两个变量之间存在非线性关系。

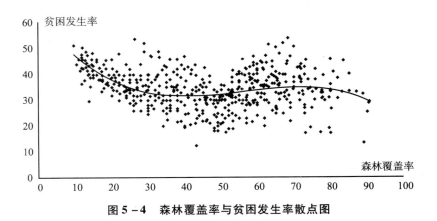

图5-4 森林覆盖率与贫困发生率散点图

2. 模型设定

从曲线的变化情况来看，可以用指数模型进行拟合，将模型形式初步设定为

$$PI = a \cdot FC + b \cdot FC^2 + c \cdot FC^3 + d$$

即三次方形式，其中 a、b、c 是系数，d 是常数项。

分析结果表明，调整的 R^2 为 0.787，设定的模型能解释因变量 78.7% 的变化率。方差分析表明，F = 22.33，通过显著性检验，说明模型整体拟合效果较好（见表 5 - 19）。

表 5 - 19　　　　　　　　森林覆盖率与贫困发生率方差分析

	平方和	均方	F	Sig.
回归	1 164.603	1 164.603	22.328	0.000
残差	26 809.777	52.159		
总计	27 974.380			

3. 分析检验

表 5 - 20 显示，以上分析所构建的模型，其回归系数值在 1% 的水平通过 t 检验，确定最终拟合模型表达式为：

$$PI = 62.178 - 1.82FC + 0.035FC^2 + 0.012FC^3$$

表 5 - 20　　　　　　　　森林覆盖率与贫困发生率回归系数

	未标准化系数值	标准误	标准化系数值	t	Sig.
FC	- 1.820	0.231	- 4.750	- 7.883	0.000
FC^2	0.035	0.005	8.713	6.743	0.000
FC^3	0.012	0.000	- 4.284	- 5.863	0.000
常数项	62.178	3.034	—	20.495	0.000

注：被解释变量为贫困发生率（PI）。

从 13 个连片区的 606 个县森林覆盖率与贫困发生率之间散点图和回归方程来看，森林覆盖率与贫困发生率存在着三次方的非线性关系。森林覆盖率在 0~40%，贫困发生率随着森林覆盖率的上升有明显下降趋势，贫困发生率从 50% 下降到 32% 左右；尤其是森林覆盖率在 0~25% 的时候贫困发生率下降速度很快；森林覆盖率在 40%~65% 的时候，贫困发生率随着森林覆盖率的上升而开始缓慢上升；森林覆盖率在 65%~70% 是贫困发生率基本维持在 35% 左右；森林覆盖率超过 70% 以后，贫困发生率又开始随着森林覆盖率的上升而逐渐下降，最后当森林覆盖率达到 90% 左右，贫困发生率开始下降到 25%，甚至有一个县贫困发生率降到 10% 以下，低于 2 300 元贫困线标准的全国贫困发生率。也许还受到样本量的影响，606 个县中森林覆盖率超过 70% 的县所占比重不多。

说明，森林覆盖率在绿色缺乏型贫困地区，对于促进生态保护、经济发展有着较大的影响；而当森林覆盖率上升到一定程度的时候，不但对经济发展没有正面影响，反而一定程度上还成为一种负担。例如，退耕还林、自然保护区的设立将一些原本可以发展生产的土地变为林地，而补偿款不多，受到物价上涨购买力下降的影响，林地见效慢，林业收入远远不及之前将该片地用于种植时候的收入，因而经济发展受到影响。只有当森林覆盖率达到 70% 左右的时候，森林林木蓄积量达到一定的量，林产业潜力才被逐渐发掘，当地政府和农民才将森林看作一种实实在在的资源加以保护和合理开发。以上的这种现象在目前中国贫困地区才出现的，并不代表其他发达地区也是这样。因为，以森林为主体的绿色资源开发进入门槛比较高，需要的技术、资金和人才比非可再生资源的要求更为严格，贫困地区只能负担简单的技术、低层次人才和少量的资金。如果进一步加大贫困地区科技、教育投入和人才引进、企业引进，或许随着森林覆盖率上升，贫困发生率会一直处于下降趋势。

5.3　本　章　小　结

本章主要对绿色贫困影响的固定资产投资、城镇化、森林覆盖率、科技水平、教育水平、财政收支等因素之间开展聚类和线性、非线性回归分析。

根据利用欧氏距离平方法对绿色丰富型贫困地区和绿色缺乏型贫困地区进行了各自聚类分析。根据结果，将绿色丰富型贫困分为三类：一是具有相对较高固定资产投资和高森林覆盖率特征，同时包括社会经济与自然保护同步发展的"两高"地区，而科技水平表征为技术人员和技术设备的投入，较其他类别，处于中等水平，受教育水平远高于其他类别，即文盲率较低的地区；二是科技水平和文盲率为代表的"两高"地区，森林覆盖率较低，固定资产投资情况中等的地区；三是森林覆盖率，科技水平以及受教育水平较其他地区并未表现出明显的优势，而固定资产投资水平处于最低的地区。绿色缺乏型贫困分为三类：一是固定资产投资和科技水平相对较高，受教育水平中等的地区；二是教育水平相对较高，固定资产投资和科技水平中等的地区；三是固定资产投资、科技水平以及受教育水平较其他地区都未表现出明显的优势，森林覆盖率处于最低水平的地区。针对两类不同地区的聚类结果，本章提出了一些简单的发展建议。

接着，本章同样以绿色丰富型贫困和绿色缺乏型贫困为依据对影响贫困发生的因素进行线性和非线性的回归分析。线性回归结果是：对两种类型的贫困区域，固定资产投资规模、科技水平和受教育水平都是贫困发生率的重要影响因素，但影响程度不同。固定资产投资增加和受教育水平提高对绿色富集区域降低贫困发生率的作用要远高于绿色缺乏型区域，而科技人员增加对绿色富集区域的边际影响则低于绿色缺乏区域。另外一个较为明显的区别是，森林覆盖率对绿色缺乏型区域的贫困发生率有显著影响，而对绿色富集型区域并没有产生影响。为了更好地考察城镇化率与贫困发生率的交互关系，从城镇化率与贫困发生率之间散点图和回归结果来看，两个变量之间存在非线性指数关系，城镇化确实对于促进当地经济发展、农民收入的提高有着重要的推动作用。从 13 个连片区的 606 个县森林覆盖率与贫困发生率之间散点图和回归方程来看，森林覆盖率与贫困发生率存在着三次方的非线性关系，贫困发生率随着森林覆盖率增加出现先下降后回升又下降的趋势；在森林覆盖率较低的贫困地区，提高森林覆盖率对经济发展有着较大的影响；而当森林覆盖率上升到一定程度的时候，不但对经济发展没有正面影响，反而一定程度上还成为一种负担；只有当森林覆盖率继续上升达到一定程度的时候，当地政府和农民才将森林看作一种实实在在的资源加以保护和合理开发。

中国绿色贫困的主要案例分析

6.1 "三江并流"及相邻地区

6.1.1 "三江并流"及相邻地区形成和范围

受地质构造运动尤其是喜马拉雅造山运动的影响，整个横断山脉同青藏高原一起迅速隆起，构成四山夹三江的"三江并流"地貌。"三江并流"（金沙江、澜沧江、怒江）流域范围内山脉连绵，江河纵横，高山峡谷相间，零星分布着高原台地和宽谷草场，行成了"三江并流"及相邻地区内各行政区域共同的，独有的地貌特征和特殊的经济社会现象，具有典型性和唯一性。

"三江并流"及相邻地区位于云南省、四川省和西藏自治区的交界地区，是中国长江中下游和东南亚陆地国家重要水源涵养区和生态屏障，维系着区域性、国际性的生态安全。该地区具有同等自然生态价值和保护任务，地域相邻、自然地带以及经济社会发展特征相似。1956年，罗开富主编的《中国自然区划草案》按照自然地理特征，将该地区中四川、西藏部分和云南省统称为"康滇地区"。由于特殊的自然地理环境，这一区域长期处于绿色资源富集、自然生态封闭和经济发展落后的状态，该区域面临着捧着绿色资源的"金饭碗"讨饭吃的困难局面，困扰着当地政府和群众，资源开发与生态保护的矛盾极为突出。

2011 年，国家划定了 11 个连片区中涉及该地区的有滇西边境山区、四省藏区和实行特殊扶贫政策的西藏自治区。其中，滇西边境山区总数是 56 个县、四省藏区总数是 77 个县，西藏自治区总数是 74 个县。

在参考相关资料的基础上，本章以"三江并流"核心平行部分为中心，以三江河流实际有限发散标志处为界；在流域自然范围的基础上，结合流域所在的县域行政单元，确定 23 个县（区）作为"三江并流"及相邻地区的研究范围（见图 6 - 1），总面积 169 313.52km²。"三江并流"及相邻地区包括的 23 个县，分属于三个连片区，其中滇西边境山区的四个州（市）共 11 个县；西藏自治区的两个地区共 4 个县；四省藏区的三个州共 8 个县（见表 6 - 1）。该地区所属西部欠发达地区，是

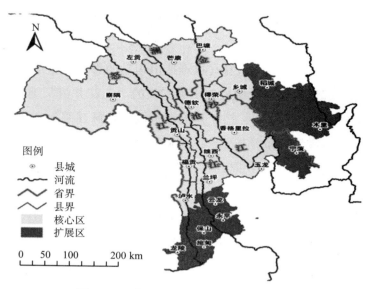

图 6 - 1　"三江并流"及相邻地区范围

中国边疆绿色贫困带和青藏高原边缘线绿色贫困带，总体来说各地区经济实力薄弱、贫困面广、贫困程度深、扶贫开发任务较重。

表 6-1　　　　"三江并流"及相邻地区各县在连片区中的分布

所属连片区	所在州（市、地）	县名称
滇西边境山区	保山市	隆阳区、施甸县、龙陵县
	丽江市	玉龙县、宁蒗县
	大理市	云龙县、永平县
	怒江州	泸水县、福贡县、贡山县、兰坪县
西藏自治区	昌都地区	昌都县、左贡县、芒康县
	林芝地区	察隅县
四省藏区	甘孜州	巴塘县、乡城县、稻城县、得荣县
	凉山州	木里县
	迪庆州	香格里拉县、德钦县、维西县

注：甘孜州 4 县，保山市隆阳区、丽江市、玉龙县不在 2012 年国家扶贫开发工作重点县名单之列。

6.1.2　"三江并流"及相邻地区资源禀赋与环境特征

"三江并流"及相邻地区森林资源丰富，生物多样性得到了很好的保护。2010 年，"三江并流"及相邻地区 23 个县森林总面积为 1 059.9033 × 10^{4}hm^2，占该区域国土总面积的 60.6%，远远高于全国和所在省份的平均水平，其中贡山县森林覆盖率最高，达到 78.36%；23 个县中有 18 个县森林覆盖率在 50% 以上（见表 6-2）。该地区涉及的 3 个省（区）中，云南省森林覆盖率最高，5 个州（市）的 14 个县森林覆盖率平均达 68.6%，高于云南省平均水平约 20 个百分点，高于全国平均水平 48.2 个百分点。云南西部横断山区的森林面积占全省有林地总面积的 61% 左右，森林蓄积量占全省森林蓄积量的 77.4%，森林集中分布的迪庆、怒江、丽江三个州，占全省森林蓄积

量的34%，森林覆盖率为32.7%（罗民波等，2001）。调查收集到的
资料显示，2011年，怒江州4个县的平均森林覆盖率为73.2%，其
中贡山县的森林覆盖率最高，达到78.36%；施甸县的森林覆盖率最
低也达44.8%。云南省在该区域的国土面积占全省的10.38%，而活
立木蓄积占全省的24.63%；国土面积仅占全国的0.41%，活立木蓄
积却占全国的2.83%。甘孜州是四川省重要的牧区，纳入该地区的4
个县除了保存大量天然草地和人工草地以外，森林覆盖率也较高，其
中乡城县森林覆盖率达到52.23%，森林覆盖率最低的得荣县是全国
三大石漠化县之一，其森林覆盖率也达到21.9%。西藏自治区4个
县，森林覆盖率也均远远高于全国和本省平均水平。

表6-2　　　　　"三江并流"区各县2011年森林资源

州市	县名称	国土总面积 （hm²）	森林面积 （hm²）	森林覆盖率 （%）	活立木蓄集量 （10⁴m³）
迪庆	德钦县	727 301	521 965.4	71.77	7 008.2
	维西县	447 664	334 975.3	74.83	4 599.4
	香格里拉县	1 141 739	856 205.4	74.99	12 522.1
丽江	玉龙县	620 029	448 044.8	72.26	4 580.0
	宁蒗县	602 500	421 750.0	70.00	—
怒江	福贡县	274 600	210 338.4	76.60	3 432.6
	贡山县	437 579	342 907.4	78.36	6 378.3
	泸水县	321 148	229 730.5	71.53	3 656.0
	兰坪县	437 238	289 959.6	66.32	3 148.4
大理	云龙县	437 300	283 328.3	64.79	2 378.2
	永平县	279 024	197 026.5	70.61	1 057.8
保山	隆阳区	485 551	269 151.9	55.43	2 102.1
	腾冲县	570 088	403 195.3	70.73	4 872.0
	施甸县	195 314	87 493.9	44.80	565.5
	龙陵县	279 579	189 693.2	67.85	1 296.0

续表

州市	县名称	国土总面积 （hm²）	森林面积 （hm²）	森林覆盖率 （%）	活立木蓄集量 （10⁴m³）
甘孜	稻城县	732 300	339 700.0	47.80	2 439.9
	乡城县	501 600	321 600.0	52.23	1 994
	得荣县	291 366	63 900.0	21.90	865
	巴塘县	785 200	353 100.0	28.10	2 668.06
凉山	木里县	1 325 200	893 000.0	67.30	11 700
林芝	察隅县	3 165 900	1 899 540.0	60.00	23 000
昌都	左贡县	1 170 000	525 000.0	44.87	—
	昌都县	1 100 000	530 000.0	48.18	—
	芒康县	1 163 220	587 426.1	50.50	—

注：表中数据为实际调查所得。

　　"三江并流"及相邻地区受印度洋的暖湿气流与青藏高原的冷空气交汇影响，降水丰沛；同时，又地处中国地势第一阶梯向第二阶梯过渡的地带，河床比降大，水能资源异常丰富。其中，怒江州水资源总量达 $894.15 \times 10^8 m^3$，水能理论蕴藏量达 $2\,000 \times 10^4 kW$，占云南省总蕴藏量的 11.6%，可开发的水能资源装机容量为 $1\,774 \times 10^4 kW$；迪庆州水资源总量为 $119.7 \times 10^8 m^3$，可开发利用水能资源在 $1\,370 \times 10^4 kW$ 以上；甘孜州水资源总量为 $1\,397.8 \times 10^8 m^3$，占四川省河川径流量地表水资源总量的 1/3 以上，水能理论蕴藏量 $3\,729 \times 10^4 kW$，占四川全省的 27%；昌都地区水资源总量达 $771.1 \times 10^8 m^3$，天然水能总蕴藏量达 $3\,104 \times 10^4 kW$，占西藏自治区的 30%（见图6-2）。由于受到政策、地质结构和开发技术限制，目前这一区域蕴藏的丰富水能资源还未得到开发。

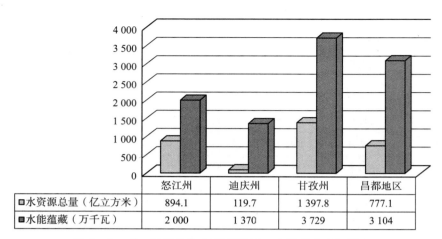

	怒江州	迪庆州	甘孜州	昌都地区
□水资源总量（亿立方米）	894.1	119.7	1 397.8	777.1
■水能蕴藏（万千瓦）	2 000	1 370	3 729	3 104

图 6 - 2　"三江并流"及相邻地区 4 个地州水资源情况

资料来源：迪庆州着力提高水资源利用率. http://www.shangri-lanews.com，2011 - 7 - 25；对西藏东部经济区发展有关问题的思考. http://bbs.news.163.com.2008 - 3 - 24.

该地区是横断山区生物区系的典型代表和核心地带，是中国生物多样性最丰富的地区之一，名列中国生物多样性保护 17 个"关键地区"的第一位，贡嘎山、"三江并流"核心区、中甸—木里地区、金沙江山沟高山峡谷区、怒江—澜沧江高山峡谷区等都被列入长江上游森林生态区内的生物多样性保护优先区（吴波等，2006）。

6.1.3　"三江并流"及相邻地区的贫困问题

1. 经济基础薄弱，产业发展落后

"三江并流"及相邻地区大部分县域经济规模较小，产业结构单一，第一产业占优势比重较大，初级产品较多，低价值的劳动投入多，产品商业化程度低，尤其是高新技术产业和服务业在经济增长中所占比重极低。因此，各县 GDP 小，产业结构发育不完善，经济仍处于粗放型增长阶段。

调查资料显示，2010 年该地区 23 个县，仅有隆阳区的 GDP 过百亿元，达到 107.33 亿元，其余近 70% 的县 GDP 不超过 20 亿元；四川的 5

个县和西藏的 4 个县 GDP 均不超过 15 亿元；四川省的得荣县 GDP 总量仅为 3 亿元，西藏自治区察隅县 GDP 也仅为 2.9 亿元（见图 6 - 3）。

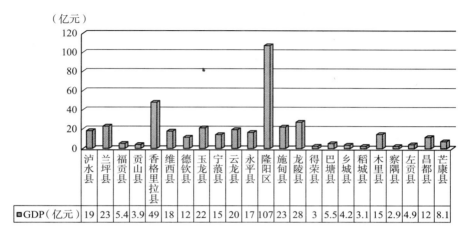

GDP（亿元）	泸水县	兰坪县	福贡县	贡山县	香格里拉县	维西县	德钦县	玉龙县	宁蒗县	云龙县	永平县	隆阳区	施甸县	龙陵县	得荣县	巴塘县	乡城县	稻城县	木里县	察隅县	左贡县	昌都县	芒康县
	19	23	5.4	3.9	49	18	12	22	15	20	17	107	23	28	3	5.5	4.2	3.1	15	2.9	4.9	12	8.1

图 6 - 3　"三江并流"及相邻地区各县 2010 年地区生产总值

2010 年，中国人均 GDP 为 29 992 元，云南省为 15 749 元，四川省为 17 319 元，但该地区各县人均 GDP 均未超过中国平均水平，其中人均 GDP 最高的香格里拉县也仅为 29 179 元，最小的是福贡县为 5 600 元（见图 6 - 4）。大部分县人均 GDP 仅为全国平均水平的 35% ~40% 。

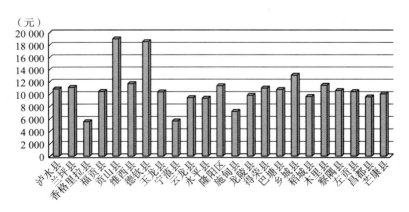

图 6 - 4　"三江并流"及相邻地区各县 2010 年人均生产总值

2. 地方政府财力有限，地方性扶持力度小

该地区社会经济落后，财政自给率较低，发展所需的资金、技术主要依靠中央和兄弟省市的帮助和扶持。20 世纪 70 年代中期以来，该地区内各地州不同程度地把木材采运业作为地区经济发展的支柱产业，支持了国家建设，也带来了所谓的"木头财政"。国家实施生态保护工程以后，给予的补助和生态补偿资金杯水车薪，地方财政陷入困境。

该地区经济发展的积贫积弱致使当地政府财政自给率非常低，财政收支严重失衡、入不敷出，区域内各县之间财政收入差异性较大（见图 6 – 5）。从调查收集的资料汇总来看，2010 年该地区的 23 个县中，只有隆阳区的财政收入最高为 7.48 亿元，泸水、福贡等 16 个县财政收入不足 2 亿元，其中福贡、贡山、得荣、察隅和左贡的财政收入分别是 0.27 亿元、0.26 亿元、0.25 亿元、0.13 亿元和 0.12 亿元。2010 年，怒江州的泸水县、福贡县、贡山县、兰坪县 4 个县的财政自给率分别为 16.88%、5.02%、5.83% 和 34.37%（中国人民银行怒江州中心支行课题组，2011）。

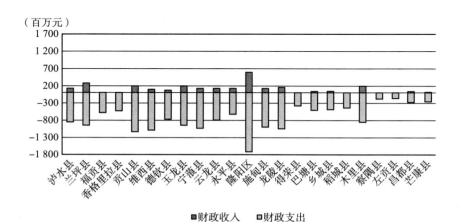

图 6 – 5　"三江并流"及相邻地区各县 2010 年财政收支

3. 贫困面广、程度深，人民增收困难

该地区贫困县所占比重较大，有 13 个县列入 2012 年调整后的国家扶贫工作重点县名单，加上西藏全区都实行特殊扶贫政策，因此，该地区 23 个县中有 17 个县被明确为国家层面的重点扶贫对象（见表 6-3）。其中，怒江州的 4 个县均为国家扶贫开发重点扶持县，调查得到的资料显示，2010 年全州贫困人口发生率约为 35%，高出云南全省 21.4 个百分点，高出全国 32.2 个百分点，全州还有人均纯收入低于当年 1 196 元全国贫困线标准的贫困人口 14.07 万人（其中，785 元以下深度贫困人口 5.89 万人），占全州农村总人口的 33.8%；按照人均纯收入 2 300 元的新贫困标准，全州绝大部分群众处于贫困线以下。该地区少数民族聚集区贫困现象更为严重，扶贫攻坚形势非常严峻。

表 6-3　　　　　　　"三江并流"地区国家扶贫工作重点县名单

地区	国家扶贫工作重点县	地区	国家扶贫工作重点县
怒江	泸水县、福贡县、贡山县、兰坪县	丽江	宁蒗县
大理	云龙县、永平县	保山	施甸县、龙陵县
迪庆	香格里拉县、德钦县、维西县	昌都	左贡县、昌都县、芒康县
凉山	木里县	林芝	察隅县

"三江并流"及相邻地区非农业人口少，城镇化水平较低，城镇居民收入也较低。2010 年全国城镇居民人均可支配收入为 19 109 元、云南为 16 064 元、四川为 15 461 元、西藏为 14 980 元。但该地区城镇化率低，城镇经济收入来源单一，大部分城镇居民收入水平远远落后于全国和所在省份平均水平。通过对该地区 18 个县 2010 年城镇居民人均可支配收入统计数据的汇总分析看出，只有香格里拉县超过全国平均水平，而云龙县最低，仅为 7 995 元，是云南省的 49.77%；其中，云南省的 13 个县也只有德钦、香格里拉这 2 个县超过本省平均水平；四川

省4个县，均未达到全省平均水平；昌都县城镇居民人均可支配收入也仅为西藏全区的86.25%（见图6-6）。

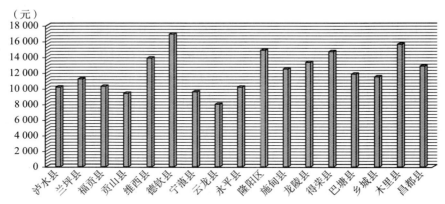

图6-6 "三江并流"及相邻地区各县2010年城镇居民人均可支配收入

注：稻城、玉龙、察隅、左贡、芒康等县城镇人口较少，缺少这一项统计。

该地区农牧民所占比重较大，四川甘孜部分县90%以上的人口都为农牧民。各县的农民人均纯收入明显偏低，远远低于全国、西部同地区和所在省份的平均水平。

2010年全国农民人均纯收入为5 919元，调查数据显示，该地区23个县没有一个达到全国平均水平，云南省只有香格里拉县、玉龙县、隆阳区达到全省平均水平，而福贡县和贡山县分别仅达到1 460元和1 733元，分别占本省水平的36.94%和43.85%，不到全国平均水平的30%（见表6-4）。当地农牧民为了生存对自然资源长期依赖性，同时"贫困幅面大、程度深"的现状在一定程度上加剧了生态环境的压力。

表6-4 "三江并流"及相邻地区2010年农民人均纯收入

县名称	农牧民人均纯收入（元）	占本省比例（%）	县名称	农牧民人均纯收入（元）	占本省比例（%）
泸水县	2 214	56.02	施甸县	3 116	86.29
兰坪县	2 250	56.93	龙陵县	3 376	85.43

续表

县名称	农牧民人均 纯收入（元）	占本省比例 （%）	县名称	农牧民人均 纯收入（元）	占本省比例 （%）
福贡县	1 460	36.94	得荣县	2 498	49.12
贡山县	1 733	43.85	巴塘县	2 066	40.62
香格里拉	4 078	103.19	乡城县	2 100	41.29
维西县	3 269	82.72	稻城县	2 266	43.69
德钦县	3 372	85.32	木里县	3 456	56.39
玉龙县	4 413	111.66	察隅县	3 531	85.33
宁蒗县	2 387	60.40	左贡县	3 590	86.76
云龙县	2 378	60.17	昌都县	4 101	99.11
永平县	3 060	77.43	芒康县	3 655	88.33
隆阳区	4 090	103.49			

注：稻城县为 2009 年数据，木里县为 2011 年数据。

6.2　秦巴山连片区

6.2.1　秦巴山连片区的范围

秦巴山区有众多的小盆地和山间谷地相连接，其中以汉中盆地、西乡盆地、安康盆地、汉阴盆地、商丹盆地和洛南盆地最为著称。汉川平原和安康盆地的月河川道，比起陕北和关中更有着得天独厚的优势，这里土地肥沃、气候温和、河流纵横、阡陌交错，是陕南的主要产粮区。

秦巴山连片区涉及河南、湖北、重庆、四川、陕西、甘肃 6 省（市）的 18 个地（州、市）、75 个县（市、区），在全国除开特殊政策西藏、四省藏区和新疆南疆三地州以外的 11 个连片区中涉及的省份最多、国土面积最大（见表 6 - 5）。其中，陕西省在秦巴山区中的县最多，总共有 29 个县列入其中，尤其是汉中市、安康市和商洛市的大部分县都被涵盖其中。秦巴山区集革命老区、大型库区为一体，贫困因素复杂。

表 6 - 5　　　　　　　　　秦巴山连片区行政范围

省（市）	市（地、州）	贫困县
河南（10）	洛阳市	嵩县、汝阳县、洛宁县、栾川县
	平顶山市	鲁山县
	三门峡市	卢氏县
	南阳市	南召县、内乡县、镇平县、淅川县
湖北（7）	十堰市	郧县、郧西县、竹山县、竹溪县、房县、丹江口市
	襄樊市	保康县
重庆（5）	重庆市	城口县、云阳县、奉节县、巫山县、巫溪县
四川（15）	绵阳市	北川县、平武县
	广元市	元坝区、朝天区、旺苍县、青川县、剑阁县、苍溪县
	南充市	仪陇县
	达州市	宣汉县、万源市
	巴中市	巴州区、通江县、南江县、平昌县
陕西（29）	西安市	周至县
	宝鸡市	太白县
	汉中市	南郑县、城固县、洋县、西乡县、勉县、宁强县、略阳县、镇巴县、留坝县、佛坪县
	安康市	汉滨区、汉阴县、石泉县、宁陕县、紫阳县、岚皋县、平利县、镇坪县、旬阳县、白河县
	商洛市	商州区、洛南县、丹凤县、商南县、山阳县、镇安县、柞水县
甘肃（9）	陇南市	武都区、成县、文县、宕昌县、康县、西和县、礼县、徽县、两当县

6.2.2　秦巴山连片区自然资源及生态环境

秦巴山区是长江和黄河干支流的重要生态屏障,受到独特的气候、地形影响,水、热、林、草及地方土特等绿色资源极为丰富。秦巴山北高南低,在南部有巴山山麓,这里群山毗连、重峦叠嶂,因此发育的河流较多,地跨黄河、长江和淮河三大流域;陕南的水能资源丰富,水能资源开发潜力巨大,同时也是南水北调中线工程丹江口水库的主要水源。目前已经确认的各类有种子植物 3 000 多种,野生动物 400 多种,依托丰富的动植物资源,还盛产蚕丝、中药、茶叶、油料等土特产品和名贵中药材。

秦巴山区是中国主要林区之一,大部分县都是国家林业重点县,森林覆盖率、植被覆盖率和活立木蓄积量都较高,在这么一个小的区域里森林资源集中度如此高,在全国来说都罕见。秦巴山区平均森林覆盖率达 58.33%,连片区 75 个县中有 59 个县森林覆盖率超过 50%,占连片区 75 个县的 78.7%,其中宁陕县森林覆盖率高达 90.2%,森林覆盖率在 70% 以上的县有 13 个。秦巴山区森林覆盖率远远高于全国平均水平和同类地区平均水平。表 6-6 中罗列了秦巴山区 53 个植被较好的县森林和植被覆盖情况,总体来看,经过近十年的生态工程建设,森林面积、植被覆盖面积和林分都在提升,森林覆盖率与植被覆盖率都较高,由于林分较好,秦巴山区中的活立木蓄积量也较多。这 53 个县中,活立木蓄积量超过 $1\,000 \times 10^4 \mathrm{m}^3$ 的县有 13 个县,其中平武县森林覆盖率 74.14%,由于林区面积较大,活立木蓄积量达到 $4\,000 \times 10^4 \mathrm{m}^3$。北川县林区面积较大,活立木蓄积量达到 $2\,124 \times 10^4 \mathrm{m}^3$。

表 6-6　　　　秦巴山连片区部分县的森林植被情况

县名称	森林覆盖率（%）	植被覆盖率（%）	活立木蓄积量（$10^4\mathrm{m}^3$）
嵩县	88.80	90.68	972
汝阳县	51.50	75.36	225

续表

县名称	森林覆盖率（%）	植被覆盖率（%）	活立木蓄积量（$10^4 m^3$）
洛宁县	60.00	79.98	530
栾川县	82.40	85.68	1 019
鲁山县	62.30	78.22	180
卢氏县	63.80	85.48	1 067
南召县	66.40	84.65	356
内乡县	60.50	78.80	350
镇平县	24.00	48.07	196
淅川县	51.30	75.25	198
郧县	56.00	85.91	300
竹山县	52.20	79.00	450
竹溪县	76.80	84.41	800
房县	75.00	86.00	438
丹江口市	50.54	82.85	525
保康县	79.30	86.69	400
城口县	55.70	86.69	1 000
云阳县	42.00	78.55	607.4
奉节县	42.58	73.27	889
巫山县	50.00	68.42	126
巫溪县	61.90	82.92	1 050
北川县	55.14	71.11	2 124
平武县	74.14	85.24	4 000
元坝区	53.00	61.11	506
朝天区	58.30	71.11	400
旺苍县	47.40	68.53	600
青川县	71.50	84.82	1 266
剑阁县	52.00	86.06	450
苍溪县	45.80	69.99	433
仪陇县	36.80	78.82	320

续表

县名称	森林覆盖率（%）	植被覆盖率（%）	活立木蓄积量（$10^4 m^3$）
宣汉县	55.00	88.82	1 267
万源市	61.30	84.00	642
巴州区	49.10	75.82	170
通江县	58.77	80.82	638
南江县	65.60	82.35	810
平昌县	45.20	79.39	480
周至县	66.60	87.81	1 899
南郑县	62.00	84.43	1 008
城固县	65.40	74.20	1 318
洋县	60.00	78.04	1 689
宁强县	58.50	83.92	595.5
镇巴县	52.60	80.01	808
留坝县	88.60	89.20	1 060
佛坪县	87.00	90.68	511
汉滨区	52.00	70.46	230
宁陕县	90.20	95.26	934
紫阳县	56.70	82.51	78
平利县	67.80	82.41	770
洛南县	61.30	80.00	551
商南县	56.10	69.40	399
成县	44.30	70.92	214
康县	58.50	79.00	800
徽县	59.50	81.84	300

注：数据是 2010~2012 年期间的数据，来源于各县所在省、地（州、市）统计年鉴、森林资源清查结果、林业生态建设规划、政府统计公报和各地区林业局网站以及政府网站发布的公告。

秦巴山在陕西省所占的面积最大，秦巴山区也是陕西省内生态保存最为完好、生态价值最高的区域，蕴含丰富的绿色资源和无形价值，保障汉江上游库区的生态安全。陕西省森林总面积 $771.4497 \times 10^4 hm^2$，林分总生物量为 $47 705.408 \times 10^4 t$，森林碳储量为 $23 852.704 \times 10^4 tC$，陕西省内碳密度最高、高于全国平均水平和碳密度最大的林区位于秦巴山区，秦巴山区是陕西森林碳储量的主要贡献者，森林生态系统贡献率为 3.14%（马琪，2012）。陕西镇平县的林地理论上涵养水源总量为 $0.48 \times 10^8 m^3$，水源涵养价值 0.58 亿元，全县的森林年可吸收二氧化碳 $64 \times 10^4 t$，释放氧气 $46.5 \times 10^4 t$，吸碳放氧的经济价值高达 7.6 亿元，总体推算镇平全县森林的净化环境总价值可以达到 7 亿元[①]。陕西宁陕县位于秦岭南麓中心地带，因森林覆盖率高而素有"秦岭立体资源宝库"之称，全县林地面积 $32 \times 10^4 hm^2$，活立木蓄积量 $934 \times 10^8 m^3$，森林覆盖率达 90.2%。

近年来，湖北十堰市以国家天保工程、退耕还林工程实施为契机，大力开展植树造林和封山育林，森林面积以每年 30 万亩的速度递增，目前全市森林覆盖率为 64.72%，有林地面积为 $129.89 \times 10^4 hm^2$，活立木蓄积量 $6\,645 \times 10^4 m^3$，有林地面积和活立木蓄积量均位于全省第一[②]。依托丰富森林资源和完好的森林生态系统，十堰市建成了国家级自然保护区 1 个、省级自然保护区 5 个。湖北竹溪县是全国 500 个资源富县，林特资源尤为丰富，人均林地占有量、活立木蓄积量都居湖北省各县市之首。

河南洛宁县是豫西北重要的水能资源富裕县，其中洛河流经在境内有 68km，年均过境水量有 $12.53 \times 10^8 m^3$，理论水能开发量 $16.64 \times 10^4 kW$，目前已建成了 7 个水电站，总装机达 $15 \times 10^4 kW$[③]。湖北竹溪县境内有大小河流 191 条，水能理论蕴藏量为 $110 \times 10^4 kW$，目前全县已建成并投产的水电站有 61 座，总装机达 $33 \times 10^4 kW$[④]。

6.2.3　秦巴山连片区的贫困问题

尽管秦巴山区拥有丰富的绿色资源，一直以来都是中国重要农业、

[①]　镇平林业生态县建设规划（2008～2012 年）.
[②]　湖北日报，2013 - 3 - 6.
[③]　洛宁县人民政府网. http://www. ha. xinhuanet. com/2012 - 07/03.
[④]　竹溪拟投资 6 亿多元大做水能文章. 十堰日报，2011 - 9 - 24（01）.

林业产品主要产区。但是，中国主要农林牧产区产业结构单一，产业链条较短，经济规模小，原来一些森工产业基本倒闭，而依托新资源发展起来的产业还处于政府扶持阶段，产值和收入较少，地方财政收入和农民收入都非常不乐观，尤其是农业税取消和农资、劳动力价格上涨，给地方政府和农民收入带来较大影响。

秦巴山区涉及 6 个省的 18 个地级行政单元①，从涵盖在连片区各地级行政单位中的县均地区生产总值情况来看（见图 6 - 7），这一连片区各地所辖县县均地区生产总值较低，并且内部差异性较大，其中河南的南阳市和洛阳市、四川达州市所辖县县均生产总值分别为 118.1 亿元、103.6 亿元和 94.6 亿元，与全国县均地区生产总值 139.4 亿元之间的差距较小。陕西宝鸡市、甘肃陇南市和四川绵阳市所辖县县均地区生产总值较少，分别为 9.1 亿元、17.8 亿元和 21.3 亿元，其余大部分地（州、市）所辖县县均生产总值都在 30 亿 ~ 80 亿元之间。

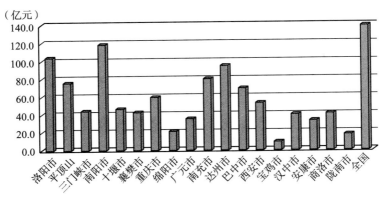

图 6 - 7　秦巴山区 18 个地所辖县 2010 年县均生产总值

地区生产总值反映了地区总体经济规模、经济发展状况，尤其是宏观经济运行状况的重要指标；人均生产总值是衡量一个地区人民生活水

---

① 重庆市为直辖市，因此没有地一级行政单位，将重庆总体作为一个行政单元。

平的重要标准，与购买力平价相结合，反映当地居民购买能力。总体来看（见图 6-8），秦巴山区贫困县人均生产总值与地区生产总值有着较大的相似性，地区生产总值较多的县，其人均生产总值也较多，只有部分县受到人口数量的影响，人均生产总值较小。秦巴山区 18 个地级市所辖县中有 12 个县的人均生产总值在 1 万~2 万元之间，洛阳市所辖县人均生产总值较高，达到 25 888 元，基本接近全国 29 524 元的平均水平；还有 4 个县人均生产总值低于 1 万元，其中陇南市所辖县人均生产总值最低，仅为 5 925 元。

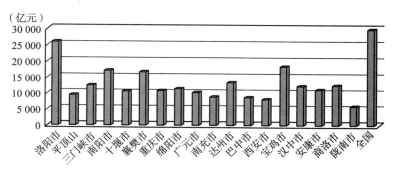

图 6-8　秦巴山区 18 个地所辖县 2010 年人均生产总值

财政收支失衡直接导致的财政赤字是各连片区面临的主要问题，不管是将赤字的财政用于投资建设还是社会发展。从短期来看地方财政赤字越多，地方政府发展压力越大，用于扩大再生产、开展基础设施建设和改善社会条件，提升居民生活水平的资金就越少。秦巴山区的各县财政收入都较少，2010 年，秦巴山连片区人均财政收入 475.6 元，而全国人均财政收入为 6 195 元，秦巴山区各县人均财政收入仅为全国平均水平的 7.68%。从秦巴山 18 个地级市各县县均财政收支情况来看，大部分县财政预算收入都较少，县均财政收入在 4 亿元以上的地级市只有 4 个，还有 3 个地级市县均财政收入不到 1 亿元；从财政支出来看，大部分地级市所辖县县均财政预算支出在 10 亿~20 亿元之间，其中宝鸡市所辖的县均财政预算支出最低，仅为 3.6 亿元；从财政赤字额来看，赤字额最大的县在四川绵阳市和广元市所辖县，赤字额分别为 33.97 亿元和 23.41 亿元，赤字额最少的县在陕西省宝鸡市（见图 6 - 9）。

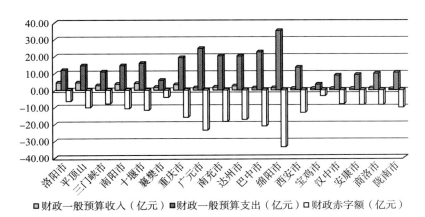

图 6 - 9　秦巴山区 18 个地所辖县 2010 年县均财政收支

总体来看，财政赤字额越大的贫困县其收入相对较少，赤字额较少的贫困县支出相对较少、收入相对较多。财政收支情况及其负担大小因地区而定，没有一个明确的可比度，部分贫困县近年来大量投资建设，负债较多，而有的贫困县财政收入虽然增加但是要将收入用于偿还前阶段的债务，导致支出增加。但是，总体而言县级财政赤字不宜过多，尤其是贫困县，不管是用于投资建设还是偿还债务，都会在短期内增加政府压力，人民生活水平也会受到影响，好在贫困县每年都可以得到一部分中央转移支付，因此赤字当中有一部分资金可以得到弥补。

农民人均纯收入恰好能反映一个地区农民收入水平、生活水平和购买力。从秦巴山区 18 个地市各县农民人均纯收入情况来看（见表 6 - 7），陕西省所辖县农民收入水平与本省和全国平均水平相比都是最高，其次是河南省、四川和重庆，湖北省在秦巴山区中的县农民人均纯收入占本省和全国平均水平的比重都较低，而甘肃省在秦巴山区的县农民人均纯收入与本省平均水平相比较高，但是与全国平均水平相比却较低。

表 6 - 7 　　　　秦巴山区 18 个地所辖县 2010 年农民人均纯收入

	农民人均纯收入（元）	占本省的比重（%）	占全国平均比重（%）
洛阳市	4 496	81.39	77.52
平顶山	3 698	66.94	63.76
三门峡市	3 809	68.95	65.67
南阳市	4 998	90.48	86.18
十堰市	3 503	60.07	60.40
襄樊市	4 013	68.81	69.19
重庆市	3 965	77.74	68.36
绵阳市	4 050	78.78	69.82
广元市	3 943	76.72	67.99
南充市	4 385	85.31	75.60
达州市	3 297	64.14	56.84
巴中市	3 829	74.50	66.02
西安市	5 238	127.60	90.31
宝鸡市	4 479	109.11	77.22
汉中市	4 064	99.00	70.07
安康市	3 998	97.40	68.93
商洛市	3 665	89.28	63.19
陇南市	2 327	70.35	40.12

　　分别来看陕西省的西安市和宝鸡市两个地级市管辖的县农民人均纯收入超过本省平均水平，还有汉中市和安康市也接近全省平均水平，说明陕西省在秦巴山区的县农民人均纯收入基本都能达到全省平均水平。其中西安市在秦巴山连片区的只有周至县，周至县农民人均纯收入达到5 238元，为秦巴山区75个县中最高，达到全国农民人均纯收入的90.31%，是陕西省平均水平的127.6%；其次南阳市所辖的县农民人均为4 998元，约为河南省平均水平的95%，为全国平均水平的86.18%。秦巴山区各地市包括的县中只有甘肃省陇南市所辖的县农民人均纯收入

最低，不到全国平均水平的一半，湖北省十堰市和四川达州市所辖的县农民人均纯收入与本省和全国平均水平相比也不高。

受到地形影响，秦巴山区农田水利基础设施、交通基础设施建设水平较低，农村饮水安全等问题也较为突出，2010 年还有 40.2% 和 69.3% 的农村居民分别存在饮水困难和饮水安全问题①。

6.3　武陵山连片区

6.3.1　武陵山连片区的范围

武陵山横亘渝东南、湘西、鄂西和黔东，山脉绵延约 $10 \times 10^4 km^2$，武陵山脉覆盖的地区称武陵山区，现在习惯称为武陵山连片区。武陵山连片区是中国三大地形阶梯中的第二级阶梯向第三级阶梯的过渡带，是乌江、沅江、澧水的分水岭，属亚热带向暖温带过渡气候带类型，气候类型多样，是中国亚热带森林核心区、长江中游重要的水源涵养区和生态安全屏障，生物物种丰富，蕴藏了丰富森林资源、水能资源，又集中了大量的人文名胜，自古就是兵家要塞。

作为《中国农村扶贫开发纲要（2011～2020 年）》确定的重点扶贫连片区，武陵山连片区 4 省涵盖了 64 个县（市、区），占全国除西藏以外 13 个特困连片区 606 个县（市、区）的 10.56%（见表 6-8）。武陵山连片区是中国少数民族聚居区之一，有 9 个世居少数民族，也是中国主要的革命老区。其中，湖南省的 80% 的国家扶贫开发工作重点县、重庆市 50% 的国家扶贫开发工作重点县、湖北省 40% 国家扶贫开发工作重点县和贵州省自然生态最好的国家扶贫开发工作重点县都被涵盖其中。

---

① 秦巴山连片区区域发展与扶贫攻坚规划（2011～2020），2012-9-2.

表6-8 武陵山连片区行政范围

省（市）	地（州、市）	贫困县
湖北（11）	宜昌市	秭归县、长阳县、五峰县
	恩施州	恩施市、利川市、建始县、巴东县、宣恩县、咸丰县、来凤县、鹤峰县
湖南（31）	邵阳市	新邵县、邵阳县、隆回县、洞口县、绥宁县、新宁县、城步县、武冈市
	常德市	石门县
	张家界市	慈利县、桑植县
	益阳市	安化县
	怀化市	中方县、沅陵县、辰溪县、溆浦县、会同县、麻阳县、新晃县、芷江县、靖州县、通道县
	娄底市	新化县、涟源市
	湘西州	泸溪县、凤凰县、保靖县、古丈县、永顺县、龙山县、花垣县
重庆（7）		丰都县、石柱县、秀山县、酉阳县、彭水县、黔江区、武隆县
贵州（15）	遵义市	正安县、道真县、务川县、凤冈县、湄潭县
	铜仁地区	铜仁市、江口县、玉屏县、石阡县、思南县、印江县、德江县、沿河县、松桃县、万山特区

　　湖南省在武陵山连片区中有31个县，接近连片区县级行政单元的50%，加上贵州省的15个县，这两个省所占武陵山连片区县级行政单位的70%。总体来看，武陵山连片区中的恩施、邵阳、怀化、湘西州和铜仁地区5个地级行政单元的贫困面较大，湖北省恩施州的8个县和贵州省铜仁地区的10个县全被纳入连片区。2010年，武陵山连片区总人口3 418.9万，在11个连片区中排第3位；农村人口3 009.5万，在11个连片区中排第2位；按照2 300元贫困线标准推算，有农村贫困人口1 163.282万，农村贫困人口排11个连片区中第1位。2010年武陵山区城镇化率为12%，城镇化水平较低，因此农村人口比重较大，作为一个农村贫困人口规模较大的核心贫困区，面临的发展困难较多。

6.3.2　武陵山连片区自然资源及生态环境特征

　　2011 年，武陵山连片区平均森林覆盖率为 58.42%，森林覆盖率略高于秦巴山区，排 11 个连片区的第 2 位，植被覆盖率 77.5%，排 11 个连片区第 4 位。茶叶、蚕茧、高山蔬菜、柑橘基地、中药材、干果、优质楠竹等特色农林资源丰富。湖南省、贵州省和重庆市的重点林区，尤其是森林资源主要集中在武陵山区，这一区域的森林资源价值明显高于其他地区。

　　从武陵山区中 53 个生态较好县（区）的植被和森林覆盖情况来看（见表 6 - 9），这 53 个县森林覆盖率都在 30% 以上，其中森林覆盖率 30% ~ 39% 以上的县有 30 个，森林覆盖率在 40% ~ 60% 之间的县有 19 个；这一连片区植被覆盖水平非常高，选取的 53 个县中，植被覆盖率在 80% 以上的县有 30 个，90% 以上的县有 5 个，植被覆盖率最低的彭水县也达到 53.3%。较高的森林覆盖率条件下蕴藏着丰富的林木资源，这 53 个县中活立木蓄积量达 33 686 × 10⁴m³，其中有 4 个县活立木蓄积量超过 1 000 × 10⁴m³，湖南安化县森林林分较高，达到 8 000 × 10⁴m³。

表 6 - 9　　　　　　　　　武陵连片区部分县生态植被状况

县名称	森林覆盖率（%）	植被覆盖率（%）	活立木蓄积量（10^4m^3）
秭归县	60.00	80.37	552
长阳县	70.00	93.73	523
五峰县	81.00	93.16	1 000
利川市	68.80	82.89	300
建始县	60.00	68.26	300
巴东县	52.30	87.59	328
咸丰县	82.30	90.15	664
来凤县	61.80	80.55	341
鹤峰县	82.97	84.96	440

续表

县名称	森林覆盖率（%）	植被覆盖率（%）	活立木蓄积量（$10^4 m^3$）
新邵县	58.40	81.25	351
隆回县	60.02	85.50	781
洞口县	66.80	85.01	633
绥宁县	76.00	87.75	1 050
新宁县	63.20	72.65	677
城步县	75.00	79.73	891
慈利县	64.51	88.69	583
桑植县	72.25	80.91	300
安化县	73.05	77.56	8 000
中方县	68.00	70.29	245
沅陵县	71.20	92.23	1 120
辰溪县	55.60	88.93	278
溆浦县	63.80	75.85	500
会同县	71.63	87.86	650
麻阳县	59.60	86.92	105
新晃县	69.07	83.46	377
芷江县	60.90	85.78	487
靖州县	77.80	93.17	935
通道县	74.54	87.25	762
新化县	50.00	82.11	550
涟源市	41.60	68.25	209
凤凰县	42.60	68.14	778
保靖县	61.51	64.57	223
古丈县	70.49	77.02	479
永顺县	69.28	85.04	526
龙山县	46.80	80.18	372
花垣县	48.00	71.20	120
石柱县	43.40	80.41	900

续表

县名称	森林覆盖率（%）	植被覆盖率（%）	活立木蓄积量（$10^4 m^3$）
秀山县	35.10	55.45	367
酉阳县	67.30	76.04	961
彭水县	40.80	53.30	446
黔江区	43.50	77.34	546
武隆县	30.66	61.69	321
正安县	47.48	60.52	350
凤冈县	57.80	86.92	510
湄潭县	60.08	79.62	270
江口县	63.70	82.37	358
石阡县	53.00	63.78	200
思南县	38.72	69.91	442
印江县	49.16	85.30	424
德江县	41.68	83.24	294
沿河县	39.60	71.79	317
松桃县	48.80	61.45	500
万山特区	50.15	64.98	50

　　丰富的森林资源蕴藏了巨大的生态价值和功能。重庆东部林区的碳储量高于西部地区，位于武陵山区的城口、巫溪、酉阳、石柱和奉节5个县位于重庆市各区县碳储量前五位，其碳储量分别占重庆全市的9.22%、8.61%、6.87%、5.55%和5.46%（黄小辉等，2012）。

　　湖南省2003年主要几类森林的碳储存量为94.935Tgc，其总经济价值估计达70 723.26万元，其中森林中固定CO_2产生的经济效益为259 554.36万元（黄方，2007）。湖南全省森林覆盖率57.1%，居全国第5位，森林公园数居全国第一，森林公园有104个，森林、湿地面积占全省面积的81.81%，全省森林活立木蓄积量达到$4.02 \times 10^8 m^3$（廖小平，2012）。武陵山连片区中湖南省分布的县最多，湖南省自然生态最好的区域分布在武陵山当中。

6.3.3　武陵山连片区的贫困问题

由于武陵山区 64 个县中只有 5 个丘陵县，其余 59 个县全都为山区县，山区面积较大，平均海拔较高，地形险要，土地资源非常缺乏，自然灾害频发。武陵山区大部分县（区）都是农业县，第二产业和第三产业不发达，因此生产总值总量小，加上人口较多，导致人均生产总值较少，地方财政收入较少，处于吃饭财政状况，政府财政入不敷出。

从武陵山连片区各地级市所辖县县均生产总值和人均生产总值来看（见图 6－10、图 6－11），2010 年没有一个地级单位所辖的县生产总值和人均生产总值达到全国平均水平，具体来看，县均生产总值在 40 亿～50 亿元之间的有 3 个，50 亿～90 亿元之间的有 4 个，只有湖南省常德市和娄底市所辖的县生产总值超过 100 亿元，其中常德市所辖的县县均生产总值为 122.23 亿元，为 12 个地级市中最高。贵州省的遵义市和铜仁地区所辖的县县均生产总值最低，分别为 23.07 亿元和 29.37 亿元，分别仅达到全国平均水平的 16.55% 和 21%。

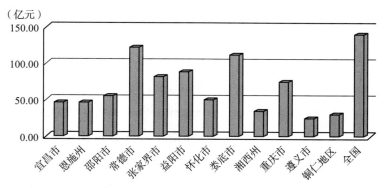

图 6－10　武陵山连片区 12 个地所辖县 2010 年县均生产总值

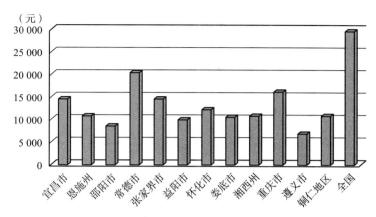

图6－11 武陵山连片区12个地所辖县2010年人均生产总值

　　12个地级市中有9个地级市所辖的县人均生产总值超过10 000元，与地区生产总值相对应，县人均生产总值最高的也是常德市，为20 501元，也是唯一一个超过20 000元的地区。其余有3个地级市所辖的县人均生产总值低于10 000元，其中遵义市所辖的县人均生产总值最低，仅为6 851元，相当于全国平均水平的1/5。

　　连片区当中的县大多数地方税源少、税收额也较少，基本上都是维持在吃饭财政状态，因此每年的财政支出中除了中央转移支付以外，还有一部分是地方财政收入。从武陵山区12个地所辖县县均财政收支情况来看（见图6－12），所有的县都存在财政赤字的情况，财政收支严重失衡，预算支出额远远超过预算收入，财政赤字都较为严重。

　　其中，只有重庆市管辖的县县均财政预算收入较多，超过6亿元，但是支出额也最多，达到21.83亿元，因而财政赤字额也最多，达到15.73亿元。相对来说，湖南湘西州、贵州遵义市和铜仁地区所辖的县县均财政收入较少，分别为1.61亿元、1.28亿元和1.55亿元，而财政预算支出也较少，分别为9.56亿元、10.49亿元和11.2亿元。总体来说，县财政收入越多，支出也越多，因此各地区财政负担压力相当。

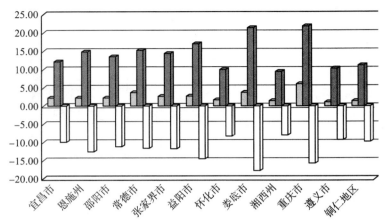

□地方财政一般预算收入（亿元）■地方财政一般预算支出（亿元）□财政赤字（亿元）

图6-12 武陵山连片区12个地所辖县2010年县均财政收支

从武陵山连片区各地所辖县农民人均纯收入情况来看（见表6-10），2010年湖南省邵阳市、益阳市和娄底市所辖县农民人均纯收入水平最低，分别相当于湖南省平均水平的51.49%、47.47%和47.54%，分别相当于全国平均水平的48.91%、45.09%和45.15%。湖南省剩余的常德市和张家界市农民人均纯收入相对较高，其中常德市最高，达到全省和全国平均水平的85.81%和81.5%；湘西州和怀化市农民人均纯收入水平相当，仅占本省和全国平均水平的一半。宜昌市和恩施州所辖县农村人均纯收入占本省的比重略高于占全国平均水平比重，但由于湖北省农民人均纯收入高于全国平均水平，湖北省在武陵山区的县农民人均纯收入基本占本省和全国平均水平的比重也不高，仅为58%和55%左右。重庆市所在武陵山区的县农民人均纯收入也较高，分别达到本身和全国平均水平的85.49%和72.22%。重庆市所在武陵山区的酉阳县、秀山县、彭水县、黔江和秦巴山区城口县、巫溪县、巫山县和云阳县农民纯收入仅为5 000元左右，这一地区基尼系数超过0.4的国际警戒线，广大农村牧区和老少边穷地区，尚有20%的人口温饱问题未解决（卢世宽，2012）。贵州省农民人均纯收入较低，2010年全省农民人均纯收入仅为 3 472 元，武陵山区的遵义市和铜仁地区所辖县基本接近全省平均水平，但是与全国相比相差较远，不到全国平均水平的 60%。贫困县农民收入来源单一，尤其是财产性收入和工资收入占总收入比重较小，由于农民文化程度普遍较低，即使外出务工，对整个家庭收入增加影响也较小。

表 6－10　武陵山区 12 个地所辖县 2010 年农民人均纯收入和城镇化水平

地级单位	农民人均纯收入			城镇化率（%）
	收入（元）	占本省比重（%）	占全国比重（%）	
宜昌市	3 457.67	59.30	58.42	13.99
恩施州	3 255.75	55.84	55.01	13.47
邵阳市	2 894.88	51.49	48.91	12.35
常德市	4 824.00	85.81	81.50	13.24
张家界市	3 806.67	67.71	64.31	8.51
益阳市	2 669.00	47.47	45.09	14.05
怀化市	3 182.55	56.617	53.7	11.24
娄底市	2 672.50	47.54	45.15	9.02
湘西州	3 108.00	55.28	52.51	11.43
重庆市	4 274.71	85.49	72.22	13.69
遵义市	3 427.80	98.73	57.91	9.51
铜仁地区	3 276.40	94.37	55.35	14.6

城镇化是实现工业化、农业产业化、农村现代化的重要动力，也是增加农民向城市就业、拉动农村产业发展和农村实现现代化、农业产业化，促进农村经济发展。

2010 年，全国城镇化率已经达到 49.68%，而武陵山连片区县平均城镇化率只有 14%，为全国平均水平的 1/3。分别来看，12 个地级单位管辖的县只有 7 个城镇化率在 12% 以上，湖南省怀化市和湘西州城镇化率在 11% 左右，张家界、娄底还有遵义市城镇化率不到 10%（见表 6－

10）。大农村小城市是连片区各县普遍状况，低水平的城镇化在一定程度上制约了武陵山区县域经济发展。首先，城镇人口少、城镇规模小，因此经济辐射能力弱，不能给周边农村带来较多的就业岗位、消费需求，城镇也无法对农村进行反哺。但是仅仅依靠当地城镇化发展带动广大农村地区经济的发展将不太现实，这一区域各县产业结构具有极大相似性，因此很难形成互补和相互推动。武陵山区主要是高山、峡谷和丘陵地貌，该地区可用耕地数量少，据调查武陵山区有 5.0% 的村民没有自己的耕地；耕地面积在 2 亩以内村民占大多数，其中在 1 亩以内的占 33.6%，1~2 亩的占 27.9%；而在 2 亩以上的只占调查户的 33.6%，其中 2~3 亩的占 15%，3~4 亩的占 10%（党翠，2012）。

由于武陵山区农村贫困人口较多，比重较大，只有因地制宜，将发展"触角"延伸到周边大城市和经济圈。以丰富的绿色资源为依托，实施产业开发，走农业产业化道路，发展山区特色经济，为贫困县找到更多的税源，才是增加地方政府和农民收入的关键。只有财政收入增加和地方生产总值扩大，政府才有更多资金用于投资和建设，如果仅靠中央的财政转移支付只能解决暂时的地方财政运转问题，经费短缺的局面无法改变，同时地方政府也没有更多资金用于投资建设，农民收入也不会增加。

6.4　本章小结

本章选取了"三江并流"及相邻地区、秦巴山区、武陵山区等连片区为案例，研究中国绿色贫困的实证问题，其中"三江并流"及相邻地区跨了滇西边境山区、四省藏区和西藏区 3 个连片区。这 3 个案例地区是绿色贫困，尤其是绿色丰富型贫困的主要代表，农村贫困人口数量较多、贫困成因相似，具有绿色资源丰富区经济发展落后的典型特征，都面临着捧着绿色资源的"金饭碗"还要饭吃的困境。因此，分析当地特殊的自然地理环境和生态特征下的区域性贫困问题，以及解决途径具有重要意义。

本章认为，这三个案例地区都拥有丰富的森林资源、水能资源、旅游资源、野生动植物资源以及特有的气候资源，由于所处的地理区位差异，因而区域性贫困问题特征各异。秦巴山区和武陵山区的贫困程度较"三江并流"及相邻地区要低，目前正处于绿色资源逐步开发利用阶段；因而脱贫道路较多；而"三江并流"及相邻地区是目前全国农村贫困问题最为严重的区域，具有边境、少数民族聚居、国际意义上的自然生态保护功能和贫困程度深、偏僻地理区位条件限制，因而绿色资源开发任重道远，脱贫任务较重。

| 第 7 章 |

中国绿色贫困问题及成因分析

7.1　中国绿色贫困问题

7.1.1　贫困规模依然较大，部分地区贫困程度较深

随着生活水平提高和生活成本提高，根据新确定的 2 300 元贫困标准，我国农村贫困人口将达到 1.28 亿，贫困人口占农村总人口的比重将接近 20%。通过对全国 13 个连片地区的 606 个县级行政单位（除开西藏 74 个县）数据推算结果得到，161 个县农村贫困发生率在 50% 以上，其中青海茫崖行委农村贫困发生率达到 100%，辰溪县、贡山县、泽库县农村贫困发生率也达到 90% 以上，有 13 个县级行政区农村贫困发生率在 80% ~ 90%。

按照 2 300 元农村贫困线标准，统计 13 个连片区 606 个贫困县 2011 年农村贫困发生率情况。2011 年，606 个县中，有 55.28% 的贫困县贫困发生率在 30% ~ 49%，还有 7.43% 的县贫困发生率超过 70%，而只有 3.47% 的县贫困发生率在 20% 以下，说明连片区中绝大多数县农村

贫困发生率都高于全国平均水平（见图 7 - 1）。从各层次贫困发生率的农村贫困人口比重来看，与贫困县占各层次贫困发生率比重具有相似特征；贫困发生率在 30% ~49% 的贫困人口有 41.05%，还有 27.82% 的贫困人口贫困发生率在 30% ~39%，说明，超过一半的贫困县和贫困人口贫困发生率在 20% ~49%，这是农村贫困县和贫困人口集中区域（见图 7 - 1）。

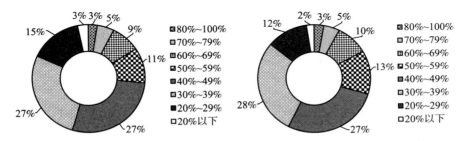

图 7 - 1　13 个连片区 2011 年贫困发生率的县比重和农村贫困人口比重

　　低收入农村贫困人口，尤其是人口密度大的内陆贫困山区，贫困发生率高同时贫困程度较深。按照 2010 年农民人均纯收入 1 196 元的贫困线标准，云南怒江州的贫困发生率为 35%，高出当年全国贫困发生率的 30 多个百分点，也高出云南省贫困发生率约 20 个百分点；怒江州农民人均纯收入为 2 005 元，仅为全国农民人均纯收入的水平的 1/3 和云南省平均水平的 1/2；一些偏远高山县处于深度贫困当中，其中兰坪县的农村贫困人口有 12.76 万，贫困发生率接近 70%，如果按照 2 100 元的贫困标准推断，兰坪县的贫困发生率将超过 90%；兰坪县尚有 1.2 万户 5.6 万人居住在一些年久失修的板房、木楞房和简易房中，甚至少部分贫困人口与牲畜混居；按照 1 196 元标准，2010 年云南省迪庆州农村贫困人口 8.8 万，贫困发生率为 29%，其中该州维西县尚有农村贫困人口 4.1 万（财政部农业司扶贫处，2012）。

7.1.2 同一类型的绿色贫困地区面临共同的生态环境问题

根据《全国生态脆弱区保护规划纲要》，中国生态脆弱区涉及的行政区包括黑龙江、河北、陕西、甘肃、青海、西藏、四川、云南、贵州、广西、江西、安徽、湖南、湖北等省（自治区、直辖市），这些省（区、市）无论是北方干旱半干旱区、西南石山区、南方丘陵山区还是青藏高原都是连片区集中分布区域。

由于同一类型绿色贫困地区都处于同样的地理条件下，因此也面临着共同的自然生态问题。例如，西部边疆的 4 个连片区都是中国重要的生态屏障区，长江、澜沧江等大江大河的发源地，同时也是生态脆弱度最大的省区，面临着同样的水土流失、土地荒漠化、森林植被及生物多样性破坏、生态环境持续恶化四大生态环境问题。

例如，在"三江并流"及相邻地区，由于同属一类地形和生态功能区，因此面临着同样的生态环境问题。"三江并流"及相邻地区山地、高原、山谷、盆地等各类地形组合千差万别。由于山高坡陡、水系密布、岩石裸露，植被一旦破坏，将难以恢复，而且极易造成山崩、滑坡、泥石流和水土流失等自然灾害，生态系统稳定性差。

相关专家从生态敏感度、生态弹性度、生态压力、生态脆弱度等对"三江并流"及相邻地区部分县生态脆弱度分级开展了研究。研究表明，怒江、迪庆、甘孜 3 个州的 10 个县中，有 2 个县处于中度脆弱区等级，1 个县为极度脆弱区，剩余的 7 个县均为高度脆弱区（见表 7 - 1）。在这种脆弱、敏感的生态环境下，人类活动极易破坏生态环境的平衡，引发生态环境退化。三江并流区天然林可持续发展评价表明云龙县、宁蒗县属于不可持续状态，德钦县、维西县属于中等偏弱可持续状态，香格里拉、福贡、贡山、泸水、兰坪、永平等县属于弱可持续状态（李思广等，2007）。由于严酷而封闭的自然环境，人口的生产活动对自然生态环境形成强烈依赖关系，只有通过过量消耗生态系统才能维持生存。香格里拉县是"三江并流"及相邻地区的核心，但相关研究表明 2002 ~ 2004 年这一地区属于生态较安全期，2005 ~ 2007 年进入生态稍不安全期，从 2008 年起生态盈余成为生态赤字进入较不安全期（李晖等，2011）。

表 7 - 1　　　"三江并流"及相邻地区部分县生态脆弱性指标

州	县（区）	生态敏感度指数	生态弹性度指数	生态压力指数	生态脆弱度指数	生态脆弱度分级
怒江州	福贡	76.92	71.09	81.96	73.30	高度脆弱区
	泸水	77.88	69.99	66.59	68.94	高度脆弱区
	贡山	75.14	69.93	65.79	65.61	高度脆弱区
	兰坪	65.64	65.14	52.72	53.11	中度脆弱区
迪庆州	香格里拉	71.43	50.23	43.63	66.24	高度脆弱区
	德钦	44.73	51.32	64.86	44.37	中度脆弱区
	维西	71.57	67.76	65.47	63.02	高度脆弱区
甘孜州	德荣	76.67	40.84	54.59	83.00	极度脆弱区
	巴塘	62.40	37.83	49.43	67.15	高度脆弱区
	乡城	60.61	43.35	43.27	58.85	中度脆弱区

资料来源：乔青，2007.

7.1.3　地方财政收支严重失衡、缺乏造血功能，形成对扶贫款项的依赖

由于中央财政和地方财政收支渠道和所发挥的作用都有差异性，地方财政是促进地区经济发展、扩大投资和拉动消费的重要动力。2011 年全国 13 个连片区中 606 个县级行政单位组成的各连片区分省财政收支基本情况来看（见表 7 - 2），所有连片区的省份财政支出大于收入，财政赤字额和财政赤字倍数都较大，其中宁夏被纳入吕梁山区的县财政赤字倍数最大，财政赤字 21.068 倍，其次为陕西省被纳

入吕梁山区的县，财政赤字达到16.3倍。被纳入秦巴山区的河南省贫困县和河北省被纳入燕山—太行山的贫困县财政赤字较少，赤字倍数分别为1.858和1.093；其余连片区大部分省份所辖县总的财政赤字都在4~6倍之间。

表7-2　　　主要省份包含在13个连片区中的县2011年财政收支

连片区名称	省级	财政赤字总额（亿元）	财政赤字倍数	县均财政赤字额（亿元）	人均财政预算收入（元）
六盘山区	陕西	-40.8926	-6.7341	-5.8418	435.56
	甘肃	-397.0968	-10.3173	-9.9274	283.39
	青海	-77.0938	-14.2284	-11.0134	288.66
	宁夏	-92.7000	-21.0682	-13.2429	200.49
秦巴山区	河南	-87.0632	-1.8581	-8.7063	933.33
	湖北	-74.7514	-2.5296	-10.6788	907.37
	重庆	-81.1000	-4.6609	-16.2200	554.02
	四川	-348.2206	-14.3350	-23.2147	281.33
	陕西	-243.3113	-8.1217	-8.3900	351.40
	甘肃	-88.1074	-11.6577	-9.7897	311.96
武陵山区	湖北	-129.6339	-5.1221	-11.7849	520.27
	湖南	-306.4592	-4.4731	-9.8858	411.65
	重庆	-110.1000	-2.5785	-15.7286	1 003.96
	贵州	-142.5450	-6.5132	-9.5030	399.67
乌蒙山区	四川	-89.8338	-4.2660	-6.9103	482.32
	贵州	-146.1309	-3.2160	-14.6131	500.09
	云南	-171.4171	-4.2639	-11.4278	421.47
滇桂黔石漠化区	广西	-235.9560	-4.9901	-8.1364	458.52
	贵州	-292.6071	-4.6729	-7.3152	450.74
	云南	-104.7034	-4.8144	-9.5185	461.62
滇西边境山区	云南	-426.7394	-4.9197	-7.6203	574.12

续表

连片区名称	省级	财政赤字总额（亿元）	财政赤字倍数	县均财政赤字额（亿元）	人均财政预算收入（元）
大兴安岭南麓山区	内蒙古	−62.3231	−9.3067	−12.4646	880.07
	吉林	−37.2000	−3.5769	−12.4000	940.34
	黑龙江	−106.9225	−3.6956	−9.7202	712.80
燕山—太行山区	河北	−104.0062	−1.0934	−4.7276	1 231.60
	山西	−54.0651	−5.9215	−6.7581	448.46
	内蒙古	−27.6321	−12.2028	−9.2107	262.21
吕梁山区	山西	−71.1048	−6.5867	−5.4696	503.60
	陕西	−65.2000	−16.3000	−9.3143	211.61
大别山区	安徽	−186.6742	−4.5088	−15.5562	331.26
	河南	−221.4076	−6.4193	−13.8380	239.23
	湖北	−90.3313	−3.8755	−11.2914	422.51
罗霄山区	江西	−144.0211	−2.7195	−8.4718	678.84
	湖南	−43.0674	−3.1100	−7.1779	576.30
四省藏区	云南	−25.7000	−6.7632	−8.5667	1 091.45
	四川	−262.8244	−12.0211	−8.2133	938.24
	甘肃	−77.6311	−15.7435	−8.6257	645.91
	青海	−154.3105	−5.3822	−4.6761	2 771.92
新疆南疆三地州	新疆	−286.4577	−9.9303	−11.9357	504.76

注：**数据由《中国区域经济统计年鉴（2012）》汇总计算得到。**

从县均财政赤字额来看（见表 7−1），财政赤字额超过 10 亿元的省有 15 个（次），湖北省分别被纳入 3 个连片区县均财政赤字额都大于 10 亿元；四川省所在秦巴山区县均财政赤字额最大，为 23.2147 亿元，其次重庆所在武陵山区县和安徽所在大别山区县财政赤字额也较大，分别为 15.7286 亿元和 15.5562 亿元；只有河北所在燕山—太行山县和青海所在四省藏区县财政赤字额低于 5 亿元。但是，比较财政赤字额和赤字倍数来看，财政赤字倍数较小的省份其财政赤字额反而较大，比较人均财政收入和县均财政赤字额来看，可以将这些省份分为四类：第一类是人均财政收入较高而县均财政赤字额也较高，例如重庆市，说明这一类地区财政收入高支出也多，至于具体原因可能是归结于目前正在将财政用于投资和消费，未来几年财政收入将会增加从而降低赤字倍数和赤字额；第二类是人均财政收入和县均赤字额都较少，例如所在六盘山区的陕西和吕梁山区的山西省的县，这一类县由于人均财政收入较少，同时支出也较少，基本维持在原地踏步水平；第三类是县均赤字额少而人均财政收入较多，这一类县贫困压力较小；第四类是财政赤字额多而人均财政收入较少，新疆、湖北、湖南、安徽、云南等省的县，这一类地区财政缓解压力和脱贫压力都较大。2011 年，中国人均财政收入为 7 699 元，连片区中绝大部分县人均财政收入都较低，只有 4 个省份所辖县高于 1 000 元，其中青海所在的四省藏区的县人均财政收入最高，为 2 771 元，为全国平均水平的 35.99%，其余大部分县人均财政收入都不及全国平均水平的 10%。长期以来，贫困县第二、第三产业都不发达，税源有限，农业税取消以后，部分贫困县运转主要靠中央财政转移支付。

7.1.4　公共服务产品供给明显不足

由于中国幅员辽阔，广大西部农村地广人稀，政府对农村的公共服务产品供给起步较晚，需求量较大，农村公共服务产品供给成本较高。尤其是贫困地区的政府财力有限，农村贫困居民在基础设施、医疗卫生、社会保障、文化教育等方面的公共服务产品获得较为困难。一些地区因病致贫、因灾致贫的现象较为严重，进一步加重脱贫难度。在中国广大贫困省份和地区，财政对教育和医疗等公共服务投入较少的现象普遍存在。由于财政经费较少，并且分配不均，因此存在教育难、医疗难，尤其是城乡之间对公共服务资源争夺更为严重，使得国家的一些教育、医疗、养老等惠民政策由于缺乏落实的基础条件而搁置，进一步加剧了社会不均等问题，进而影响和谐社会建设。

金融、财税、人才、科技、政府管理和服务水平、公共物品等软实力是实现区域经济发展的重要条件。首先，贫困山区缺乏技能型人才，由于贫困山区教育条件落后，文盲半文盲率高，劳动力素质低下，尤其是在落后少数民族地区更为严重。

中国农村的科技服务人员数量和比重较少，尤其是贫困山区几乎没有受过专业训练的科技人员。农技服务人员少，并且大部分农技人员都是当地土专家，凭经验开展服务，县、乡（镇）的农技服务站只能仅停留在提供农资产品的初级服务水平。贫困山区信息闭塞，同时大多数农民不愿意接受新的生产、生活方式，市场经济意识较差，小富即安的小农思想仍然束缚这农民头脑。由于县级金融体制不健全，地方财政收入有限以及农民抗风险能力较差，扩大生产所需的资金无法得到满足，影响贫困县产业结构调整和生产水平的提升。

2009 年全国扶贫开发工作重点县农户参加新农合的农户比例为92.1%，比全国平均 98.5% 的水平低了 6.4 个百分点，扶贫开发工作重点县农户人均报销医疗费 11 元，占人均医疗费支出的 6.9%，但其人均报销医疗费远远低于 20 元的全国平均的水平①。

作为贫困人口主要集中省份，甘肃省 2006 年财政预算内教育经费支出仅为 99.98 亿元，仅占全国教育经费支出总额的 1.63%，而具体到贫困地区或贫困县市，财政对教育的投入更少②。根据甘肃省国民经济与社会发展统计公报显示，在 2007 年，甘肃省城镇居民人均可支配收入在 2006 年的基础上增长了 12.24 个百分点，而农民人均纯收入只增长了 9.1 个百分点，前者比后者多增长了 3.14 个百分点③。2007 年，中国城镇居民享受的社会保障经费占全国社保经费支出的 89%，而占全国

---

① 中国农村全面建设小康监测报告（2010）.
② 甘肃农村年鉴（2007）.
③ 甘肃省国民经济与社会发展统计公报（2007）.

总人口 40%的农村人口得到的社保经费仅占到 11%^①，同时城镇居民还能享受到农村居民享受不到的公费医疗、中小学教育财政补贴、失业保险、养老金保障、工伤保险和最低生活保障等大量财政转移支付。

云南和贵州两个贫困人口较为集中省份，2009 年，农村家庭的劳动力人均教育年限为 7.046 年和 7.052 年，农村卫生厕所普及率分别为53.7%和 35.3%，相比而言北京地区农村家庭劳动力人均受教育年限相差近 4 年，而北京地区农村卫生厕所普及率已达 85.5%，远远高出这两个贫困省份^②。

7.2　中国绿色贫困问题的成因分析

7.2.1　地理区位和基础设施条件限制，资源优势未能转化为经济实力

1. 区位优势不明显，基础设施建设滞后，参与资源分享竞争力较弱

绿色贫困地区大多位于山区、边疆地区、高山峡谷区、大山大川交界地带和几个省交界的边缘区，偏离区域的经济、文化和行政中心。目前，中国区域资源配置不均衡，因此贫困地区在参与本地区财政、人才、市场资源分享中以及全国统一市场体系或区域分工中处于不利地位。因而贫困山区成为区域分工体系的最后参加者和利益最小获取者，所以，连片区经济的发展，除了发挥自身的能力外，还要受到由区位因素决定的在整个国民经济体系中的位置。

---

① 中国社会统计年鉴（2009），中国劳动与社会保障统计年鉴（2009）.
② 中国农村统计年鉴（2010）.

　　基础设施建设滞后和薄弱，是连片区无法获取或吸纳外界优势资源和将本地优势资源转化为经济实力的主要障碍。贫困地区位于边远地区，远离城市、交通不便，区域中心城市的铁路、公路等交通对其辐射影响较少，向外界运输的鲜活农产品无法保障，同时从外界运抵的农资路途遥远、运费较高，获得外界投资发展的机会自然也很少。例如，武陵山区贫困村庄主要位于深山或者二半山中，路途最远的村庄到达县中心的最大距离为 200km，所有村庄到县中心平均距离为 43.66km，农户到乡镇贫困距离为 9.6km（党翠，2012）。

　　通过对"三江并流"及相邻地区部分县的县城所在地与州府和省会城市的距离统计来看（见表 7-3），昌都县至拉萨的距离达 1 121km；察隅县距离拉萨市接近 1 000km，距离林芝也超过 500km；得荣县距离甘孜州府超过 600km，距离成都市超过 900km；德钦县、香格里拉县、贡山县距离当地州府距离也在 200~300km，距离昆明也在 800~1 000km。该地区各县与地区经济、行政中心之间不仅路途遥远，同时大部分线路是山路，路况较差，需要翻越高山和峡谷，部分地区高寒缺氧，因此通勤能力极低。一般来说，距离区域中心城市越远，受中心城市的辐射与带动作用就越弱。

表 7-3　　"三江并流"及相邻地区部分县距离州府和省城距离

县名称	州府/省城	距离 （km）
察隅县	拉萨市	934
	林芝地区	537
昌都县	拉萨市	1 121
得荣县	甘孜州府	643
	成都市	1 024
德钦县	昆明市	900
	迪庆州府	190

县名称	州府/省城	距离（km）
香格里拉县	迪庆州府	320
	昆明市	729
贡山县	怒江州府	250
	昆明市	800

连片区不管是在地理位置、行政管辖范围，还是经济开发中都处于边缘区，和外界之间进行物资和信息交流较为困难，尤其是经济区位差。因远离区域行政、经济核心区和交通干线，位居于各省、区的边远地带，形成封闭的自然生态环境、闭塞的经济社会和落后的人口素质。目前，贫困地区与外界联系和了解外界信息的渠道非常有限，电视、报纸、互联网等信息渠道不畅，致使贫困地区农户难以把握市场供给的准确信息，由于信息的不对称，仅凭往年经验或者道听途说来安排生产和经营活动，会给农业生产带来很多误导。由于山区地质条件的复杂性，基本农田水利设施建设严重落后，很多设施年久失修、功能不全，远远不能满足现代农业产业化发展需求。

2. 现代化、规模化和集约化生产条件缺乏

从理论上讲，在社会分工不断专业化的市场经济条件下，不同企业或地区都应该把资源集中在自身具有绝对或相对比较优势的领域，这样才能在市场竞争者处于优胜地位。目前，绿色贫困地区的优势资源主要是林地、荒山以及农林产品、劳动力等传统资源和淡水、气候以及生物资源等新开发的绿色资源，由于缺乏将绿色资源开发利用的技术和资金，因而只能延续粮食种植、畜禽养殖等传统产业，而附加值较高的特色农副产业、经济林产业发展滞后。由于受到交通条件、技术条件限制，加上在目前农资等工业产品和农副产品价格剪刀差作用下，生产大量粮食和传统农林牧副产品，部分山区开发出具有地区特色的绿色资源，例如甘孜州乡城县、得荣县和稻城县，独产松茸这一类珍惜菌种，但由于受到特殊生长环境和季节限制，产量较少、规模也较小，无法形成拉动地方经济发展的产业。同时农村劳动力资源优势并未能转化为经济优势，经济实力不足。交通、通信、电力、水利等基础设施的短缺，直接制约了市场发育，从而阻碍了当地经济的发展。

大兴安岭南麓山区、武陵山区和罗霄山区等特困连片区的部分县是国家重要林业大县，这地区仍以种植业和初级加工产品为主，可以依赖的林业产业却产业链较短，高附加值林产品不多。同时，林业科技创新和推广投入不足，林业龙头企业规模普遍偏小，林权交易平台建设滞后。因此，造成林业资源综合利用率低，其发展呈现出"大资源、小产业"的状况。

7.2.2　人口增长对生态环境压力较大，资源利用效率低下

1. 贫困人口相对集中，单位生态环境承载力小

各连片区国土面积中有八成分布山、一成分布土或田，还有一成用于道路建设。因此大多数连片区都素有"八山半水一分田，半分道路和庄园"之说，这是连片区大多数县的客观条件，山区面积广几乎占国土面积的80%，道路和建筑占用了一定的平地和丘陵，剩余的水田和旱地面积较少。受到地形的影响，贫困人口大部分分布在深山区和高山区。山高水冷、耕地面积小、林农资源规模不大、矿产资源缺乏的自然禀赋条件，大多数农民都维持着靠天吃饭的局面，贫困人口长期生活在条件艰苦的环境中，风险和灾害抵抗能力低下。

全国592个扶贫开发工作重点县，62%在山区，21%在丘陵或半山区，仅有17%在平原[①]。2001～2007年，扶贫开发工作重点县的人均耕

---

① 根据《中国农村贫困监测报告（2011）》中各贫困县地形情况汇总得到。

地面积仅相当于全国平均水平的 3/4 左右（公茂刚等，2010）。中国森林面积和总量较多，但是由于人口众多，人均森林覆盖率只有全球平均水平的 2/3，排世界第 139 位，人均森林面积为 0.145hm²，不到世界人均的 1/4；人均森林蓄积量 10.151m³，只有世界人均的 1/7①。

西北地区和青藏高原区占国土面积比重很大，但是可以有效作为生产和生态防护的用地比重却较少。在西北地区，难以利用的土地面积占国土面积的 60.09%，远远高于东部地区的 3.40% 和中部地区的 9.69%，以及西南地区的 23.12%；相反，可以耕种的土地面积仅占国土面积的 4.24%，而东部地区占 32.81%、中部地区占 21.23%、西南地区占 10.93%；从林业生产和生态防护来讲，西北地区林地面积仅占 3.00%，而东部地区、中部地区和西南地区这一数字分别为 31.4%、28.61% 和 23.95%（于法稳，2004）。

资源丰富的地区单位土地资源产出相对较大，但人口基数和人口密度都较大；生态脆弱的地区人口数量少、密度小，但单位土地的资源供给能力有限；因此这两类地区的人均资源占有量均较少。因而，造成绿色贫困地区生态环境承载力不足，不能承载地方经济发展所需的资源环境要素。

2. 政府对资源环境管理能力和利用效率低下

从 2009 年中国 30 个省（区、市）绿色发展指数组成来看，北京、上海等 12 个省（区、市）的绿色发展指数都大于零，其余省（区、市）绿色发展指数小于零。绿色发展指数由经济增长绿化度、资源环境承载潜力和政府政策支持度三部分组成，权重分别为 30%、40% 和 30%。

从绿色发展指数大于零的 12 个省（区、市）来看（见图 7 - 2），会出现三种情况：一是经济增长绿化度和政府政策支持度为正，而资源环境承载潜力为负，属于这一类的有北京、上海、浙江、江苏、福建、广东、山东 7 个省，从经济增长绿化度和政府政策支持度各级指标来

---

① 资料来源：全国第七次森林资源清查结果。

看，这些省市可以通过提高能源利用率和生产效率，通过改进技术手段和加强政府监管，弥补资源环境承载力的缺陷，从而促进了地区绿色发展；二是经济绿色发展指数和政府政策支持度都为负，资源环境承载力为正，青海、内蒙古属于这一类情况，说明这些省（市）尽管经济发展绿色指数和政府政策支持度都为负，维持粗放型的经济发展方式，同时政府管理力度也不够，但是较大的资源环境承载力也能推动实现绿色发展；三是资源环境承载潜力和政府支持度都为负，经济增长绿化度为正，天津属于这一类，说明尽管资源环境承载能力较弱，同时政府政策和监管不够，但是可以提高资源使用效率和技术改进弥补资源环境和政策缺陷，实现地区绿色发展；四是资源环境承载力、经济增长绿化度、政府政策支持度三个指标中其中一个为负，海南、云南属于这一类，说明只要政府政策支持力度、能源使用效率、资源环境承载力等其中只要两个因素能发挥作用，就能促进地区实现绿色发展。

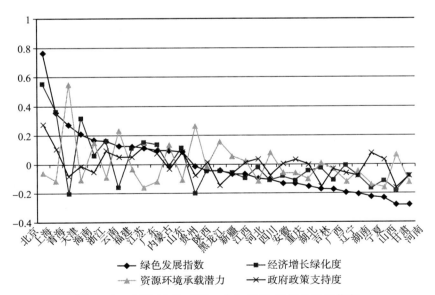

图 7-2 中国 30 省（区、市）2009 年绿色发展指数

资料来源：根据《2011 中国绿色发展指数年度报告——省际比较》数据绘制。

剩余的 18 个省（市、区）绿色发展指数都为负，而这些省市的共同特征都是经济增长绿化度这一指标全都为负。除去这一特征，可以将18 个省（区、市）分为三种类型：一是环境承载潜力为正，而政府政策支持度为负，这一类的省市有贵州、黑龙江、新疆、四川、吉林、甘肃 6 个省市，说明尽管环境承载潜力较大，但是由于经济发展粗放和效率低下以及政府政策不完善和监管不到位，地区绿色发展也受到影响；二是资源环境承载潜力为负，政府政策支持度为正，这一类省市有陕西、安徽、重庆、湖北、宁夏、山西 6 省市，说明这一类省市由于资源环境承载潜力较弱，加上粗放型经济发展思路和生产效率低下，影响了整个地区的绿色发展进程；三是地区所有指标都为负，这一类地区有广西、辽宁、湖南和河南 4 省区，说明不管是经济发展方式、资源环境承载力和政府政策，都不利于促进地区的绿色发展，这几个省区绿色发展水平处于全国这 30 个省市的末尾。

连片区和国家扶贫开发工作重点县集中的省份，大多绿色发展指数都为负，环境承载力是一个方面，而政府政策实施和对资源管理利用效率起着重要的作用。总体来看，一个地区绿色发展水平高低不能单靠经济发展水平提高或者是依靠消耗资源环境为代价或者是通过政府治理手段来解决，还需要综合技术、资源环境和管理等手段共同解决。

7.2.3 县域经济发展落后，产业发展层次低

1. 耕地资源贫乏

中国的山区和丘陵地带面积很广，14 个连片区中除西藏以外的 606 个县，有丘陵县 76 个、山区县 457 个，丘陵县和山区县分别占 12.5% 和 78.38%。平地少、耕地少、耕地中的旱地比重大，同时农民比重较大，是贫困地区人地矛盾的关键。很多山区和丘陵地带都缺乏先天的土地资源，水利设施差因而水资源留不住，成林难且林业资源开发不足，

同时矿产、石油等可以拉动经济快速增长的非可再生资源缺乏，因而使得地区经济尤其是县域经济发展动力不足，县域经济总量和规模小、增长乏力。贵州是云贵高原喀斯特地貌发育区，也是石漠化重灾区，素有"八山一水一分田"之说；由于缺少耕地，当地居民为了生存不得不毁林开荒、陡坡垦殖。云南怒江峡谷的贡山、福贡、泸水三县98%以上的土地为坡地，其中贡山县人均耕地面积为1.426亩、福贡县为1.12亩、泸水县为1.16亩，大多为梯地、牛犁地、手挖地、轮歇地和火烧地，粮食平均亩产不足150公斤（王嘉学，2012）。大多数山区都是实施国家退耕还林政策的主体，退耕还林后，25度以上的土地全部成为林地，一些原本水热土条件较好的坡耕地失去收益。因此，现有的有效耕地面积无法满足群众的生存和发展要求，加上基础设施建设占地，后续产业发展所需耕地资源非常有限。

2. 县域经济规模小，产业发展层次低

大多数连片区县域经济规模总量少、人均占有量小。产业发展层次低，产业体系尚不健全，产业结构不合理。根据连片区所处的地理位置和自然气候条件，大多数连片区以农林牧业等大农业为本地支助产业，只有极少的第二产业和第三产业，且产值比重较低、效益不足。

贫困县农业产业化水平较低、产业化发展进程缓慢；农产品加工业以初级产品加工为主、农业生产规模小、产品附加值较低、市场占有率低。北方的连片区主要是以林业和畜牧业为支柱产业，中南和西南连片区主要是农业种植业为支柱产业，西北地区贫困县以种植和畜牧业为支柱产业。由于受到地理和资源禀赋条件限制，贫困地区经济发展基础受到极大限制，因此大部分地区仍然延续着靠天吃饭的传统生产方式。种养殖都以满足日常生活为主，只有满足日常生活所需以后才用于市场交易，因此产业化和市场化程度较低，市场几乎处于封闭状态很少与外界有联系。

现代工业发展滞后、工业基础薄弱、技术和设备陈旧；大多数贫困县都缺乏龙头企业或龙头企业规模小，管理技术水平滞后，因而产品市场竞争力弱。由于县域经济总量小，财政收入少，还处于农业弱县、工业小县和财政穷县的状态，没有多余的实力参与区域内外竞争，需要政府财政救济才能维持温饱。除了一些区位条件较好的贫困县，依托自然风光资源开展生态旅游以外，大多数贫困县由于缺乏资金、信息、技术和人才，贫困县现代意义上的第三产业发展还是空白。山区旅游业近年来发展较快，但旅游产业带动面较窄，并且收入不稳定，受到的季节性影响较大，即便通过广告宣传吸引了大批游客，但是一些贫困县餐饮、住宿和景区接待能力不足，不能满足游客需求。

贫困地区能拉动经济快速增长的工业和服务业发展滞后，产值和效益差；而农林牧业产值、产量所占比重较大，但是生产效率低下、收益相对较少。这在工农业产品价格剪刀差仍然存在的经济环境下，给贫困地区经济发展带来较大阻碍。生产总值总量少，增长速度慢；财政收入少；尤其是固定资产投资额和社会消费品零售总额都较少。2010 年贵州省国家扶贫开发重点县常住人口占贵州全省常住人口的 51.4%，面积占全省的 66%，但是规模以上工业增加值合计为 327 亿元，仅占贵州全省的 26.6%；生产总值仅占全省生产总值的 34.2%①。

3. 区域性经济落后，贫困山区在获取资源的竞争中处于弱势

位于云南滇西北的迪庆州和怒江州，地处青藏高原的横断山脉一线，由于境内有大山、大川、大江、大河及纵深的干热峡谷，海拔较高、地形地貌复杂，2010 年主体功能区规划中怒江和迪庆大部分地区被划分为禁止开发区，特殊的自然环境严重制约了地区的经济社会发展，是云南和全国极度贫困人口的主要集中区域。这些区域除了中央和省政府给予的直接财政转移支付资金和硬性项目投资外，几乎不能获取其他新的投资项目和资金。

---

① 数据根据《贵州统计年鉴（2011）》基础数据计算得到。

国家新确定的 592 个贫困县划定的"11 + 3"个连片区，所处的地域远离中国发达的经济圈辐射范围，一般贫困县最多的地（市、州）就是全省最欠发达的区域。由于这种区域性的经济落后，原本拥有的资金、技术、市场等资源极其有限，在这种情况下该地区的贫困县在竞争中处于弱势地位，往往是有限的资源都会集中到地区经济发达的其他县或区域，从而贫困县所能占有的资源和获取资源的机会比较小。

7.2.4　生产生活成本上升，农民发展能力有限

1. 贫困山区农民生产生活成本上升

近几年，随着物价和劳动力价格上涨，从事农业生产和维持日常生活的成本逐渐上升。2001 年，国家扶贫开发工作重点县农户亩耕地的化肥施用量为 18.3 千克，为全国平均水平的 82.4%；2007 年，国家重点扶贫县亩耕地的化肥施用量上升为 24.6 千克，占全国平均水平的 87.9%（公茂刚，2010）。由于贫困山区土壤贫瘠、山地较多、耕作难度大，因此比平原地区投入的成本多、收获少，农产品科技含量少，产品在市场上售价较低，加上农业生产所需的农资价格、农产品交通运输费用和雇用劳动力单价均在上涨，其上升幅度大于农副产品价格上涨幅度，因此除去成本农民从事种养殖获得的利润非常少。距离市场越远，土地价值越低，从事务农收入只能维持生存，而没有更多资金用于扩大再生产和改善生活条件。

2005 年，农村劳动力中只有 20.2% 的人口受到过专业技术培训，而贫困和低收入家庭的劳动力受到专业培训的人分别只占 12.7% 和 12.6%（刘传岩，2008）。贫困的原因就是能力的匮乏，而中国贫困山区农民自我发展和保障能力普遍偏低，一旦遇到疾病、灾害、政策、家庭变故等影响，立即返贫或者从一般贫困下降到严重贫困（中国发展研

究基金会，2007）。

2. 实施生态移民搬迁难度较大

由于大多数农村贫困居民都生活在交通不便的深山、高山地带，生产生活条件差，因此实施异地搬迁是目前各地区实施扶贫开发和保护生态的重要途径。由于国家拨款有限和地方财力单薄，加上物价上涨和需要实施生态移民的人口数量多，迁入地安置能力有限，以及移民后续产业发展受限，给生态移民工程实施带来巨大困难。例如，得荣县地处横断山区中部，是全国三个石漠化县之一，植被稀少、水土流失严重。调查发现，得荣县国土面积中平坝面积不足4%，有70%的农牧民分散居住在半高山和高山地带，2010年全县返贫率为12%，2.6万总人口中有近2万需要实施生态移民；2011年，全县地区生产总值为3.6969亿元，地方财政收入仅为0.2504亿元，经济发展水平和财政收入都较低，面对如此规模的生态移民工程，地方困难较多。贫困地区政府主要将有限的移民费用主要用于住房建设、基础设施，而缺乏后续产业发展和贫困人口能力提升资金。同时，贫困家庭自我发展能力有限，没有一项生存技能，也没有资金借贷渠道。由于少数民族人口长期处于传统的农业生产方式，不能很快适应种植和畜牧圈养，文化程度低，对现代生产生活方式接受程度低，因此造成移民移不出、安不稳、致富路少，回迁现象时有发生。

3. 劳动者素质和专业技能较差

一般来说，劳动者的收入高低与受教育程度成正比。尽管"知识改变命运"在贫困人口中更为强烈，但由于自身条件和教育条件的局限，贫困山区受教育尤其是高等教育和职业教育较少，劳动和专业技能不高，缺乏让自己和后代接受良好教育的条件。尽管随着市场经济的开放和外出务工机会增加，但是贫困山区农民在城市务工过程中也处于弱势地位，从事的职业层次低，获取的收入来源最少，因而能通过出卖劳动力寻求较好收入来带动致富的代价也相对较为沉重。因而，越是贫困的地区，通过自我发展来改变自己贫困状况的能力就越有限，通过知识来实现脱贫致富的机会就越少。

1998～2005 年，中国农村整体贫困发生率从 4.6% 下降到了 2.5%，农村贫困人口数量大幅减少。总体来看（见表 7-4），中国不同学历层次的农村人口贫困发生率都呈下降趋势，其中中专学历贫困发生率从 2.5% 下降到 0.5%，下降的比重最大，文盲半文盲人口贫困发生率降幅最大，从 14% 下降到 8.9%，下降 5.1 个百分点；初中和高中学历农村人口比重下降了一半。大专及以上农村人口贫困发生率一直处于波动当中，1998 年贫困发生率为 0，到了 2000 年上升到 0.5%，到了 2002 年达到最高，超过了中专、初中和高中，仅次于小学学历的人群；之后开始在波动中下降，到了 2005 年贫困发生率仍为 0.8%，略高于中专学历人群。由于贫困发生及贫困程度的影响因素较多，总体来看，学历层次越高，贫困发生率越低，通过发展教育来带领农村居民脱贫致富是一条有效的途径。

表 7-4　　　1998～2005 年中国不同文化程度人群生存贫困发生率　　　单位：%

学历层次	1998	2000	2001	2002	2003	2004	2005
文盲半文盲	14.0	11.9	9.5	9.3	10.1	10.9	8.9
小学	5.5	4.6	4.3	4.1	4.4	3.8	3.8
初中	3.3	2.6	2.3	2.3	2.2	1.8	1.6
高中	3.0	1.8	1.8	1.6	1.5	1.4	1.4
中专	2.5	1.8	2.1	1.7	1.1	0.6	0.5
大专及以上	0.0	0.5	2.4	3.0	0.4	1.6	0.8
农村贫困发生率	4.6	3.5	3.2	3.0	3.1	2.8	2.5

资料来源：中国发展研究基金会《中国发展报告（2007）》课题组．中国发展报告 2007：现阶段中国贫困的特点，中国经济报告，2007（10）（季刊）．

7.2.5　经济发展的政策和制度性障碍较多

1. 自然保护区面积大，开发区域有限

中国的自然保护区大多集中在主要的大山、自然生态环境复杂和地理位置特殊的地区，同时这些地区也是中国贫困人口的主要聚集区域。2003 年，中国拥有各级各类自然保护区 1 999 个，其中有 342 个位于贫困地区，贫困地区自然保护区占全国的 17.16%。在这些自然保护区中，国家级自然保护区分布在贫困地区的数量和比重都较大，全国 226 个国家级自然保护区，就有 61 个即 26.99% 的保护区分布在贫困地区（见表 7-5）。不完全统计，2009 年底全国 323 个国家自然保护区，除北京、江苏、上海、山东、广东等 37 个保护区外，其余 286 个保护区有 130 个位于国家扶贫开发工作重点县，占国家自然保护区总数的 45.5%①。陕西、云南、广西、贵州、内蒙古等省（区）国家级自然保护区中国家扶贫开发工作重点县所占的比重较大。其中云南省的 17 个国家自然保护区中有 13 个位于国家扶贫开发工作重点县，这些自然保护区也大部分位于乌蒙山区和滇西边境山区两个集中连片特困地区；贵州省 9 个国家自然保护区，其中有 6 个位于国家扶贫开发工作重点县；广西 16 个自然保护区，有 10 个位于国家扶贫开发工作重点县。国家自然保护区作为禁止开发区，受到政策限制而无法进行资源开发和利用，面临经济的贫困，当地陷入绿色与贫困共存的局面。

---

① 数据根据国家林业局公布的自然保护区名录筛选得到，自然保护区名录截止时间是 2009 年。

表 7 - 5   2003 年全国各级自然保护区在贫困地区的分布

保护区级别	全国数量（个）	贫困地区数量（个）	贫困地区拥有量占全国比重（%）
国家级	226	61	26.99
省级	655	107	16.34
市级	339	61	18.29
县级	779	113	14.51
合计	1 999	342	17.16

资料来源：荣金凤等，2007.

    一些贫困县同时还拥有几个自然保护区，自然保护区面积占比较大，一定程度上限制了当地发展，而国家给予的补偿资金不足以维持当地农民生活水平，经常在一些自然保护区出现人与动物争夺资源的现象。

    贫困地区发展绿色经济往往面临着国家确定的禁止开发或者限制开发的主体功能区的难题，贫困地区就会受到国家政策和制度上的严格限制，面临着担负资源需要保护责任而造成经济发展和收入水平的下降（张琦，2013）。

    "三江并流"及相邻地区的自然保护区面积达 1 571 205hm²，占这一区域总面积的 9.29%（见表 7 - 6）。其中，高黎贡山国家级自然保护区跨福贡县、贡山、泸水和隆阳 4 个县，保护区面积占这 4 个县总面积的 26.68%；白马雪山国家级自然保护区占德钦县总面积的 29.78%；稻城县和得荣县的各级自然保护区面积分别占县总面积的 25.95% 和 18.43%；自然保护区面积占县总面积 15% 以上的还有兰坪县、隆阳区、腾冲县、维西县和芒康县。

表 7 - 6   "三江并流"及相邻地区的自然保护区

保护区名称	所在地	面积 hm²	级别	保护区名称	所在地	面积 hm²	级别
龙陵小黑山	龙陵县	6 293	省级	约巴	昌都县	37	县级
拉市海高原湿地	玉龙县	6 523	省级	多拉	芒康县	45	县级

续表

保护区名称	所在地	面积 hm²	级别	保护区名称	所在地	面积 hm²	级别
玉龙雪山	玉龙县	26 000	省级	滇金丝猴	芒康县	185 300	国家
泸沽湖	宁蒗县	8 133	省级	莽措湖	芒康县	242	县级
云龙天池	云龙县	6 630	省级	尼果寺	芒康县	162	县级
博南山	永平县	18 000	市级	察隅慈巴沟	察隅县	101 400	国家
金光寺	永平县	9 583	省级	措普沟	巴塘县	57 874	市级
永国寺	永平县	672	市级	竹巴笼	巴塘县	14 240	省级
高黎贡山	福贡县、贡山县、隆阳区、泸水县	405 200	国家	佛珠峡	乡城县	9 620	县级
翠坪山	兰坪县	8 600	县级	热打尼丁	乡城县	1 960	县级
云岭	兰坪县	75 894	省级	马乌	稻城县	27 700	县级
碧塔海	香格里拉县	14 133	省级	所冲	稻城县	16 600	县级
哈马雪山	香格里拉县	21 908	省级	亚丁	稻城县	145 750	国家
纳帕海	香格里拉乡	2 400	省级	嘎金雪山	得荣县	30 000	市级
白马雪山	德钦县	276 400	国家	下拥	得荣县	23 693	省级
柴维	昌都县	28	县级	巴丁拉姆	木里县	21 086	市级
嘎玛	昌都县	18	县级	木里鸭嘴	木里县	10 000	省级
若巴	昌都县	5	县级	掐郎多吉	木里县	39 076	市级
合计						1 571 205hm²	

资料来源：中华人民共和国环境保护部数据中心网站，http：//datacenter. mep. gov. cn/。自然保护区统计截止时间是 2009 年底。

甘肃省截至 2008 年底，已建立各类森林、野生动物、湿地和荒漠类的自然保护区 49 个，保护区总面积达到 913×10⁴hm²，占全省总面积的 21.4%[①]。

自然保护区一方面保护了区域自然资源，尤其是中国稀有的动植物

[①] 甘肃省林业厅网站。

资源和特殊地理环境，并且改善生态环境，但是也为当地资源开发带来一定的限制。自然保护区基本上属于禁止开发或限制开发区域，国家规定"保护区外围地带的建设项目不得损害保护区内的环境质量"，这给当地的发展计划和项目选择造成很大限制，很多道路、灌溉、电力等建设项目因此要绕过保护区，从而增加了许多建设成本，当地得到的补偿却十分有限。贫困地区很多农牧民过着"靠山吃山、靠水吃水"的生活，对自然资源的依赖性很大，自然生态资源的保护与人口生计形成对资源的竞争。保护区通常位于农业生产水平落后、市场化程度较低、被社会边缘化的偏远地区，落后的生产和生活方式决定了周边的居民对自然资源有强大的依赖性，而立法却限制或禁止对区内自然资源的获取，割断了居民与自然资源的直接联系，他们丧失了赖以生计的食物燃料及其他经济收入，在没有其他缓解措施介入的情况下，直接导致了当地贫困的增加（孙智明，2010）。

2. 重大生态工程支助力度不够、配套政策不完善

1999 年国家启动退耕还林工程试点，2000 年 10 月，国务院批准了《长江上游黄河上中游地区天然林资源保护工程实施方案》简称"天然林保护工程"，两项工程在造林初期主要集中在丘陵和低山区实施，因此造林难度较小，随着向高山区和险峻山区的深入，造林难度逐渐加大，需要的资金投入愈来愈大。而造林山区国家扶贫开发工作重点县较多，地方财政收入较少，除了中央投入以外，地方财政没有多余资金投入，地方负担的补助资金部分往往不能兑现。

贫困山区耕地面积小、山地较多尤其是陡坡地比较多，水热分布不均，尤其是石山区，土壤较为缺乏。实施退耕还林以后，当地居民种植一些经济林，但是由于地形复杂、土壤贫瘠，缺乏技术和资金投入，导致部分山区种植的果树成活率低、挂果率、产品品质低，收益较少。两项生态工程的实施已经有 10 多年的时间，多年来补助标准一直不变，随着物价不断上涨，加之近年来国家实施种粮补贴，致使退耕还林得到

的补助远远低于种植粮食收入，特别是一些退耕大户，收入受到较大影响，给生活带来一定困难。位于广西大瑶山自然保护区的金秀县，历史以来林农主要依靠木材和林下经济植物获得收入，但在 1998 年全面实行林木禁伐后，林农收入大幅度下降，并出现严重的返贫，1999 年全县贫困人口为 0.98 万，到 2003 年增加到 5.58 万，贫困发生率为 37%（任勇，2008）。

生态补偿项目对于当地的现金流入生态工程建设周期长、见效慢、管理等工作程序繁杂，工程管理任务繁重，基层管理成本开支较大，地方财政负担较重。国家和地方政府缺少对这一地区实施配套林产业开发、农民增收致富的匹配项目和政策，基层政府和人民收入水平低，致富道路狭窄。

林业生态工程实施地区往往因为经济欠发达、资源欠开发，民生建设落后于其他地区，医疗卫生、基础教育、基础设施和社会保障体系非常薄弱，由于林业生态工程建设并未给当地政府和农民带来明显经济效益，因此没有多余财力开展社会公共体系建设。例如，农村医疗保障制度、农村基础教育和职业教育制度、农村养老保障制度以及商业保险等政策缺失，给林区农民带来较多困难。目前，随着这些生态工程接近尾声，生态建设效益还未充分发挥，而补偿款项逐渐减少，加之配套保障政策不完善、保障水平低，这些农民的生活会变得更加艰难。

7.3 本章小结

结合中国绿色贫困表现特征，绿色贫困相关影响因素定量分析和 3 个案例地区的研究，可以总结出中国绿色贫困所存在的几个主要方面问题，并结合问题对不同地区绿色贫困成因进行初步分析。

认为中国绿色贫困的主要问题集中表现为：规模较大、程度较深；同一类绿色贫困地区面临共同的生态环境问题；地方财政收支严重失衡、缺乏造血功能，形成对扶贫款的依赖；绿色贫困地区的公共服务产品严重缺乏。分析认为，这些问题的成因主要归结于几个方面：地理区位和基础设施条件限制，绿色资源优势未能转化为经济实力；人口增长对生态环境压力较大，贫困地区资源利用效率低下；贫困地区县域经济发展落后，产业层次低；生产生活成本上升，农民发展能力有限增加了脱贫难度以及经济发展的政策和制度性障碍较多。

第 8 章

中国绿色贫困治理途径

8.1 继续加大国家政策及项目对贫困地区的支持

8.1.1 进一步完善各类政策，制定各层次和类别的扶贫开发规划

1997 年《世界发展报告：变革中的世界政府》中在界定政府职能的时候提出：政府在促进社会公平的小职能是"保护穷人，反贫困计划、消除疾病"（世界银行，1997）。云南省作为重要生态功能区和贫困人口的集中区，完善各项资助政策，通过加大财政对生态保护转移力度，也制定了区别性的扶助办法。2010 年，云南省农民人均获得生态补偿财政转移支付金 335 元，针对地处生态保护重点区域的维西县，加大了转移支付力度，维西县农民人均获得的转移支付为 819 元，是全省平均水平的 2.4 倍（财政部农业司扶贫处，2012）。

为了发挥贫困地区林木资源优势，国家林业局发布了《关于编制集中连片特殊困难地区林业扶贫攻坚规划的通知》（林规发〔2012〕141

号），集中连片特困地区林业发展扶贫攻坚项目，是国家继退耕还林、天然林保护等六大生态工程后启动的又一大型生态综合治理系统工程，罗霄山、秦巴山、大别山、武陵山等林业资源丰富的全国集中连片特殊困难地区都实施林业扶贫攻坚计划。而罗霄山森林覆盖率 71.03%，是中国森林覆盖率最高地区之一，集中了一批林业重点县，为了依托丰富的林业资源实现罗霄山贫困县脱贫致富，基本编制完成《罗霄山区集中连片特殊困难地区林业扶贫攻坚规划（2012～2020）》实施绿色经济产业发展。井冈山、莲花县等贫困县依托多种资源，充分利用集体林权制度改革的成果，大力发展林下经济、苗木花卉产业、经济林产业、野生动物养殖业、生态旅游业等特色优质产业，加快农民脱贫致富步伐。

　　交通基础设施建设滞后是阻碍连片区扶贫开发的一大瓶颈，随着国务院对 14 个集中连片区划定，实施交通工程扶贫成为未来 10 年扶贫开发的重要内容。交通运输部也针对每个连片区的交通条件，提出了未来 10 年交通扶贫开发的任务和目标。相应地，每个连片区涉及的省（区、市）和县也需要制定了本区域交通扶贫开发规划。因此，在制定完善的连片区、省和县综合性扶贫开发规划过程中，相应地制定林业、交通等配套专业性规划，在规划指导下研究制定详细实施细则和项目，对于连片区扶贫开发具有指导性的作用。

　　贫困地区的县大多分布在丘陵和山区，这就决定了这些地区产业依靠导向是农林牧业。针对农业县、畜牧业县应制定具有区别的生态建设和产业发展规划。而对于同一连片区或相邻连片区要制定区域环境保护专项规划，实施流域治理，建设城乡环境基础设施，实现跨境流域治理，切实加强该地区环境保护。突出生态性、特色性和可持续性，加强区域经济协作，以区域环境资源优势为依托，以产业结构优化调整为载体，开发绿色资源、培育生态产业，转变输血式扶贫、提升这一区域的整体造血功能。最终实现区域经济发展方式从粗放型、原料输出型向集约型、深加工增值型转变。

　　进一步完善生态补偿政策，扩大补偿主体和对象。进一步明确国家补偿、社会补偿、个人补偿的责任，将补偿对象扩大到流域及江河源头、高原湖泊、限制开发和禁止开发区、自然保护区、野生动物保护区、能源开发区的环境保护和及治理等（杨红英，2010）。各级政府需要研究扩大对贫困地区实施生态补偿政策试点范围，建立与生态补偿相配套的产业发展政策。

8.1.2 加大生态工程支助力度，配套实施产业扶贫开发

国家先后实施了长江中上游防护林体系建设工程、天然林保护工程、退耕还林（还草）工程和生态移民工程。这些生态工程实施多年来，极大地保护了当地自然生态，一定程度上改变了当地贫困落后的面貌。目前，这些生态工程建设已深入人心，为下一步实现当地脱贫致富奠定了生态基础、资源基础、政策基础和社会基础。

目前，各项生态建设工程都接近尾声，中央和地方拨款逐渐减少，但是一些贫困县仍未找到适合的发展道路，财政收入和居民生活较为困难。为了继续巩固生态建设成果，改善当地经济状况，国家应继续实施天然林资源保护、退耕还林、水土保持、石漠化治理、野生动植物保护及自然保护区等生态工程支助力度，加大生态补偿相关的财政转移支付力度。将国家生态补偿试点、水权交易试点和碳汇交易试点区安排在贫困地区，尝试对具有水土保持、生态屏障建设以及碳汇储备有重要贡献的贫困县给予重点补偿，并探索长效的生态补偿机制。

由于大部分连片区都地跨几个省区，各地在执行生态工程建设过程中受到地方财力影响，实施不同的资助政策，势必会给生态工程巩固带来较大难度。因此，需要在这些地区实施一些具有倾斜性的政策，如加大财政转移和财政对生态补偿力度，探索特殊的生态移民政策和产业发展政策，继续延长生态工程实施的年限，并辅助实施一些生态产业发展和民生工程项目。

从 1990 ~ 2010 年期间中国主要农作物亩产的成本和净利润来看（见图 8 - 1、图 8 - 2）。5 类主要农作物中蔬菜成本最高，其次为蚕桑茧和棉花，而三种主要粮食和两种油料的成本较低。与此对应的是 5 类

农作物的净利润，蔬菜的成本最高，其次是蚕桑茧和棉花，三种主要粮食和两种油料的净利润最少。说明成本越高，利润也越高。由于农作物价格具有不稳定性，贫困山区农民资金较为薄弱，而种植传统的粮食和油料作物风险较小，因此为了减少风险担当，山区农民种植利润较低的粮食和油料，但是大部分贫困地区都位于山区，耕地面积小，不利于传统粮食和油料作物的规模化种植，因而依靠种植传统农作物很难实现致富。由于贫困山区信贷等金融政策不完善，政府也无法拿出多余的资金帮扶贫困农民开展生产，因而农民无法通过贷款、自筹和吸纳投资等方式承担一些成本高、利润高和风险大的农作物生产以及产业化发展所需的费用，长期以来依靠小农生产，只能维持温饱。

湘西自治州武陵山区在实施整村推进扶贫开发过程中，在泸溪、凤凰、花垣、保靖、古丈、永顺、龙山和吉首 8 县建成 300 万亩的特色优势扶贫产业，发展了水果、蔬菜、特色经济作物、草食牧业和中药材等为主的开发性生产项目这些项目覆盖了 456 个贫困村的 42 万贫人口（王丽华，2011）。因此，下一步连片区所在的地方政府主要角色是借助于生态工程的实施发展生态产业，而国家的职能是为生态产业发展以扶贫资金与扶贫项目以及扶贫政策的形式给予配套，为实现连片区扶贫开发提供保障。

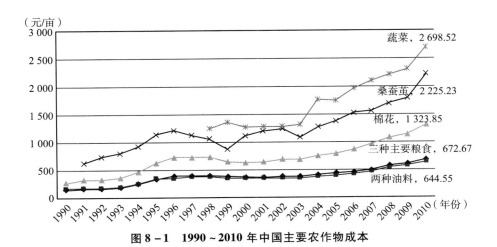

图 8 - 1　1990 ~ 2010 年中国主要农作物成本

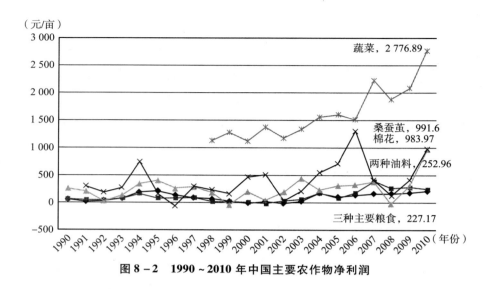

图 8 – 2　1990～2010 年中国主要农作物净利润

8.1.3　进一步开放、规范绿色农副产品市场和价格

著名经济学家盖尔·约翰逊（2004）认为，如果仅提高农产品的价格对农民收入的增长效果较弱；而增加农业补贴则会提高地租；增加农产品的产量和强化政府对农业的干预，对增加农民收入的作用也是有限的；只有要素市场的调整才是农民收入随国民经济增长的主要渠道。由于农业发展受到影响因素较多，农民对农产品的市场信息掌握不全，无法预测市场供需和价格，生产具有一定的盲目性，加上农产品难以储存和受到灾害影响较大，因此历年来农副产品价格、农民收入发展都呈现出非常不稳定态势。一旦某种农产品价格上升，大量农民蜂拥而上，有的举债投资，到了第二年或第三年这一类农产品价格必然大幅下降，极大打击农民生产积极性，接下来是产量减少，随之价格也开始上升，多年来农产品价格、产量无法迈出这一怪圈。为了稳定农副产品价格、减少损失、增加收入，国家和地方政府需要在农业现代化过程中做好充分的规划和部署，做好农资、农产品价格、销售等方面的服务，配套引导农民安排生产，同时配套完善农业商业化保险政策，减少农民由于价格

剧烈波动和灾害带来的损失。随着人们生活水平的提高，绿色、生态、健康的农副产品受到越来越多追捧，同时一些奸商利用广告和欺骗销售手段将一些档次和等级达不到绿色、生态要求的产品以次充好，大量绿色食品充斥着城市角落；由于包装、运费、销售方式不具有优势，因此产自山区的绿色无公害食品没有市场。各级单位和部门需要研究制定绿色食品税费减免、产地标识、商标保护政策，尤其是加大市场上绿色无公害产品的质量监督，增强来自山区绿色产品的竞争能力，提升其市场价值。

8.2　开发绿色资源，走生态建设产业化，产业发展生态化道路

8.2.1　树立大资源观，开发山区特色资源

丘陵和山区是中国植被覆盖率最高的地区，一些深山区蕴藏着丰富的植物、生物资源，尤其是适合于经济林的培育。近年来，随着农产品加工、储藏、运输技术的提高和人民生活水平的提高，对山区农副产品需求日益增长，产业、水果、蔬菜、中药等产品产销市场旺盛，产品经济效益在波动中逐渐攀升。表 8－1 中显示了近 10 年中国绿毛茶、柑、橘、蚕桑茧、蔬菜和中药材的减税纯利润，可以看出这些农副产品利润节节攀升，尤其是蔬菜、柑、橘和中药材等产品的亩减税纯收益较高，尤其是 2006 年农业税的取消进一步增加了农民的收入。

表 8 - 1　　　　　2001~2010 年部分经济作物减税纯利润　　　单位：元/亩

年份	绿毛茶	柑	橘	桑蚕茧	棉花	蔬菜	中药材
2001	179	815	415	512	52	1 380	2 782
2002	391	1 886	837	33	211	1 181	2 222
2003	723	2 438	1 220	203	461	1 341	2 346
2004	429	1 019	1 219	567	233	1 563	773
2005	285	2 343	1 719	726	331	1 607	1 538
2006	492	1 188	1 768	1 305	336	1 510	1 184
2007	698	1 222	1 805	420	388	2 227	1 767
2008	—	634	209	137	-17	1 882	—
2009	—	1 115	1 172	419	309	2 088	—
2010	—	1 588	2 098	992	984	2 777	—

　　资料来源：国家发展和改革委员会价格司．全国农产品成本收益资料汇编（2002~2011）．中国统计出版社．

　　中药材是中国特有产品，尤其是湖南、安徽、甘肃、陕西、四川、云南、贵州等大多数山区省份盛产的林草资源。从表 8 - 2 中看出，近年来中国主要中药材产值、纯收益都在不断增加，单产收益远远大于粮食、油料等传统农副产品，同时中药材资源受到交通条件、地理区位的限制较小，具有便于存储、市场需求和价格较为稳定等优势，因此依托山区坡地水土和气候条件，培育中药材资源是未来贫困山区实现脱贫致富可以依赖的重要途径，在增加农民收入的同时也能保护生态环境。

表 8 - 2　　　2001~2007 年几种重要中药材全国平均成本收益情况　单位：元/亩

年份	黄连			当归			黄芪			菊花		
	产值	成本	利润	产值	成本	利润	产值	成本	利润	产值	成本	利润
2001	8 989	3 850	5 090	—	—	—	1 144	648	474	—	—	—
2002	11 514	4 171	7 181	463	463	522	1 398	596	755	1 376	888	429
2003	11 999	4 506	7 382	427	427	227	1 480	525	923	1 757	869	850

续表

年份	黄连			当归			黄芪			菊花		
	产值	成本	利润	产值	成本	利润	产值	成本	利润	产值	成本	利润
2004	6 375	3 866	2 509	690	690	176	831	650	181	1 306	1 079	228
2005	8 451	3 606	4 845	743	743	145	998	620	378	1 886	1 102	784
2006	6 209	4 004	2 205	977	977	675	1 130	689	441	2 656	1 240	1 416
2007	7 051	4 634	2 418	1 307	1 307	2 561	797	457	341	3 178	1 429	1 749

资料来源：国家发展和改革委员会价格司. 全国农产品成本收益资料汇编（2002～2008）. 中国统计出版社.

目前，特色蚕桑、茶叶、畜牧、药材在一些贫困山区已经形成一定的规模，但产业链还未形成，附加值较高的产品和产量不多，加上农副产品的加工环节上严重滞后，产品销路不畅，并且整体经济效益还发挥不够，在一定程度上阻碍了农民的收入增加，不能从根本上改善农民贫困的现状。因此，在这些原有产业基础上注重产业化开发和培育，实施生态建设产业化和产业发展生态化。

因此，树立大资源观，稳步推进农业产业结构，摒弃一些传统的粮食、油料种植来维持生存的思路，大力发展药材、畜禽、竹林改造，改造和壮大蚕桑、林业等特色产业。加大政府投入，研究特色农产品补贴、减税优惠政策和稳定的市场供需机制，吸纳企业联营和投资，加大茶园、药材生产、有机农产品基地建设力度，推进茶叶开发、畜禽、蜂蜜等产品的精、深加工，走农业产业化经营道路。

滇西边境贫困山区根据天然的气候和地理条件，目前已经开始将核桃等木本油料，重楼、板蓝根、党参等林下中药材资源实施开发利用，并在山区封闭饲养特色畜禽作为新的经济产业培育，从而增加贫困家庭收入。维西县核桃种植、香格里拉县的木本油料种植、兰坪县中药材种植项目达到一定规模，虽然目前部分产业还未见效，但通过绿色资源开发实现经济增收的潜力已经得到认可。湖北竹溪县作为"中国有机绿茶之乡"、"中国茶叶之乡",大力发展绿色经济产业,形成了以茶叶、魔芋、中药材、蔬菜、烟叶为主的特色产业基地。[①]

陕西汉阴县近年来依托当地丰富的林业资源和山地气候大力发展蚕桑、畜禽养殖、高山蔬菜、烤烟、杂果等山区特色经济以及相关农副产品加工和生态旅游业,目前全县建成桑园 8 万多亩,发展了全国最大的"305"桑、"果桑"繁育和栽培基地,粮油产值达 2.6 亿元,大力推广自然生态养猪模式,全县生猪饲养量达到 48 万头,并引进全国 500 强企业江苏雨润集团建设的生态养猪项目(孙逍遥,2011)。广西利用荒山面积大、荒山草坡多、光照时间长和绿色植物种类丰富等优势,以荒地空间开发新能源,探索一条以生物质能转化、集约和固化太阳能的新路子。

8.2.2 在生态治理和恢复过程中开发新兴产业

敦煌市长期以来,受生态和自然条件的制约,特别是水资源匮乏,地下水位下降、绿洲萎缩、土地沙化等生态环境问题日益突出。敦煌市积极面对生态脆弱的现实,探索具有敦煌特色的沙产业发展模式。敦煌市将大面积的沙化土地和节水型农业相结合,大力实施沙产业,发展了以鲜食葡萄为主的特色林果、高效棉花、优质瓜菜、设施养殖四大产业;加快了沙产业的发展步伐,发展了莫高面业、鑫棉油脂、飞天生态等产业化龙头企业 71 个,培育了"阳关牌"葡萄、"飞将军"牌李光杏、"三兔"牌棉絮、"莫高窟"牌葡萄酒、"敦煌"牌白酒等 10 多个知名农产品品牌(何革华等,2012)。

"三江并流"及相邻地区是世界上为数不多、迄今还保持着大面积原始生态的地区,具有典型的生物多样性和民族文化最为丰富的区域,也是中国高品位的旅游资源最为丰富的区域。《关于共建"中国香格里

---

① 十堰日报.2007-9-16.

拉生态旅游区"核心区的报告》已获得国家批准，四川省甘孜州、凉山州，云南省迪庆州、大理州、怒江州、丽江市以及西藏自治区昌都地区、林芝地区均在核心区范围（王嘉学，2006）。通过进行生态修复与建设，这一区域完全具备建立国际性旅游景区的条件。

甘肃省合水县探索开展林下养鸡产业，云南省大理州漾濞县通过发展核桃产业，已经发展了收入在 1 万 ~ 5 万元的农户 1.2 万户，山区农民收入首次超过了平原坝区的农民收入①。以上这些成功的案例都证明了在绿色缺乏型贫困地区也拥有相当多的绿色资源，但需要实施科学的规划和引导，将当地一切可以利用的物品都视为资源，树立一种大资源观，积极引导，最后形成优势产业。

8.2.3　依托农村新能源发展绿色经济

广西壮族自治区恭城瑶族自治县地处广西东北部，是山地和丘陵占 70% 以上的典型山区县。自 1983 年起，创造了以养殖为重点，以沼气为纽带，以种植为龙头的"猪—沼—果"三位一体的生态农业，到 2009 年，恭城全县沼气池总数 5.74 万座，沼气入户率 88.1%，沼气池建设有效地解决了封山育林与农户生活用柴砍伐森林的突出矛盾，同时种植桃树有效治理了石漠化问题，森林覆盖率达 77.09%，进而实现了"生态农业—生态保护"的良性循环（何革华，2012）。

洛宁县生态能源资源十分丰富，太阳能、风能等资源充足，适宜发展清洁能源，目前已初步形成了以水电、生物质能发电等为主的清洁能源工业集群，被国家能源局、财政部授予"全国首批绿色能源示范县"。云南曲靖麒麟区利用丰富的太阳能资源全区都建设太阳能照明、供热等系统，极大地解决了城乡居民能源问题，并带动烤烟设备、沼气的利

---

① 贾治邦在全国林业厅局长会议上的讲话——深入贯彻落实中央决策部署　努力实现林业发展宏伟目标. 国土绿化，2010（8）：5 - 9.

用，减少农村居民用柴对生态破坏，也解决了城镇居民燃煤带来的污染问题。

能源可以种出来已经成为现实，利用贫困山区丰富的荒山、廉价劳动力资源和气候条件在农牧区开展秸秆气化，在山区种植木薯、油桐，在热带河谷和山区种植棕榈，可以带动一批新兴绿色产业，带动贫困山区农业产业化和新兴工业的发展。

8.3 创新生态资产化管理及利用机制

8.3.1 大力开展生态退化治理

治理生态退化的措施很多：一是在根本上从生态退化的机理上去寻求解决途径，减轻生态压力，例如禁伐、退耕、休牧等，这是一种内生性措施；二是从外部上缓解生态的退化，例如植树、种草、造林等生态建设工程，这是一种外部性措施；前者见效慢、可治本，后者见效快、能治标，因此只有将两者结合起来，才能收到最好的效果（王月高，2005）。宁夏南部贫困山区，结合山区的生态状况，实施农林牧复合的生产经营、发展设施农业和生态农业，以及绿色无公害农业（杨蓉等，2005）。山西右玉县是毛乌素沙地边缘的国家扶贫开发工作重点县，将沙化治理、植树作为经济发展之本，在实施荒山造林过程中构建了立体化、多功能、复合型的生态植被，森林覆盖率从新中国成立初期的0.3%提高至51%，生态经济已经占到全县GDP的一半（何革华等，2012）。国家土地整治重大工程于2008年开始启动，至今已经在全国建设了重大工程5个，土地整治示范省10个，通过土地整治，全国建设了一批高标准、旱涝保收的基本农田，尤其对山区土地资源保护和质量提升具有重要作用。2012年3月，国土资源部发布了《全国土地整治规划（2011～2015 年)》，将大量农田整治、宜耕后备开发和损毁土地复垦作为进一步夯实农业现代化基础，促进统筹城乡发展和新农村建设的重要举措①。贫困山区面临的土地现状是耕地面积小、耕地质量低、人均占有面积小，以及受到土地沙化、石漠化和水土流失、洪涝灾害等自然灾害随时侵袭。耕地资源是贫困山区重要宝贵资源。未来 5 年甚至更长时期，应当将土地整治工程与扶贫开发结合起来，将试点工程、项目、资金、技术和人才向贫困地区倾斜，在贫困山区构筑一道更强的经济发展保障线。

8.3.2　推动生态系统服务价值资产化管理、运营进程

中国对森林生态系统服务价值的研究起源于 20 世纪 80 年代，1988 年国务院发展研究中心得到福特基金会支持，开展了包括森林在内的资源价值核算；随后侯兆元等人在 1995 年第一次比较全面地对中国森林资源价值进行了评估；1999 年以后，生态系统服务价值的研究开始成为一个热点。1988 年，国务院发展研究中心开始进行"资源核算纳入国民经济核算体系"的研究。把生态资产价值纳入国民经济核算账户是可持续发展的要求之一，同时它也成为生态资产理性管理的科学依据。《京都议定书》承认森林碳汇对减缓气候变暖的贡献，森林碳汇在应对全球气候变化及温室效应等问题中作用越来越明显。为缓解全球气候变暖趋势，各国都将植树造林、提高森林面积、加强林业资源管理、保护和恢复森林植被作为增加森林碳汇，减少大气中二氧化碳吸收和固定大气中的二氧化碳的重要手段。中国拥有丰富的森林资源，贫困山区森林资源尤为丰富，开展创新，制定相关政策，加强森林生态服务价值评估和经营，开展碳汇贸易，参与国际合作，获得生态补偿资金和技术，将极大抵消中国减排任务，为中国实现减排和在国际碳排放交易市场上竞

---

① 国土资源部. 全国土地整治规划（2011～2015 年).

争优势发挥产生巨大作用，也为中国实施扶贫开发、生态补偿提供重要的资金、技术和项目。

8.3.3 进一步完善生态补偿机制，全面实施生态补偿

研究来看，目前地球上为人类提供生态系统服务的区域大多都地处偏僻、基础设施差、交通不便、经济欠发达，在中国更是如此，越是生态系统服务功能多的地区越是贫困集中区。生活在生态功能区或江河源头的居民为了保护生态环境，失去了发展的机会和资源，因此实施生态补偿是社会公平的体现，得到补偿也是当地居民的权利。在 Pimampiro 实施的水域保护项目中，居住在高地的穷人家庭接受不同类别和程度的补偿，其中就有30％居民接受了食品、医药和教育等补偿（Sven et al.，2008）。实施生态补偿不仅能够缓解当地贫困问题，反而可以更好促进生态建设和保护，激发当地居民的热情。从补偿收入的角度看，生态补偿项目是有利于缓解贫困，不仅仅要全面实施国内生态补偿政策，还要积极开展国际合作，寻求得到北半球富裕国家的资助。

8.4 积极寻求和扩大改善生态和资源开发
有关的国际项目合作

中国反贫困取得的成就离不开国际社会的大力支持，随着改革开放政策的实施，中国开始大胆融入世界，中国在反贫困进程中与联合国开发计划署、联合国粮农组织、世界粮食计划署等国际组织，与荷兰、日本等国政府，与世界银行、亚洲开发银行等国际金融机构和一些国际NGO组织开展广泛的合作。合作项目涉及贫困山区男女性别平等、教育、医疗卫生保健、生态环境等领域，这些反贫困国际合作项目的实施对中国贫困状况的缓解产生了重要的影响，也为中国反贫困积累了丰富

的经验和理论，在国际反贫困进程中产生了深远影响。随着中国新阶段扶贫战略的实施，集中连片特殊困难地区具有相似的自然地理特征、经济社会发展状况，因此反贫困资源、手段和途径的需求也具有共同性。从目前实施的国际合作项目涉足领域来看，在贫困地区开展生态环境建设的项目已经较多，但从事贫困地区绿色资源开发利用的项目还不多。因此，通过国际力量带动在绿色贫困地区开展生态建设和环境保护，实施绿色资源为载体的经济发展的项目具有广阔的合作空间。减少援助性扶贫和带有政治交易色彩的战略性扶贫，因为从目前来看中国已经完全有能力承担反贫困的财力，减少国际扶贫合作项目的资金需求，转向技术和管理需求，将一些开发性和保护性的项目相结合，逐渐将以往实施的一些能力建设和服务项目转向于环境的改善和资源开发项目等硬件方面的建设。

8.4.1　继续与联合国援助机构和世界金融机构等国际组织合作

联合国开发计划署（UNDP）是联合国负责技术援助计划的多边机构，也是联合国设立的促进发展活动的中心协调组织。联合国粮农组织（FAO）的宗旨是提高所有粮农产品的生产和分配效率，保障各国人民的温饱和生活水准，改善农村人口的生活状况，促进农村经济的发展，并最终消除饥饿和贫困。粮农组织有一项主要职能是为成员国提供技术援助，动员国际社会对成员国进行投资，并执行国际开发和金融机构的农业发展项目。这些国际组织提供的先进技术和管理经验，有效促进了绿色贫困地区实施绿色资源开发和产业培育。只有通过技术手段才能增强贫困人口对实物资源利用的能力，实现当地可持续发展。

世界银行和亚洲开发银行等国际金融机构长期以来提供大规模贷款，中国政府也为贫困地区匹配相应的发展资金，极大地支持了贫困地区脱贫致富。仅仅世界银行从 1995~2002 年期间实施的四个大型反贫困项目都取得了很好的效果（见表8-3），这四个项目涵盖了中国最贫困、生态最为脆弱的地区，解决了大批贫困人口的温饱。通过项目的实施，极大地促进了贫困地区农业资源开发、人口和农村经济增长与生态环境协调。由于这些项目实施在这些地区建立了较好基础，可以根据目前中国扶贫新战略，继续争取世界金融机构和中国政府的扶贫资金配套，将资金集中于贫困重灾区，缩小范围，加大力度，集中消除顽固性贫困问题。

表8-3　　　　　　　　　部分综合性扶贫国际合作项目

名称	合作机构	时期	实施地区	项目投入	特点与成效
中国西南扶贫计划	世界银行	1995~2001	云南、贵州、广西3省最贫困的35个国家重点扶持贫困县	项目总投资42.3亿元，其中世行贷款2.475亿美元，国内配套资金21.8亿元	在项目区实施土地与农户开发、基础设施建设、第二第三产业开发。劳务输出、移民、教育、卫生、机构建设和贫困监测等8个方面。覆盖西南三省（区）35个国定贫困县和广西3个经济发展较快的中等城市，解决项目区350万贫困人口的温饱
秦巴扶贫项目	世界银行	1997~2003	四川、陕西、宁夏3省（区）	总投入29.88亿元，其中利用世行贷款1.8亿美元	在西南项目建设基础上增加小额信贷试验项目。稳定解决秦巴山区230万贫困人口的温饱问题
西部扶贫项目	世界银行	1999~2005	内蒙古、甘肃2省（区）中最为贫困的27个国家级贫困县	总投入26.56亿元，其中世行贷款1.6亿美元	在西南项目的基础上进行调整，将灌溉作为一个单独项目增加出来，减掉了移民项目。使超过200万的贫困人类稳定解决温饱问题
黄土高原水土保持项目	世界银行	1994~2002	黄河流域中游的黄土高原地区	项目总投资21亿元，其中世行贷款1.5亿美元	世界上最大的和最成功的水土保持项目，建成了149座骨干水利工程，经济回报率达29%，财务收益率为19%

资料来源：焦佳凌，2008.

8.4.2　加大与 NGO 等非政府组织的合作

国际 NGO 作为"第三种力量"，在国际反贫困事业中扮演了重要的角色。国际 NGO 组织一直活跃在中国许多贫困地区，尽管规模较小，但作为一种重要的扶贫资源，因其具有非官方性、公益性和专业性等特点吸纳了大量高效率的国际扶贫资源，尤其是在贫困项目管理经验和理念以及制度的创新方面有许多重要贡献。

在扶贫开发过程中让 NGO 组织替代一部分政府扶贫部门承担的具体事务，这样可以更好地推动政府在扶贫开发过程中职能转换，凡是 NGO 可以替代政府承担或实施的扶贫事务，均宜由 NGO 组织来替代，例如小额贷款、扶贫服务，这样可以将扶贫事业落到实处，收到双重效果（郑功成，2002）。

NGO 等非政府组织拥有丰富的扶贫开发经验和人才、管理、宣传等优势，主要贫困区都留下了非政府组织扶贫实践的身影。NGO 组织可以通过国际组织、企业和基金会获得各类支助，运用这些非政府组织参与扶贫能够弥补目前政府扶贫开发过程中管理效率低、滋生腐败的缺陷。因此，应大力引导国际上和国内一些重要非政府组织参与扶贫开发，壮大扶贫力量。

8.4.3　延续和拓展原有的国际生态环境反贫援助项目

从开始正规化、大规模实施扶贫开发以来，中国先后实施了一批重要国际合作和援助项目，尤其是实施了一些生态环境领域的项目，例如亚洲开发银行的技术援助项目（见表 8-4），极大地改善了贫困地区的生态环境。土地资源、水资源、农业资源和生物资源得到了有效的保护和开发，尤其是局部贫困地区退化的生态环境得到修复，改善了生存环境条件。

表 8 – 4　　　　1989 ~ 2001 年亚洲开发银行部分中国技术援助项目

序号	项目名称	金额（美元）	批准日期
1	海南北部水资源开发	2 300.000	1989 年
2	人造林建设与管理培训	560.000	1992 年
3	少数民族地区综合农村发展	550.000	1993 年
4	海南农业与自然资源治理	593.000	1993 年
5	林地生态系统规划与农、工业污染控制	600.000	1994 年
6	改善北部草原生态系统农业支持	746.000	1994 年
7	尖峰岭公园管理和生物多样性保持	600.000	1995 年
8	水土保持能力建设	590.000	1995 年
9	沿海资源保持与环境改善	810.000	1996 年
10	云南综合农业开发和生物多样性	1 332.000	1999 年
11	松花江洪水、湿地和生物多样性治理	1 795.000	1999 年 （2001 年增补）
12	宁夏沙坡头水资源开发	930.000	2000 年
13	全国水土保持战略制定	800.000	2000 年
14	中国—全球环境基金旱地生态系统土地退化合作伙伴关系	1 150.000	2001 年

资料来源：亚洲开发银行与中华人民共和国：在农业和自然资源部门的合作伙伴关系. http：//www. adb. org/Documents/Translations/Chinese/PRC – Partnership – Agriculture – CN.

　　已经实施的这些国际合作项目为贫困地区资源开发和经济发展奠定了一定基础，应该在这些项目基础上与相关国际组织和政府合作，寻求一些新的后续的合作领域，在保护生态环境的同时帮助发展一些生态产业，将扶贫项目转移到产业发展领域，加大对农作物资源、生物资源和森林资源开发，水利灌溉、土壤提质改造、果林副业培育、生态畜牧业和现代水产等经济产业开展合作。

8.5　提升绿色资源开发的软硬环境，以及贫困地区社会管理与服务水平

8.5.1　提升绿色资源开发的软实力

可再生资源与非可再生资源开发利用成本、所需技术条件和获得的经济收益以及对环境影响都具有较大的差异。例如，水电开发获得收益和开发成本与火电收益与成本有着较大差异，生态农副产品价格和利润远远不及矿产资源。因此，陕西省府谷县、靖边县、安塞县和广西南丹县，曾经是国家级贫困县，近几年依托矿产资源的开发，短短几年实现地方财政收入翻倍增长，摆脱贫困县帽子并跻身于全国经济百强县或西北百强县行列。

目前来看，对于非可再生资源的开发技术比较成熟、风险较小，只要运用一种或者少数几种手段就能获得较大的经济效益。我国对可再生资源的开发还处于起步阶段，技术不成熟、政策不完善，因而经济效益极低，尤其在贫困山区，可再生资源规范化、标准化开发几乎是空白。中国对可再生资源开发处于探索阶段，需要先进技术条件、强大的财力投入、高新技术人才，并且风险性较大，短期内的经济效益不明显。贫困地区尽管拥有丰富的绿色资源，但是无法承担强大的研发和生产资金投入，缺乏先进的技术条件、科研人才，因此绿色资源开发和利用步履维艰，效益并不明显。发达国家和地区恰好拥有绿色资源开发利用的这些条件，因此绿色资源开发利用条件较好，可以预见未来一段时期贫困地区的绿色资源主要依靠发达地区支助才能实现开发。由于绿色资源开发所需的大量资金、技术、人才和市场都聚集在发达地区，可以预想，未来绿色丰富贫困地区将成为中国绿色资源产业的主要原料供应地，而贫困山区仅仅依靠出卖绿色原料未必能得到较好的收入。因此，实施生态转移支付和生态补偿，尽快研究具体的实施办法和扩大试

点，是促进贫困山区绿色资源保护和开发利用，保护贫困地区农村居民收入权益的关键。增强贫困山区开发绿色资源的技术水平和将绿色资源转化为经济价值并推向市场是下一步脱贫致富的关键，为此需要加快贫困山区科技、教育、信息等软实力的培育，同时加强贫困山区干部、群众的经营、管理意识提升，这样才能将富足而有限的绿色资源变为"金饭碗"，提升把握这些资源的能力和水平。

8.5.2 扩大向地区放权范围，增加财政向贫困地区转移力度

分配制度的不完善是贫困产生的大背景，尤其是关系地方政府发展的财政税收制度决定一个地区有多大权力能分配和分享经济发展带来的成果。由于分配制度不均衡才造成即使在最为发达的国家，贫困都不会消失。贫困不会在一个国家中随着经济繁荣与社会发展而自动消失，只要收入分配的不平等因素存在，贫困就依然是社会的一个有机组成部分（王志标，2005）。

中央和地方实行分税制以后，中央和地方财权、事权没有作出相应调整，由于地方财政大幅减少，但仍承担着分税之前的一些事务，随着政府对社会保障、基础设施建设投入不断增加，几个因素的叠加导致地方政府财政赤字越来越大。进一步调整中央和地方、上级与下级政府之间的财权与事权，规范和完善各级财政转移支付制度。地方财政收入的增加，才能进一步加大固定资产投资，做大地方经济总量，从而带动地方政府和农村居民实现脱贫。

8.5.3 继续推进公共服务产品向贫困地区倾斜，做好社会服务工作

2010年国家扶贫重点工作县贫困监测调查数据显示，低收入户、中低收入户、中等收入户、中上收入户和高收入户常住人口分别是4.8人、

4.6 人、4.3 人、4.0 人和 3.5 人，这五类收入户中家庭劳动力分别为 3.3 人、3.2 人、3.1 人、2.9 人和 2.7 人（国家统计局农村社会经济调查司，2012）。说明收入越高户人口总数越少，总人口减少并不会影响劳动力数量，总人口数少的家庭反而能降低负担系数，实现经济收入的增加。同时，由于贫困地区大多位于少数民族地区、边疆地区和偏远山区，给计划生育政策执行带来一定难度，加上贫困人口文化素质较低、计生技术落后、工具缺乏，节制生育服务得不到保障，带来不必要的人口出生。因此，计划生育政策应该在贫困地区继续执行，为贫困山区群众做好计生宣传和服务工作，控制人口出生率，减少家庭总人口和劳动力负担系数。通过财政转移支付等途径加大对农村贫困地区基础教育和科技人员培养的支持力度，短时期内增加对贫困地区输出劳动力职业技术的培训投入，才能提升贫困人口自我发展能力和抗风险能力。教育是贫困地区最缺乏的资源，从实践来看也是最有效的扶贫方式。随着九年义务教育完成和免费师范生、大学生支教等政策逐渐贯彻，贫困山区教育状况得到极大转变。下一步应为贫困山区师资补充和巩固增加更大优惠条件，让大量优秀师资进入山区，为山区教师提供更多财税、晋升、住房、医疗、子女教育、老人照顾等实惠政策。医疗保障是农村居民尤其是贫困山区居民最关心的现实问题之一，尽管近年来国家在政策上有了突破，但贫困山区缺医少药、缺医疗设施等现实问题依然严重。因此，在阳光政策执行过程中，应加大贫困山区医疗卫生软硬条件的改善，让山区人口不再因病返贫、因病致贫。同时，引导贫困人口提升自我组织化程度，成立行业协会、生活互助组织和权益维护组织，调动贫困人口之间的互助性和发展的积极性和主动性。

8.6　本 章 小 结

针对以上对绿色贫困问题的分析，本章从五个大的方面提出了应对中国绿色贫困问题的主要途径：继续加大国家政策和项目对绿色贫困地区的支助；开发绿色资源，走生态建设产业化、产业发展生态化的道路；创新生态资产化的管理和利用机制；积极寻求和扩大改善生态和资源开发有关的国际合作；提升绿色资源开发的软环境，提升贫困地区社会管理和服务水平。

　　具体来说，从政策方面，应当进一步完善各类政策尤其是生态建设与补偿政策，制定各类层次的扶贫开发规划；加大生态工程支助力度，配套实施产业扶贫开发；进一步开发、规范绿色农副产品的市场和价格。在绿色资源开发和生态产业发展方面，就是要树立大资源观，开发山区特色资源；在生态治理和恢复过程中开发新兴产业；依托农村新能源开发发展绿色经济。在创新生态资产管理和利用方面，应当大力开展生态退化治理；推动生态系统服务价值资产化管理、运营进程；进一步完善生态补偿机制，全面实施生态补偿。在国际合作领域，应当继续与联合国援助机构和世界金融机构等国际组织合作；加大与 NGO 等非政府组织的合作，弥补当今扶贫开发在管理和操作过程中的局限性；延续和拓展原有的国际生态环境反贫援助项目。最后在贫困地区的发展环境和自身能力建设方面，应当提升绿色资源开发的软实力；扩大向地区放权范围，增加财政向贫困地区转移力度；继续推进公共服务产品向贫困地区倾斜，做好社会服务工作。

第 9 章

结论与讨论

9.1　本书还涉及的其他问题

9.1.1　研究对象和范围

根据资料收集的便利性、前人研究经验、贫困表现特征的明显度，以及个人专业背景和研究能力，本书在对贫困现状进行描述性分析的时候主要对 2012 年国家新确定的 592 个扶贫开发县为研究范围，以这些县级行政单位的基本人口和经济为研究对象。在进入到绿色贫困分类研究的时候主要以 14 个连片区及其当中的县级行政单位为研究范围，其中又选取了三江并流及相邻地区、秦巴山区、武陵山区这三个集中连片区作为案例。以案例地区的经济、人口和生态环境开展初步分析研究。全国 14 个连片区包括 680 个县级行政单位，除西藏以外的 606 个县中有 2012 年新确定的国家扶贫开发工作重点县 442 个，说明 592 个国家扶贫开发工作重点县中有 150 个县未被纳入此次分析，此次分析的 13 个连片区 606 个县中有 164 个县不是国家扶贫开发工作重点县，有的是省级贫困县。因此，本书研究的绿色贫困对象只是全国农村贫困的一部分。但在研究范围和对象选取时主要考虑到这些地区的贫困问题与本研究假设关联程度较高，以及代表性和特征典型性，但是这些地区代表性程度也有一定的局限性。

9.1.2 研究数据获得与分析

本研究涉及的数据量较大，涉及 606 个县级行政单位的数据，其中有 2012 年国家新确定的 592 个扶贫开发工作重点县中的 442 个县和 164 个省级贫困县。由于西藏数据难以收集，在分析的时候除特别说明外，都没有包括西藏。绿色贫困指标涉及县级行政单位的人口、经济、社会和生态环境等相关数据。原始数据的选取来自地理遥感监测数据、国家与地方统计年鉴和统计公报等具有法定效力的数据、行业性和地方政府网站，也有专业性研究报告和书本、期刊，还有一部分数据来源于实地调查收集和集中连片特殊困难地区扶贫开发规划。由于 2011 年底国家才划定了 14 个连片区，目前除了有 592 个国家扶贫开发工作重点县有专门数据以外还没有针对 14 个连片区的统计数据，尤其是除 442 个国家扶贫开发工作重点县以外的 164 个省级贫困县数据收集较为困难。总体来说，本研究所需的数据较多、来源较广，因此难免会出现一些误差。但是同时经过对数据整理归类、标准化处理，进一步降低原始数据的误差性。加上数据本身量较大，因此某一个数据的误差对整体的影响较小。归类、计算和分析得到的结果基本能反映所研究贫困地区的实际问题。

9.1.3 研究假设和结论

本书在 14 个连片区做描述性分析和对贫困影响因素做定量分析的时候主要在相关文献研究基础上选取了经常使用的绿色资源禀赋、基础设施建设、地方财政、人口教育水平、资源开发利用技术的应用和政策制度等几个方面对贫困发生的影响进行分析，但是贫困的发生受到影响因素很多，本研究的分析只能代表主要方面。在贫困测度中使用了贫困发生率、贫困发生指数、贫困缺口以及由此得到的贫困综合指数，但是鉴于研究篇幅有限，本书没有对除贫困发生率以外的几个数据与影响绿色贫困的其他因素开展分析，也没有设具体指标对绿色贫困的程度进行测度，只是研究和分析了贫困与绿色资源丰歉之间的关系，用人口素质、基础设施建设、科技化水平等几个方面表征了在绿色资源丰歉的地区出现的贫困客观现象，并进行初步相关性分析。由于本书在设定假设的时候将绿色资源丰富为研究分析标准，因此得出的结论、提出的建议也主要针对这两类地区，具有一定的局限性。但是本书按照贫困地区绿色资源禀赋对贫困开展了分类，并用正向和逆向思维去研究贫困问题，打开了贫困问题研究的新视角，引导人们除了关注生态贫困以外，还要关注自然生态条件较好地区的贫困问题，并就如何开发绿色资源实现产业发展提出部分建议。

9.2　未来研究方向和前景

9.2.1　贫困发生和贫困程度相关影响因素研究的定量化

目前，中国对贫困领域的研究主要还是定性的较多，定量层次的研究主要集中在贫困线、贫困发生率等贫困程度的定量化。贫困产生的影响因素，贫困程度与人口、社会、科技、资源生态、政府等因素之间关系定量化程度不够。因此，推动贫困以及绿色贫困程度研究的定量化，开展贫困产生因素、贫困程度影响因素的指标化、模型定量化是下一步对中国反贫困进程研究的主要方向。"生态文明"作为中国未来发展的重要指导，在扶贫开发过程中应当进一步重视贫困地区的资源生态问题，以及如何在现有环境生态承载力条件下利用绿色资源实现产业的开发。因此，开展贫困发生以及贫困程度影响诸多因素的定量化是未来贫困研究学者或者作者下一步继续开展绿色贫困研究的主要方向。

9.2.2　自然生态和资源环境状况纳入贫困监测常态化指标

长期以来，对贫困问题的研究视角比较宽泛，涉及的学科很多，但主要是以人口、经济、社会、制度等方面的居多，在生态环境领域主要是以生态植被缺乏地区的贫困问题研究。对贫困与自然资源禀赋特征和影响因素之间关系的研究，仅限于学术界，而在政府部门目前仅掌握了贫困人口的数量、分布、文化、收入等基本属性特征，还未掌握与贫困人口、贫困发生之间关系的社会、自然环境等方面的数据。资源禀赋是贫困地区实现经济发展的基础，因此各级政府部门，尤其是扶贫开发部门应该摸清贫困地区自然生态和资源环境状况，建立一套反映贫困地区森林、土地、教育、科技、基础设施等方面的数据，并建立其发展变化的动态指标，掌握当地生态环境对人口和经济发展的影响，这样才能在制定和实施区域性扶贫开发规划，制定扶贫开发政策时具体根据当地生态环境属性和特征有的放矢。

9.2.3　提升政府的资源环境管理和利用效率是扶贫开发的重要任务

市场具有自发性、盲目性和滞后性，由于市场的失灵，它调节和分配资源的基础作用不能得到很好发挥，因此需要通过政府用有形的手，通过计划、监管来实现资源最大化利用，避免偏离国家发展正常方向。地方政府在资源开发和促进经济发展过程中具有分配、调节资源的义务，也有能力通过运用价格、财税等政策弥补市场失灵带来的资源配置不当和资源破坏以及浪费。目前，中国贫困地区产业发展层次、市场化程度都较低，因此地方政府在促进经济发展过程中作用较为明显。政府对资源环境管理能力直接影响贫困地区经济发展和生态环境改善，这是扶贫开发的目的，而提高政府对资源环境管理和利用效率，也是扶贫开发过程中地方政府目标。地方政府依托扶贫开发，在政策制定和实施、科学技术进步、人才培养、社会管理能力上获得较大进步，这样能够在有限的生态环境和资源空间里获得最大发展，提升单位资源的产出效率。

附录

附录1　2012年全国扶贫开发工作重点县

省份	数量（个）	国家扶贫开发工作重点县名单
河北	39	行唐县、灵寿县、赞皇县、平山县、青龙县、大名县、魏县、临城县、巨鹿县、新河县、广宗县、平乡县、威县、阜平县、唐县、涞源县、顺平县、张北县、康保县、沽源县、尚义县、蔚县、阳原县、怀安县、万全县、赤城县、崇礼县、平泉县、滦平县、隆化县、丰宁县、围场县、海兴县、盐山县、南皮县、武邑县、武强县、饶阳县、阜城县（涿鹿县赵家蓬区）
山西	35	娄烦县、阳高县、天镇县、广灵县、灵丘县、浑源县、平顺县、壶关县、武乡县、右玉县、左权县、和顺县、平陆县、五台县、代县、繁峙县、宁武县、静乐县、神池县、五寨县、岢岚县、河曲县、保德县、偏关县、吉县、大宁县、隰县、永和县、汾西县、兴县、临县、石楼县、岚县、方山县、中阳县
内蒙古	31	武川县、阿鲁科尔沁旗、巴林左旗、巴林右旗、林西县、翁牛特旗、喀喇沁旗、宁城县、敖汉旗、科尔沁左翼中旗、科尔沁左翼后旗、库伦旗、奈曼旗、莫力达瓦达斡尔族自治旗、鄂伦春自治旗、卓资县、化德县、商都县、兴和县、察哈尔右翼前旗、察哈尔右翼中旗、察哈尔右翼后旗、四子王旗、阿尔山市、科尔沁右翼前旗、科尔沁右翼中旗、扎赉特旗、突泉县、苏尼特右旗、太仆寺旗、正镶白旗
吉林	8	靖宇县、镇赉县、通榆县、大安市、龙井市、和龙市、汪清县、安图县
黑龙江	14	延寿县、泰来县、甘南县、拜泉县、绥滨县、饶河县、林甸县、桦南县、桦川县、汤原县、抚远县、同江市、兰西县、海伦市
安徽	19	潜山县、太湖县、宿松县、岳西县、颍东区、临泉县、阜南县、颍上县、砀山县、萧县、灵璧县、泗县、裕安区、寿县、霍邱县、舒城县、金寨县、利辛县、石台县
江西	21	莲花县、修水县、赣县、上犹县、安远县、宁都县、于都县、兴国县、会昌县、寻乌县、吉安县、遂川县、万安县、永新县、井冈山市、乐安县、广昌县、上饶县、横峰县、余干县、鄱阳县
河南	31	兰考县、栾川县、嵩县、汝阳县、宜阳县、洛宁县、鲁山县、滑县、封丘县、范县、台前县、卢氏县、南召县、淅川县、社旗县、桐柏县、民权县、睢县、宁陵县、虞城县、光山县、新县、商城县、固始县、淮滨县、沈丘县、淮阳县、上蔡县、平舆县、确山县、新蔡县

省份	数量 （个）	国家扶贫开发工作重点县名单
湖北	25	阳新县、郧县、郧西县、竹山县、竹溪县、房县、丹江口市、秭归县、长阳县、孝昌县、大悟县、红安县、罗田县、英山县、蕲春县、麻城市、恩施市、利川市、建始县、巴东县、宣恩县、咸丰县、来凤县、鹤峰县、神农架林区
湖南	20	邵阳县、隆回县、城步县、平江县、桑植县、安化县、汝城县、桂东县、新田县、江华县、沅陵县、通道县、新化县、泸溪县、凤凰县、花垣县、保靖县、古丈县、永顺县、龙山县
广西	28	隆安县、马山县、上林县、融水县、三江县、龙胜县、田东县、德保县、靖西县、那坡县、凌云县、乐业县、田林县、西林县、隆林县、昭平县、富川县、凤山县、东兰县、罗城县、环江县、巴马县、都安县、大化县、忻城县、金秀县、龙州县、天等县
海南	5	五指山市、临高县、白沙县、保亭县、琼中县
重庆	14	万州区、黔江区、城口县、丰都县、武隆县、开县、云阳县、奉节县、巫山县、巫溪县、石柱县、秀山县、酉阳县、彭水县
四川	36	叙永县、古蔺县、朝天区、旺苍县、苍溪县、马边县、嘉陵区、南部县、仪陇县、阆中市、屏山县、广安区、宣汉县、万源市、通江县、南江县、平昌县、小金县、黑水县、壤塘县、甘孜县、德格县、石渠县、色达县、理塘县、木里县、盐源县、普格县、布拖县、金阳县、昭觉县、喜德县、越西县、甘洛县、美姑县、雷波县
贵州	50	六枝特区、水城县、盘县、正安县、道真县、务川县、习水县、普定县、镇宁县、关岭县、紫云县、江口县、石阡县、思南县、印江县、德江县、沿河县、松桃县、兴仁县、普安县、晴隆县、贞丰县、望谟县、册亨县、安龙县、大方县、织金县、纳雍县、威宁县、赫章县、黄平县、施秉县、三穗县、岑巩县、天柱县、锦屏县、剑河县、台江县、黎平县、榕江县、从江县、雷山县、麻江县、丹寨县、荔波县、独山县、平塘县、罗甸县、长顺县、三都县
云南	73	东川区、禄劝县、寻甸县、富源县、会泽县、施甸县、龙陵县、昌宁县、昭阳区、鲁甸县、巧家县、盐津县、大关县、永善县、绥江县、镇雄县、彝良县、威信县、永胜县、宁蒗县、宁洱县、墨江县、景东县、镇沅县、江城县、孟连县、澜沧县、西盟县、临翔区、凤庆县、云县、永德县、镇康县、双江县、沧源县、双柏县、南华县、姚安县、大姚县、永仁县、武定县、屏边县、泸西县、元阳县、红河县、金平县、绿春县、文山县、砚山县、西畴县、麻栗坡县、马关县、丘北县、广南县、富宁县、勐腊县、漾濞县、弥渡县、南涧县、巍山县、永平县、云龙县、洱源县、剑川县、鹤庆县、梁河县、泸水县、福贡县、贡山县、兰坪县、香格里拉县、德钦县、维西县

续表

省份	数量 （个）	国家扶贫开发工作重点县名单
陕西	50	印台区、耀州区、宜君县、**陇县**、**麟游县**、太白县、永寿县、长武县、旬邑县、**淳化县**、合阳县、澄城县、蒲城县、白水县、富平县、延长县、延川县、宜川县、洋县、西乡县、勉县、宁强县、略阳县、镇巴县、留坝县、**佛坪县**、横山县、定边县、绥德县、米脂县、佳县、吴堡县、清涧县、子洲县、汉滨区、汉阴县、石泉县、宁陕县、紫阳县、岚皋县、镇坪县、旬阳县、白河县、商州区、洛南县、丹凤县、商南县、山阳县、镇安县、柞水县
甘肃	43	榆中县、会宁县、麦积区、清水县、秦安县、甘谷县、武山县、张家川县、古浪县、天祝县、庄浪县、静宁县、环县、华池县、合水县、宁县、镇原县、安定区、通渭县、陇西县、渭源县、临洮县、漳县、岷县、武都区、文县、宕昌县、康县、西和县、礼县、两当县、临夏县、康乐县、永靖县、广河县、和政县、东乡县、积石山县、合作市、临潭县、卓尼县、舟曲县、夏河县
青海	15	大通县、湟中县、平安县、民和县、乐都县、化隆县、循化县、泽库县、甘德县、达日县、玛多县、杂多县、治多县、囊谦县、曲麻莱县
宁夏	8	盐池县、同心县、原州区、西吉县、隆德县、泾源县、彭阳县、海原县
新疆	27	巴里坤哈萨克自治县、乌什县、柯坪县、阿图什市、阿克陶县、阿合奇县、乌恰县、疏附县、疏勒县、英吉沙县、莎车县、叶城县、岳普湖县、伽师县、塔什库尔干塔吉克自治县、和田县、墨玉县、皮山县、洛浦县、策勒县、于田县、民丰县、察布查尔锡伯自治县、尼勒克县、托里县、青河县、吉木乃县

注：2012 年国务院扶贫办新颁布的全国扶贫工作重点县共有 592 个，其中中部 217 个，西部 375 个，民族八省区 232 个。**黑色加粗字体既是国家扶贫开发工作重点县，也是集中连片特殊困难地区的区县。**

附录 2　关于公布全国连片特困地区分县名单的说明

　　根据《中国农村扶贫开发纲要（2011～2020 年）》精神，按照"集中连片、突出重点、全国统筹、区划完整"的原则，以 2007～2009 年三年的人均县域国内生产总值、人均县域财政一般预算收入、县域农民人均纯收入等与贫困程度高度相关的指标为基本依据，考虑对革命老区、民族地区、边疆地区加大扶持力度的要求，国家在全国共划分了 11 个集中连片特殊困难地区，加上已明确实施特殊扶持政策的西藏、四省藏区、新疆南疆三地州，共 14 个连片区，680 个县，作为新阶段扶贫攻坚的主战场。现将 14 个连片区的分县名单予以公布。

　　附件：Ⅰ. 六盘山区等 11 个集中连片特殊困难地区分县名单

　　　　　Ⅱ. 已明确实施特殊扶持政策的西藏、四省藏区、新疆南疆三地州分县名单

国务院扶贫办
2012 年 6 月 14 日

附件 Ⅰ　　　　　**六盘山区等 11 个集中连片特殊困难地区分县名单**

分区	省名	地市名	县名
六盘山区 （61）	陕西 （7）	宝鸡市	扶风县、陇县、千阳县、麟游县
		咸阳市	永寿县、长武县、淳化县
	甘肃 （40）	兰州市	永登县、皋兰县、榆中县
		白银市	靖远县、会宁县、景泰县

分区	省名	地市名	县名
六盘山区 (61)	甘肃 (40)	天水市	清水县、秦安县、甘谷县、武山县、张家川回族自治县、麦积区
		武威市	古浪县
		平凉市	崆峒区、泾川县、灵台县、庄浪县、静宁县
		庆阳市	庆城县、环县、华池县、合水县、正宁县、宁县、镇原县
		定西市	安定区、通渭县、陇西县、渭源县、临洮县、漳县、岷县
		临夏回族 自治州	临夏市、临夏县、康乐县、永靖县、广河县、和政县、东乡族自治县、积石山自治县
	青海 (7)	西宁市	湟中县、湟源县
		海东地区	民和回族土族自治县、乐都县、互助土族自治县、化隆回族自治县、循化撒拉族自治县
	宁夏 (7)	吴忠市	同心县
		固原市	原州区、西吉县、隆德县、泾源县、彭阳县
		中卫市	海原县
秦巴山区 (75)	河南 (10)	洛阳市	嵩县、汝阳县、洛宁县、栾川县
		平顶山市	鲁山县
		三门峡市	卢氏县
		南阳市	南召县、内乡县、镇平县、淅川县
	湖北 (7)	十堰市	郧县、郧西县、竹山县、竹溪县、房县、丹江口市
		襄樊市	保康县
	重庆（5）	重庆市	城口县、云阳县、奉节县、巫山县、巫溪县
	四川 (15)	绵阳市	北川羌族自治县、平武县
		广元市	元坝区、朝天区、旺苍县、青川县、剑阁县、苍溪县
		南充市	仪陇县
		达州市	宣汉县、万源市
		巴中市	巴州区、通江县、南江县、平昌县

分区	省名	地市名	县名
秦巴山区 （75）	陕西 （29）	西安市	周至县
		宝鸡市	太白县
		汉中市	南郑县、城固县、洋县、西乡县、勉县、宁强县、略阳县、镇巴县、留坝县、佛坪县
		安康市	汉滨区、汉阴县、石泉县、宁陕县、紫阳县、岚皋县、平利县、镇坪县、旬阳县、白河县
		商洛市	商州区、洛南县、丹凤县、商南县、山阳县、镇安县、柞水县
	甘肃 （9）	陇南市	武都区、成县、文县、宕昌县、康县、西和县、礼县、徽县、两当县
武陵山区 （64）	湖北 （11）	宜昌市	秭归县、长阳土家族自治县、五峰土家族自治县
		恩施土家族苗族自治州	恩施市、利川市、建始县、巴东县、宣恩县、咸丰县、来凤县、鹤峰县
	湖南 （31）	邵阳市	新邵县、邵阳县、隆回县、洞口县、绥宁县、新宁县、城步苗族自治县、武冈市
		常德市	石门县
		张家界市	慈利县、桑植县
		益阳市	安化县
		怀化市	中方县、沅陵县、辰溪县、溆浦县、会同县、麻阳苗族自治县、新晃侗族自治县、芷江侗族自治县、靖州苗族侗族自治县、通道侗族自治县
		娄底市	新化县、涟源市
		湘西土家族苗族自治州	泸溪县、凤凰县、保靖县、古丈县、永顺县、龙山县、花垣县
	重庆 （7）	重庆市	丰都县、石柱土家族自治县、秀山土家族苗族自治县、西阳土家族苗族自治县、彭水苗族土家族自治县、黔江区、武隆县
	贵州（15）	遵义市	正安县、道真仡佬族苗族自治县、务川仡佬族苗族自治县、凤冈县、湄潭县

续表

分区	省名	地市名	县名
武陵山区 （64）	贵州 （15）	铜仁地区	铜仁市、江口县、玉屏侗族自治县、石阡县、思南县、印江土家族苗族自治县、德江县、沿河土家族自治县、松桃苗族自治县、万山特区
乌蒙山区 （38）	四川 （13）	泸州市	叙永县、古蔺县
		乐山市	沐川县、马边彝族自治县
		宜宾市	屏山县
		凉山彝族 自治州	普格县、布拖县、金阳县、昭觉县、喜德县、越西县、美姑县、雷波县
	贵州 （10）	遵义市	桐梓县、习水县、赤水市
		毕节地区	毕节市、大方县、黔西县、织金县、纳雍县、威宁彝族回族苗族自治县、赫章县
	云南 （15）	昆明市	禄劝彝族苗族自治县、寻甸回族彝族自治县
		曲靖市	会泽县、宣威市
		昭通市	昭阳区、鲁甸县、巧家县、盐津县、大关县、永善县、绥江县、镇雄县、彝良县、威信县
		楚雄彝族 自治州	武定县
滇桂黔 石漠化区 （80）	广西 （29）	柳州市	融安县、融水苗族自治县、三江侗族自治县
		桂林市	龙胜各族自治县、资源县
		南宁市	隆安县、马山县、上林县
		百色市	田阳县、德保县、靖西县、那坡县、凌云县、乐业县、田林县、西林县、隆林各族自治县
		河池市	凤山县、东兰县、罗城仫佬族自治县、环江毛南族自治县、巴马瑶族自治县、都安瑶族自治县、
		来宾市	忻城县
		崇左市	宁明县、龙州县、大新县、天等县

分区	省名	地市名	县名
滇桂黔石漠化区（80）	贵州（40）	六盘水市	六枝特区、水城县
		安顺市	西秀区、平坝县、普定县、镇宁布依族苗族自治县、关岭布依族苗族自治县、紫云苗族布依族自治县
		黔西南布依族苗族自治州	兴仁县、普安县、晴隆县、贞丰县、望谟县、册亨县、安龙县
		黔东南苗族侗族自治州	黄平县、施秉县、三穗县、镇远县、岑巩县、天柱县、锦屏县、剑河县、台江县、黎平县、榕江县、从江县、雷山县、麻江县、丹寨县
		黔南布依族苗族自治州	荔波县、贵定县、独山县、平塘县、罗甸县、长顺县、龙里县、惠水县、三都水族自治县、瓮安县
	云南（11）	曲靖市	师宗县、罗平县
		红河哈尼族彝族自治州	屏边苗族自治县、泸西县
		文山壮族苗族自治州	砚山县、西畴县、麻栗坡、马关县、丘北县、广南县、富宁县
滇西边境山区（56）	云南（56）	保山市	隆阳区、施甸县、龙陵县、昌宁县
		丽江市	玉龙纳西族自治县、永胜县、宁蒗彝族自治县
		普洱市	宁洱哈尼族彝族自治县、墨江哈尼族自治县、景东彝族自治县、景谷傣族彝族自治县、镇沅彝族哈尼族拉祜族自治县、江城哈尼族彝族自治县、孟连傣族拉祜族佤族自治县、澜沧拉祜族自治县、西盟佤族自治县
		临沧市	临翔区、凤庆县、云县、永德县、镇康县、双江拉祜族佤族布朗族傣族自治县、耿马傣族佤族自治县、沧源佤族自治县
		楚雄彝族自治州	双柏县、牟定县、南华县、姚安县、大姚县、永仁县
		红河哈尼族彝族自治州	石屏县、元阳县、红河县、金平苗族瑶族傣族自治县、绿春县
		西双版纳傣族自治州	勐海县、勐腊县

分区	省名	地市名	县名
滇西边境山区（56）	云南（56）	大理白族自治州	漾濞彝族自治县、祥云县、宾川县、弥渡县、南涧彝族自治县、巍山彝族回族自治县、永平县、云龙县、洱源县、剑川县、鹤庆县
		德宏傣族景颇族自治州	潞西市、梁河县、盈江县、陇川县
		怒江傈僳族自治州	泸水县、福贡县、贡山独龙族怒族自治县、兰坪白族普米族自治县
大兴安岭南麓山区（19）	内蒙古（5）	兴安盟	阿尔山市、科尔沁右翼前旗、科尔沁右翼中旗、扎赉特旗、突泉县
	吉林（3）	白城市	镇赉县、通榆县、大安市
	黑龙江（11）	齐齐哈尔市	龙江县、泰来县、甘南县、富裕县、林甸县、克东县、拜泉县
		绥化市	明水县、青冈县、望奎县、兰西县
燕山—太行山区（33）	河北（22）	保定市	涞水县、阜平县、唐县、涞源县、望都县、易县、曲阳县、顺平县
		张家口市	宣化县、张北县、康保县、沽源县、尚义县、蔚县、阳原县、怀安县、万全县
		承德市	承德县、平泉县、隆化县、丰宁满族自治县、围场满族蒙古族自治县
	山西（8）	大同市	阳高县、天镇县、广灵县、灵丘县、浑源县、大同县
		忻州市	五台县、繁峙县
	内蒙古（3）	乌兰察布市	化德县、商都县、兴和县
吕梁山区（20）	山西（13）	忻州市	静乐县、神池县、五寨县、岢岚县
		临汾市	吉县、大宁县、隰县、永和县、汾西县
		吕梁市	兴县、临县、石楼县、岚县
	陕西（7）	榆林市	横山县、绥德县、米脂县、佳县、吴堡县、清涧县、子洲县

分区	省名	地市名	县名
大别山区 （36）	安徽 （12）	安庆市	潜山县、太湖县、宿松县、望江县、岳西县
		阜阳市	临泉县、阜南县、颍上县
		六安市	寿县、霍邱县、金寨县
		亳州市	利辛县
	河南 （16）	信阳市	光山县、新县、固始县、淮滨县、商城县、潢川县
		驻马店市	新蔡县
		开封市	兰考县
		商丘市	民权县、宁陵县、柘城县
		周口市	商水县、沈丘县、郸城县、淮阳县、太康县
	湖北 （8）	孝感市	孝昌县、大悟县
		黄冈市	团风县、红安县、罗田县、英山县、蕲春县、麻城市
罗霄山区 （23）	江西（17）	萍乡市	莲花县
		赣州市	赣县、上犹县、安远县、宁都县、于都县、兴国县、会昌县、寻乌县、石城县、瑞金市、南康市
		吉安市	遂川县、万安县、永新县、井冈山市
		抚州市	乐安县
	湖南（6）	株洲市	茶陵县、炎陵县
		郴州市	宜章县、汝城县、桂东县、安仁县

附件 Ⅱ　　　　**已明确实施特殊扶持政策的西藏、四省藏区、**

新疆南疆三地州分县名单

分区	省名	地市名	县名
西藏区 （74）	西藏自治区 （74）	拉萨市	城关区、林周县、当雄县、尼木县、曲水县、堆龙德庆县、达孜县、墨竹工卡县
		昌都地区	昌都县、江达县、贡觉县 类乌齐县 丁青县、察雅县、八宿县、左贡县、芒康县、洛隆县、边坝县

分区	省名	地市名	县名
西藏区 （74）	西藏自治区 （74）	山南地区	乃东县、扎囊县、贡嘎县、桑日县、琼结县、曲松县、措美县、洛扎县、加查县、隆子县、错那县、浪卡子县
		日喀则地区	日喀则市、南木林县、江孜县、定日县、萨迦县、拉孜县、昂仁县、谢通门县、白朗县、仁布县、康马县、定结县、仲巴县、亚东县、吉隆县、聂拉木县、萨嘎县、岗巴县
		那曲地区	那曲县、嘉黎县、比如县、聂荣县、安多县、申扎县、索县、班戈县、巴青县、尼玛县、双湖办事处
		阿里地区	普兰县、札达县、噶尔县、日土县、革吉县、改则县、措勤县
		林芝地区	林芝县、工布江达县、米林县、墨脱县、波密县、察隅县、朗县
四省藏区 （77）	云南省 （3）	迪庆藏族 自治州	香格里拉县、德钦县、维西傈僳族自治县
	四川 （32）	阿坝藏族羌 族自治州	汶川县、理县、茂县、松潘县、九寨沟县、金川县、小金县、黑水县、马尔康县、壤塘县、阿坝县、若尔盖县、红原县
		甘孜藏族 自治州	康定县、泸定县、丹巴县、九龙县、雅江县、道孚县、炉霍县、甘孜县、新龙县、德格县、白玉县、石渠县、色达县、理塘县、巴塘县、乡城县、稻城县、得荣县
		凉山彝族 自治州	木里藏族自治县
	甘肃省 （9）	武威市	天祝藏族自治县
		甘南藏族 自治州	合作市、临潭县、卓尼县、舟曲县、迭部县、玛曲县、碌曲县、夏河县
	青海省 （33）	海北藏族 自治州	门源回族自治县、祁连县、海晏县、刚察县
		黄南藏族 自治州	同仁县、尖扎县、泽库县、河南蒙古族自治县

分区	省名	地市名	县名
四省藏区 （77）	青海省 （33）	海南藏族 自治州	共和县、同德县、贵德县、兴海县、贵南县
		果洛藏族 自治州	玛沁县、班玛县、甘德县、达日县、久治县、玛多县
		玉树藏族 自治州	玉树县、杂多县、称多县、治多县、囊谦县、曲麻莱县
		海西蒙古族 藏族自治州	格尔木市、德令哈市、乌兰县、都兰县、天峻县
			冷湖行委、大柴旦行委、芒崖行委
新疆南疆 三地州 （24）	新疆维吾尔 自治区 （24）	克孜勒苏柯尔 克孜自治州	阿图什市、阿克陶县、阿合奇县、乌恰县
		喀什地区	喀什市、疏附县、疏勒县、英吉沙县、泽普县、莎车县、叶城县、麦盖提县、岳普湖县、伽师县、巴楚县、塔什库尔干塔吉克自治县
		和田地区	和田市、和田县、墨玉县、皮山县、洛浦县、策勒县、于田县、民丰县

附录3　武陵山区重要生态功能区

类别	名称	位置
国家级自然保护区	湖北五峰后河国家级自然保护区	五峰土家族自治县
	湖北星斗山国家级自然保护区	利川市、咸丰县、恩施县
	湖北七姊妹山国家级自然保护区	宣恩县
	湖南黄桑国家级自然保护区	绥宁县
	湖南张家界大鲵国家级自然保护区	张家界市武陵源区
	湖南八大公山国家级自然保护区	桑植县
	湖南借母溪国家级自然保护区	沅陵县
	湖南鹰嘴界国家级自然保护区	会同县
	湖南小溪国家级自然保护区	永顺县
	湖南舜皇山国家级自然保护区	新宁县
	贵州梵净山国家级自然保护区	江口县、印江土家族苗族自治县、松桃苗族自治县
	贵州麻阳河国家级自然保护区	沿河土家族自治县、务川仡佬族苗族自治县
	湖南壶瓶山国家级自然保护区	石门县
世界文化自然遗产	湖南武陵源风景名胜区	张家界市武陵源区
	中国丹霞地貌	新宁县
	中国南方喀斯特	武隆县
国家森林公园	湖北坪坝营国家森林公园	咸丰县
	湖北大老岭国家森林公园	秭归县
	湖北清江国家森林公园	长阳土家族自治县
	湖北柴埠溪国家森林公园	五峰土家族自治县

类别	名称	位置
国家森林公园	湖南夹山国家森林公园	石门县
	湖南中坡国家森林公园	怀化市鹤城区
	湖南百里龙山国家森林公园	新邵县
	湖南张家界国家森林公园	张家界市武陵源区
	湖南天门山国家森林公园	张家界市永定区
	湖南南华山国家森林公园	凤凰县
国家森林公园	重庆黔江国家森林公园	黔江区
	重庆双桂山国家森林公园	丰都县
	重庆黄水国家森林公园	石柱土家族自治县
	重庆仙女山国家森林公园	武隆县
	贵州九道水国家森林公园	正安县
国家地质公园	湖南张家界砂岩峰林国家地质公园	张家界市
	湖南莨山国家地质公园	新宁县
	湖南凤凰国家地质公园	凤凰县
	湖南古丈红石林国家地质公园	古丈县

参 考 文 献

[1] Aluko, M. A. O. (2004). Sustainable Development, Environmental Degradation and the Entrenchment to Poverty in the Niger Delta of Nigeria. Human and Ecological Risk Assessment, 15 (1), 63 – 68.

[2] Barrett, C. B. (2008). Poverty Traps and Resource Dynamics in Smallholder Agrarian Systems. Economics of Poverty, Environment and Naturel-resource Use, Wageningen UR Frontis Series, 25 (1), 17 – 40.

[3] Ekbom, A., Bojö, J. (1999). Poverty and environment: Evidence of links and integration in the country assistance strategy process. World Bank Africa Region Discussion Paper, No. 4. Washington, D C: World Bank.

[4] Fang, J., Chen, A., Peng, C., Zhao, S. & Jun, C. L. (2001). Changes in for estbiomass carbon storage in China between 1949 and 1998. Science, 292, 2320 – 2322.

[5] Feagin, J. R. (1972). Poverty: We still believe that God helps those who help themselves. Psychology Today (a), 101 – 129.

[6] Feagin, J. R. (1972). America's welfare stereotypes. Social Science Quarterly (b), 921 – 933.

[7] Folke, C., Larsson, J. & Sweitzer, J. (1994). Renewable resource appropriation by cities. Presented at "Down To Earth: Practical Applications of Ecological Economics". San Jose, Costa Rica: Third International Meeting of the International Society for Ec-

ological Economics, October: 24 – 28.

[8] Jalan, J. & Ravallion, M. (1997). Spatial Poverty Traps. The World Bank Policy Research Working Paper, No. 1862.

[9] Melnyk, A. & Smith, R. T. (1996). Green manufacturing. Dearborn: Society of Manufacturing Engineers.

[10] Nelson, R. (1956). A Theory of the Low-level Equilibrium Trap in Underdeveloped Economies. The American Economic Review, 46 (5), 894 – 908.

[11] Nunan, F. , Grant, U. , Muramira, T et al. (2002). Poverty and Environment: Measuring the Links. Environment Policy Department Issue Paper, 2, 67 – 72.

[12] Schultz, T. W. (1980) . The Economics of Being Poor. Journal of Political Economy, 8, 4 – 6.

[13] Sen, A. K. (1993). Capability and well-being. The quality of life. Oxford: Claendon Press, 30 – 53.

[14] Sen, A. K. (1999). Development as Freedom, Alfred A. Knepe, a Division of Random House. Inc. New York.

[15] Sreedharan, C. K. & Matta, J. R. (2010). Poverty alleviation as a pathway to sustainable forest management. Environmental Development and Sustainability, 12: 877 – 888.

[16] Sven, W. & Montserrat, A. (2008). Decentralized payments for environmental services: the cases of pimampiro and Profafor in Ecuador. Ecological Economics, 65 (4), 685 – 698.

[17] Town, S. (1979). Poverty in the kingdom: a survey of the Household Resource and Living standard, Allen Lane and Penguin Books.

[18] UNDP (1996), Human Development Report , New York: Oxford University Press.

[19] Yates, M. (2003). Naming the System: Inequality and Work in the Global Economy. New York: Monthly Review Press.

[20] Zeller, M. , Beuchelt, T. , Fischer, I. & Heidhues, F. (2010) . Linkages between poverty and sustainable agricultural and rural development in the uplands of Southeast Asia. Tropical Rainforests and Agro forests under Global Change: Ecological and Socio-

economic Valuations，Springer，Part 3.

[21] 阿玛蒂亚·森（著）. 王宇，王文玉（译）. 贫困与饥荒 [M]. 北京：商务印书馆，2001.

[22] 阿玛蒂亚·森. 评估不平等和贫困的概念性挑战 [J]. 经济学（季刊），2003，2（2）：257－270.

[23] 艾云航. 中国贫困山区经济开发的政策问题 [J]. 资源科学，1993（5）：9－14.

[24] 财政部农业司扶贫处. 集中力量实施扶贫攻坚促进解决滇西深度贫困——关于滇西边境集中连片特困地区扶贫开发调研报告 [J]. 农村财政与财务，2012（5）：23－26.

[25] 曹芳，杨友孝. 中国农村贫困地区可持续发展的制度分析 [J]. 中国人口·资源与环境，2004，14（4）：45－49.

[26] 陈安宁. 资源可持续利用的激励机制研究 [J]. 自然资源学报，2005，15（2）：107－111.

[27] 陈浩，赵君丽. 中国农村贫困地区可持续发展分析 [J]. 生态经济，2001（12）：79－82.

[28] 陈健生. 生态脆弱地区农村慢性贫困问题研究：基于600个国际扶贫重点线的检测证据 [M]. 北京：经济科学出版社，2009.

[29] 陈军. 基于水资源利用的松花江流域农村减贫问题研究 [D]. 东北林业大学博士学位论文，2009.

[30] 陈南岳. 城市生态贫困问题研究 [J]. 中国煤炭经济学院学报，2002，16（1）：9－13.

[31] 陈南岳. 我国农村生态贫困研究 [J]. 中国人口·资源与环境，2003，13（4）：42－45.

[32] 程玉林. 整合绿色资源发展黑龙江省绿色食品产业 [J]. 黑龙江发展研究，2004（1）：80－83.

[33] 崔晓嫚，王雅鹏. 我国西部地区绿色资源开发的思考 [J]. 新疆农垦经济，2004（1）：19－25.

[34] 达古拉，胡格吉乐图，石柱. 生态移民政策的影响分析 [J]. 生态经济，2010（10）：167－171.

［35］戴维·皮尔斯，杰端米·沃福德（著）．张世秋（译）．世界无末日——经济学·环境与可持续发展［M］．北京：中国财政经济出版社，1996.

［36］党翠．可行能力视角下武陵山区贫困与减贫措施分析［D］．华中师范大学硕士学位论文，2012.

［37］党小虎，刘国彬，王继军，侯喜禄．黄土丘陵区纸坊沟流域生态恢复的经济特征分析［J］．人文地理，2009，106（2）：90－97.

［38］邓含珠．中国林区贫困人口脱贫问题研究［D］．南京林业大学硕士学位论文，2010.

［39］丁文广，陈发虎，南忠仁．自然—社会环境与贫困危机研究——以甘肃省为例［M］．北京：科学出版社，2008.

［40］董锁成，吴玉萍，王海英．黄土高原生态脆弱贫困区生态经济发展模式研究——以甘肃省定西地区为例［J］．地理研究，2003，22（5）：590－600.

［41］杜哲．生态贫困实证分析及生态型反贫困的路径选择——以定西地区为例［D］．兰州大学硕士学位论文，2007.

［42］段世江，石春玲．"能力贫困"与农村反贫困视角选择［J］．中国人口科学，2005（增）：99－105.

［43］樊怀玉，郭志仪，李具恒，等．贫困论——贫困与反贫困的理论和实践［M］．北京：民族出版社，2002.

［44］樊琦．绿色资源开发利用的激励机制研究［J］．地质与资源，2007，16（2）：145－149.

［45］方创琳，徐建华．西北干旱区生态重建与人地系统优化的宏观背景及理论基础［J］．地理科学进展，2001，20（1）：21－28.

［46］富华．我国西部地区生态补偿机制研究［D］．长安大学硕士学位论文，2009.

［47］盖茨·约翰逊（著）．林毅夫，赵耀辉（译）．经济发展中的农业、农村、农民问题［M］．北京：商务印书馆，2004.

［48］冈纳·缪尔达尔（著）．顾朝阳等（译）．世界贫困的挑战——世界反贫困大纲［M］．北京：经济学院出版社，1991.

［49］冈纳·缪尔达尔（著）．谭力文等（译）．亚洲的戏剧：对一些国家贫困问题的研究［M］．北京：经济学院出版社，1992.

［50］高波．贵州生态建设中的绿色贫困探析［J］．贵州农业科学，2010，38（7）：219－223．

［51］高云虹．我国西部贫困农村可持续发展研究［J］．经济问题探索，2006（12）：9－14．

［52］公茂刚，王学真，高峰．中国贫困地区农村居民粮食获取能力的影响因素——基于592个扶贫重点县的经验分析［J］．中国农村经济，2010（4）：12－20．

［53］龚金星，汪志球．乘势"后发赶超"走出"经济洼地"［N］．人民日报，2012－3－17．

［54］郭来喜，姜德华．中国贫困地区环境类型研究［J］．地理研究，1995，14（2）：1－7．

［55］郭庆方．中国相对贫困农户脱贫机制及其政策选择［J］．中国社会科学院研究生院学报，2007（1）：35－39．

［56］国家林业局森林资源管理司．第七次全国森林资源清查及森林资源状况［J］．林业资源管理，2010（1）：1－8．

［57］国家统计局课题组．中国农村贫困标准研究报告［R］．北京，1990．

［58］国家统计局农村社会经济调查司．中国农村贫困监测报告2011［R］．北京：中国统计出版社，2012．

［59］韩劲．走出贫困循环：中国贫困山区可持续发展理论与对策［M］．北京：中国经济出版社，2006．

［60］何革华，刘学敏．国家可持续发展实验区建设管理与改革创新［M］．北京：社会科学文献出版社，2012．

［61］胡鞍钢，童旭光，诸丹丹．四类贫困的测量：以青海省减贫为例（1978～2007）［J］．湖南社会科学，2009（5）：45－52．

［62］胡焕庸．中国人口之分布［J］．地理学报，1935（2）：1－7．

［63］华平．发展中国家贫困的现状与对策——评介《1990年世界发展报告》［J］．世界经济，1991（2）：75－77．

［64］黄承伟．中国反贫困：理论—方法—战略［M］．北京：中国财政经济出版社，2002．

［65］黄方，张合平，陈遐林．湖南主要森林类型碳汇功能及其经济价值评价［J］．广西林业科学，2007，36（1）：56－60．

［66］黄海燕，王永平．新阶段贵州农村贫困特征与反贫困策略调整［J］．贵州农业科学，2010，38（7）：204－208．

［67］黄小辉，唐小荐，邵呈龙，等．重庆市森林植被碳储量及其地理分布格局［J］．西南师范大学学报（自然科学版），2012，37（1）：82－87．

［68］江波．黄土高原贫困县类型划分与脱贫对策：以山西省为例［M］．北京：中国农业科技出版社，2000．

［69］姜德华，张耀光，杨柳，侯少范．中国贫困地区类型划分及研究提要报告［J］．地理研究，1988，7（3）：1－16．

［70］蒋亚娟．环境政策中的生态难民保护初探［J］．经济法论坛，2004（1）：496－510．

［71］焦佳凌．中国反贫困行动中国际资源利用问题研究［D］．复旦大学硕士学位论文，2008．

［72］康晓光．中国贫困与反贫困理论［M］．南宁：广西人民出版社，1995．

［73］劳埃德·雷诺兹（著）．马宾（译）．微观经济学［M］．北京：商务印书馆，1982．

［74］李波．基于协同视角的武陵山区产业结构相似度比较研究［J］．中南民族大学学报（人文社会科学版），2012，32（6）：108－113．

［75］李丁，王生霞，苗涛．生态脆弱地区生态农业模式的参与式发展研究与实践——以民勤县绿洲边缘区为例［J］．干旱区地理，2011，34（2）：337－343．

［76］李含琳．甘肃省中部干旱地区返贫现象和反贫困战略研究［J］．农业经济问题，1993（6）：35－40．

［77］李后强，侯水平，郭晓鸣，等．关于实施长征沿线两翼地区国家扶贫战略的建议［J］．毛泽东思想研究，2012，29（2）：1－5．

［78］李晖，范宇，李志英，等．基于生态足迹的香格里拉县生态安全趋势预测［J］．长江流域资源与环境，2011，20（Z1）：144－149．

［79］李锦秀．秦巴山区自然条件与农业立体布局设计［J］．山地研究，1991，9（1）：53－58．

［80］李琳．西部贫困地区可持续发展的障碍与对策研究［J］．西安财经学院学报，2003，16（2）：23－27．

［81］李思广，司马永康，马惠芬，等．三江并流区天然林可持续发展标准与指

标［J］. 西部林业科学，2007，36（3）：103 - 106.

［82］李万. 武陵山区自然资源优势与劣势剖析［J］. 地理学与国土研究，1987，3（2）：19 - 24.

［83］李周，陈若梅，高岭. 中国贫困山区开发方式和生态变化关系的研究［M］. 太原：山西经济出版社，1997.

［84］李周，宋宗水，包晓斌等. 化解西北地区水资源短缺的研究［M］. 中国水利水电出版社，2004.

［85］李周. 森林资源丰富地区的贫困问题研究［M］. 北京：中国社会科学出版社，2004.

［86］李周. 中国可持续发展总纲：中国反贫困与可持续发展［M］. 北京：科学出版社，2007.

［87］李周. 资源、环境与贫困关系的研究［J］. 云南民族学院学报（哲学社会科学版），2000，17（5）：8 - 14.

［88］梁季阳. 贵州贫困山区的脱贫与水资源开发利用［J］. 资源科学，1993（6）：19 - 22.

［89］廖小平. 建设"绿色湖南"的优势、问题和进路［J］. 湖南师范大学社会科学学报，2012（6）：9 - 14.

［90］林闽钢. 中国农村贫困标准的调适研究［J］. 中国农村经济，1994（2）：56 - 59.

［91］林雪涤. 芜湖市绿色资源开发利用设想［J］. 中国农业资源区划，1998（4）：19 - 22.

［92］林业重点工程与消除贫困问题研究课题组. 林业重点工程与消除贫困问题研究［M］. 北京：经济科学出版社，2008.

［93］刘传岩. 农村扶贫开发工作中的政府行为［J］. 乡镇经济，2008（6）：106 - 108.

［94］刘国华，傅伯杰，方精云. 中国森林碳动态及其对全球碳平衡的贡献［J］. 生态学报，2000，20（5）：733 - 740.

［95］刘扭霞，郭恩臣. 对贫困山区兴县脱贫致富的思考［J］. 山西财经学院学报，1993（4）：43 - 46.

［96］刘鹏. 大别山区野生植物资源的开发利用［J］. 国土与自然资源研究，

1991（2）：61 – 67.

[97] 刘学敏，赵辉，李波，史培军．试论北方农牧交错带新产业带——"生态产业带"的建立 ［J］．生态经济（学术版），2006（2）：19 – 23.

[98] 刘学敏．论区域可持续发展 ［M］．北京：经济科学出版社，2009.

[99] 刘艳梅．西部地区生态贫困与生态型反贫困战略 ［J］．哈尔滨工业大学学报（社会科学版），2005，7（6）：98 – 103.

[100] 刘胤汉．陕西秦巴山区农业资源特征与开发战略措施 ［J］．陕西师范大学学报（自然科学版），1989，17（1）：70 – 77.

[101] 刘颖琦．西部生态脆弱贫困区优势产业培育 ［M］．北京：科学出版社，2010.

[102] 刘永华．依托绿色资源实施"经营绿色发展战略" ［J］．林业财务与会计，2004（3）：19 – 20.

[103] 卢凤君，郑志安．大别山区经济发展模式的构筑 ［J］．中国软科学，1992（2）：11 – 14.

[104] 卢世宽．我国西部地区农业生态环境存在的问题及对策 ［J］．现代农业科技，2012（23）：225 – 256.

[105] 吕素芬．云南省特殊贫困原因分析及对策研究 ［J］．学术探索，2007（5）：38 – 44.

[106] 罗民波，杨雪清，杨良．三江并流地区经济活动对生态环境的影响及天然林的保护对策 ［J］．云南大学人文社会科学学报，2001，27（6）：72 – 76.

[107] 罗娅，熊康宁，龙成昌，朱进．贵州喀斯特地区环境退化与农村经济贫困的互动关系 ［J］．贵州农业科学，2009，37（12）：207 – 211.

[108] 麻朝晖．我国的贫困分布与生态环境脆弱相关度之分析 ［J］．绍兴文理学院学报，2003，23（1）：92 – 95.

[109] 麻建学．甘肃省生态贫困问题研究 ［D］．甘肃农业大学优秀硕士学位论文，2008.

[110] 马乃孚，倪国裕．大别山和神农架气候特征及其资源开发利用 ［J］．气象，1988，14（12）：31 – 36.

[111] 马琪，刘康，张慧．陕西省森林植被碳储量及其空间分布 ［J］．资源科学，2012，34（9）：1781 – 1789.

［112］迈克尔·P·托达罗（著）．印金强，赵荣美（译）．经济发展与第三世界［M］．北京：中国经济出版社，1992．

［113］纳克斯（著）．谨斋（译）．不发达国家的资本形成问题［M］．北京：商务印书馆，1966．

［114］潘乃谷，周星主编．多民族地区：资源、贫困与发展［M］．天津：天津人民出版社，2007．

［115］皮厚卫，代浩年．着力推进鄂西山区绿色资源产业化发展［J］．农村财政与财务，2006（6）：37－38．

［116］乔青．川滇农牧交错带景观格局与生态脆弱性评价［D］．北京林业大学博士学位论文，2007．

［117］曲玮．基于地理环境约束的农村贫困问题研究［D］．兰州大学博士学位论文，2008．

［118］屈明．老库区反贫困与区域可持续发展研究［D］．西南大学博士学位论文，2005．

［119］屈锡华，左齐．贫困与反贫困——定义、度量与目标［J］．社会学研究，1997（3）：104－115．

［120］任勇，冯东方，俞海．中国生态补偿理论与政策框架设计［M］．北京：中国环境科学出版社，2008．

［121］荣金凤，闵庆文，郑林．贫困地区的生态旅游资源及其可持续利用探讨［J］．资源科学，2007，29（1）：112－117．

［122］尚玥佟．发展中国家贫困化理论与反贫困战略［D］．中国社会科学院博士学位论文，2001．

［123］石山．当前影响我国贫困山区发展的两个问题及解决意见［J］．资源科学，1993（6）：1－4．

［124］石友金．反贫困行为研究：湘赣老区开发式扶贫的理性思考［M］．南昌：江西人民出版社，1999．

［125］世界银行（著），蔡秋生（译）．世界发展报告：变革中的世界政府［M］．北京：中国财政经济出版社，1997．

［126］世界银行．1990年世界发展报告：贫困问题［M］．北京：中国财政经济出版社，1990．

［127］世界银行.1992 年世界发展报告：发展与环境［M］.北京：中国财政经济出版社，1992.

［128］宋宪萍，张剑军.基于能力贫困理论的反贫困对策构建［J］.海南大学学报（人文社会科学版），2010，28（1）：69－73.

［129］速水佑次郎，神门善久（著）.李周（译）.发展经济学：从贫困到富裕（第三版）［M］.北京：社会科学文献出版社，2009.

［130］孙继凤，刘爱荣.贫困区的发生类型与可持续性脱贫对策［J］.地域研究与开发，1998，17（2）：28－31.

［131］孙逍遥，张海洋，王甜.天保工程实施前后秦巴山区农村经济转型调查报告［R］.西北工业大学，2011.

［132］孙燕红，宗跃光.城乡统筹视角下基于生态修复理念的生态贫困研究——以兰州市榆中县为例［J］.河南科学，2010，28（6）：753－756.

［133］孙智明.三江并流地区的区域发展与贫困问题［J］.现代物业，2010，9（8）：6－9.

［134］唐钧.中国城市居民贫困线研究［M］.上海：上海科学院出版社，1998.

［135］佟新.人口社会学［M］.北京：北京大学出版社，2000.

［136］佟玉权，龙花楼.脆弱生态环境耦合下的贫困地区可持续发展研究［J］.中国人口·资源与环境，2003，13（2）：47－51.

［137］汪希成，高雅，孙小燕.西部地区新农村建设中的生态贫困问题探析［J］.生态经济（学术版），2007（2）：106－108.

［138］汪中华.阻碍农村贫困地区建设环境友好型社会因素分析——以西部地区为例［J］.中国林业经济，2007，82（1）：47－50.

［139］王碧玉.中国农村反贫困问题研究［D］.东北林业大学博士学位论文，2006.

［140］王大超.转型期中国城乡反贫困问题研究［D］.东北师范大学博士学位论文，2003.

［141］王放.中国贫困地区自然资源的开发利用途径［J］.四川师范大学学报（自然科学版），1996，19（1）：90－94.

［142］王嘉学，夏淑莲，李培英.三江并流世界自然遗产保护中的怒江峡谷脱

贫问题探讨［J］.生态经济，2006（1）：31－34.

［143］王建武.中国土地退化与贫困问题研究［M］.北京：新华出版社，2005.

［144］王建宇，穆兰海，马均伊.应大力开发宁南山区荞麦、莜麦绿色资源［J］.宁夏农林科技，1998（2）：40－41.

［145］王江丽.全球绿色治理如何可能？——论生态安全维护之道［D］.浙江大学博士学位论文，2009.

［146］王静爱.中国地理课程讲义［Z］.北京师范大学，2004.

［147］王科.中国贫困地区自我发展能力研究［D］.兰州大学博士学位论文，2008.

［148］王立安，钟方雷.生态补偿与缓解贫困关系的研究进展［J］.林业经济问题，2009，29（3）：201－205.

［149］王丽华.基于地缘性贫困的农村扶贫政策分析——以湘西八个贫困县为例［J］.农业经济问题，2011（6）：47－53.

［150］王洛林，朱玲.如何突破贫困陷阱：滇青甘农牧藏区案例研究［M］.北京：经济管理出版社，2010.

［151］王永红.美国贫困问题与扶贫机制［M］.上海：上海人民出版社，2011.

［152］王志标.阿玛蒂亚·森的贫困思想述评［J］.北京工业大学学报（社会科学版），2005，5（3）：5－10.

［153］王志山.国有林区绿色经济发展研究［D］.东北林业大学博士学位论文，2007.

［154］吴波，朱春全，李迪强，等.长江上游森林生态区生物多样性保护优先区确定——基于生态区保护方法［J］.生物多样性，2006，14（2）：87－97.

［155］吴登茹.秦巴山区生态农业模式探讨［J］.农业系统科学与综合研究，1987（4）：29－30.

［156］吴治荣.发展普洱绿色生态经济［J］.云南科技管理，2008（3）：74－77.

［157］项国荣.湘西武陵山区农业资源生态经济发展战略探讨——以永顺县连洞乡农业资源综合开发利用为例［J］.农业现代化研究，1989，10（2）：19－24.

[158] 谢飙，熊成品，马良军．三江源地区水土流失与贫困问题的思考［J］.中国水土保持，2007（11）：27-29.

[159] 徐家琦，赵永军．关于社区林业可持续扶贫模式的探讨［J］.中国农业大学学报（社会科学版），2004（1）：14-18.

[160] 徐勇，马定国，郭腾云．黄土高原生态退耕政策实施效果及对农民生计的影响［J］.水土保持研究，2006，13（5）：255-258.

[161] 严奉宪．推进湖北西部山区绿色资源产业化开发的思考［J］.湖北社会科学，2004（6）：33-34.

[162] 严江．四川贫困地区可持续发展研究［D］.四川大学博士学位论文，2005.

[163] 杨栋会．西南少数民族地区农村收入差距和贫困研究——以云南布朗山乡住户调查数据为例［D］.中国农业科学院博士学位论文，2009.

[164] 杨国涛．宁夏农村贫困的演进与分部研究［D］.南京农业大学博士学位论文，2006.

[165] 杨国涛．中国西部农村贫困演进与分布研究［M］.北京：中国财政经济出版社，2009.

[166] 杨红英，彭家新．论西部边疆生态补偿机制的建立和健全［J］.昭通师范高等专科学校学报，2010，32（1）：1-5.

[167] 杨建国．低水平均衡陷阱与社会权利缺失——西部"三农"问题的总特征与本质［J］.甘肃社会科学，2006（5）：132-135.

[168] 杨铭．中国西部发展生态农业的可行性研究［J］.安徽农业科学，2009，37（22）：10736-10738，10764.

[169] 杨秋宝．论贫困地区的资源开发［J］.开发研究，1997（1）：38-40.

[170] 杨蓉，米文宝，陈丽，等．宁夏南部山区的生态贫困和反贫困［J］.水土保持研究，2005，12（2）：170-173.

[171] 杨一斐．民勤县生态型贫困问题研究［D］.甘肃农业大学硕士学位论文，2009.

[172] 杨志龙，孙继军．贫困山区资源开发问题探讨［J］.兰州商学院学报，2000，16（1）：15-17.

[173] 杨祖增．试论浙南贫困山区的资源开发与发展对策［J］.国土与自然资

源研究，1993（4）：31 – 35.

　　［174］姚宏．西康铁路沿线秦巴山地自然资源优化配置研究［D］．陕西师范大学硕士学位论文，2000.

　　［175］叶普万．贫困经济学［M］．北京：中国社会科学出版社，2005.

　　［176］雍会，吴强．干旱区农业开发与生态贫困关系及对策研究［J］．新疆大学学报（人文社会科学版），2011，39（1）：17 – 20.

　　［177］尤飞，董锁成，王传胜．黄土高原贫困地区生态经济系统良性演化的条件和对策——以甘肃定西地区为例［J］．资源科学，2003，25（6）：52 – 59.

　　［178］于存海．论西部生态贫困、生态移民和社区整合［J］．内蒙古社会科学（汉文版），2004，25（1）：128 – 133.

　　［179］于法稳．西北地区生态贫困问题研究［J］．中国软科学，2004（11）：53 – 59.

　　［180］余春祥．绿色经济与云南绿色产业战略选择研究［D］．华中科技大学博士学位论文，2003.

　　［181］约翰·泰勒（主编）．李小云，左停，靳乐山（译）．环境与贫困：中国实践与国际经验［M］．北京：社会科学文献出版社，2005.

　　［182］张佰瑞．我国生态性贫困的双重抑制效应研究——基于环京津贫困带的分析［J］．生态经济（学术版），2007（1）：20 – 23.

　　［183］张彬，刘学敏，王双．京津张承的经济与生态合作［J］．城市问题，2010（3）：16 – 21.

　　［184］张楚晗．从贫困大国到小康社会：中国如何消除四类贫困——中科院—清华大学国情研究中心主任胡鞍钢谈21世纪多维贫困［J］．老区建设，2008（12）：14 – 15.

　　［185］张大维．生计资本视角下连片特困区的现状与治理——以集中连片特困地区武陵山区为对象［J］．华中师范大学学报（人文社会科学版），2011，50（4）：16 – 23.

　　［186］张惠远，蔡运龙．喀斯特贫困山地的生态重建：区域范型［J］．资源科学，2000，22（5）：21 – 27.

　　［187］张建肖．陕南秦巴山区生态补偿研究［D］．西北大学硕士学位论文，2009.

［188］张俊彪．中西部贫困地区可持续发展问题研究［D］．华中农业大学博士学位论文，2002.

［189］张磊．中国扶贫开发历程（1949～2005 年）［M］．北京：中国财政经济出版社，2007.

［190］张亮晶，杨瑚，尚明瑞．西部少数民族地区生态环境与反贫困战略研究——以肃南裕固族自治县为例［J］．干旱区资源与环境，2011，25（3）：53－58.

［191］张琦．解题绿色贫困［J］．中国扶贫，2013－3－17.

［192］张晓．水旱灾害与中国农村贫困［J］．中国农村经济，1999（11）：12－18.

［193］张晓静．中国天然林资源保护工程对林区贫困的影响研究［D］．北京林业大学博士学位论文，2008.

［194］张一驰．走出繁华都市边缘的贫困——北京市门头沟区可持续发展战略［M］．北京：经济科学出版社，2005：50－63，97－113.

［195］张志良，张涛，张潜．中国西北地区人口、资源、环境问题及可持续发展［J］．干旱区资源与环境，1997，11（2）：1－8.

［196］赵大利．1985～2005 年湖北省农村贫困测算与模拟分析［J］．中南财经政法大学研究生学报，2007（5）：56－60.

［197］郑功成．中国的贫困问题与 NGO 扶贫的发展［J］．中国软科学，2002（7）：9－13.

［198］中共中央马克思恩格斯列宁斯大林著作编译局．马克思恩格斯选集：第 2 卷［M］．北京：人民出版社，1995.

［199］中国发展研究基金会．在发展中消除贫困：中国发展报告 2007［M］．北京：中国发展出版社，2007.

［200］中国人民银行怒江州中心支行课题组．对边疆贫困地区县域金融服务现状的调查与思考——以怒江傈僳族自治州为例［J］．时代金融，2011（10）：145－148.

［201］中央编译局（译）．斯大林文集［M］．北京：人民出版社，1985.

［202］钟邵峰．生态补偿机制的研究［D］．吉林大学博士学位论文，2010.

［203］钟祥浩．中国山地生态安全屏障保护与建设［J］．山地学报，2008，26（1）：2－11.

［204］周毅．西部生态脆弱与地区扶贫政策调整［J］．天津行政学院学报，

2003，5（2）：68－72.

　　［205］周紫林．云南国家级贫困县贫困难题破解研究［M］．昆明：云南大学出版社，2007.

　　［206］朱丹果．当前西部生态贫困的成因分析及对策［J］．杨陵职业技术学院学报，2008，7（3）：28－31.

　　［207］朱丕荣．绿色资源的开发利用与可持续发展［J］．中外科技信息，2001（10）：36.

　　［208］邹波，刘学敏，王沁．关注绿色贫困：贫困问题研究新视角［J］．中国发展，2012（4）：7－11.

　　［209］邹波，徐霖，崔剑．走出绿色贫困［N］．学习时报，2011－10－30（7）.

　　［210］邹德秀．地区贫困与贫困地区开发［M］．北京：科学出版社，2000.

　　［211］邹薇．传统农业经济转型的路径选择：对中国农村的能力贫困和转型路径多样性的研究［J］．世界经济，2005（2）：34－47.

　　［212］邹蔚烈，薛立新，汤建军等．变绿色资源为生态财源——竹溪点"绿"成金强县富民［J］．中国林业，2006（19）：24.